十 年
“热词”话辉煌

董振瑞◎主编

河北出版传媒集团
河北人民出版社
石家庄

图书在版编目（CIP）数据

十年“热词”话辉煌 / 董振瑞主编. -- 石家庄 : 河北人民出版社, 2023.7
ISBN 978-7-202-16446-4

Ⅰ. ①十… Ⅱ. ①董… Ⅲ. ①社会主义建设成就—中国 Ⅳ. ①D619

中国国家版本馆CIP数据核字(2023)第136938号

书　　名	**十年“热词”话辉煌** SHINIAN RECI HUA HUIHUANG	
主　　编	**董振瑞**	
策划编辑	荆彦周　高国亮	
责任编辑	李　莉　项一莎　欧阳红　安　贝	
美术编辑	秦春霞	
责任校对	付敬华	
出版发行	河北出版传媒集团　河北人民出版社 （石家庄市友谊北大街 330 号）	
印　　刷	河北新华第一印刷有限责任公司	
开　　本	787 毫米×1092 毫米　1/16	
印　　张	23.5	
字　　数	273 000	
版　　次	2023 年 7 月第 1 版　　2023 年 7 月第 1 次印刷	
书　　号	ISBN 978-7-202-16446-4	
定　　价	89.00 元	

《十年“热词”话辉煌》作者名单

主　编：董振瑞

副主编：程文丽　严明杰　杨　健

MULU 目录

热词
2009年
2010年
2011年
2012年
2013年

中共十八大

2012 年 11 月 8 日至 14 日，举世瞩目的中国共产党第十八次全国代表大会在北京举行。这次大会，是在我国进入全面建成小康社会决定性阶段召开的一次十分重要的大会，是一次高举旗帜、继往开来、团结奋进的大会，对凝聚党心军心民心、推动党和国家事业发展具有十分重大的意义。

⊙北京：中国共产党第十八次全国代表大会会场

大会正式代表2268人，特邀代表57人，代表全国8200多万党员。胡锦涛作了《坚定不移沿着中国特色社会主义道路前进，为全面建成小康社会而奋斗》的报告。大会分析了国际国内形势的发展变化，回顾和总结了过去5年的工作和中共十六大以来的奋斗历程及取得的历史性成就，确立了科学发展观的历史地位，提出了夺取中国特色社会主义新胜利必须牢牢把握的基本要求，确定了全面建成小康社会和全面深化改革开放的目标，对新的时代条件下推进中国特色社会主义事业作出了全面部署，对全面提高党的建设科学化水平提出了明确要求。

中共十八大报告是一篇旗帜鲜明、思想深刻、部署全面、求真务实、催人奋进的报告，也是一篇蕴含一系列新思想、新观点、新举措的马克思主义纲领性文献。报告的理论创新主要体现在五个方面：一是高举中国特色社会主义伟大旗帜；二是确立科学发展观为党的指导思想；三是对中国特色社会主义作了新阐述新概括；四是丰富和拓展了中国特色社会主义事业的总体布局和部署；五是丰富和拓展了党的建设的部署。坚持和发展中国特色社会主义是贯穿中共十八大报告的一条主线。

大会通过关于《中国共产党章程（修正案）》的决议，将科学发展观同马克思列宁主义、毛泽东思想、邓小平理论、"三个代表"重要思想一道确立为党的指导思想。大会通过的党章修正案，体现了党的理论创新和实践发展的成果，体现了中共十八大确立的重大理论观点、重大方针政策、重大工作部署，对坚持和完善党的领导、加强和改进党的建设提出了明确要求。

大会选举产生第十八届中央委员会和中央纪律检查委员会，其中中央委员会委员205人、候补委员171人，中央纪律检查委员会委员130人。一批经验丰富、年富力强、德才兼备、奋发有为的同志进入中央领导机构，实现了党的中央领导集体的又一次新老交替，充分显示了中国特色社会主义事业蓬勃兴旺、薪火相传、后继有人。

国际社会高度关注这次大会的召开，普遍认为中共十八大“举足轻重”“令世人瞩目”，并认为“习近平是首位在新中国成立以后出生的中共中央总书记，是一位具有远见的领导人”。德国《世界报》指出：“中共十八大的召开是指明国际政治走向的一件大事。”《俄罗斯报》指出：“中共十八大不仅将决定未来中国的命运，而且将对世界产生深远影响。”巴西《圣保罗报》则强调：“十八大报告实际上是一份执政党为兑现承诺发出的改革攻坚令。”

“两个一百年”奋斗目标

2012 年 11 月召开的中共十八大，明确提出了“两个一百年”奋斗目标。历史来看，这一奋斗目标的提出与发展，经历了一个理论与实践层面不断探索、发展和丰富的过程。

1997 年 9 月，中共十五大提出了我国改革开放和现代化建设跨世纪发展的宏伟目标。指出：展望下世纪，我们的目标是，第一个十年实现国民生产总值比 2000 年翻一番，使人民的小康生活更加宽裕，形成比较完善的社会主义市场经济体制；再经过十年的努力，到建党 100 年时，使国民经济更加发展，各项制度更加完善；到世纪中叶建国 100 年时，基本实现现代化，建成富强民主文明的社会主义国家。

2002 年 11 月，中共十六大进一步明确了全面建设小康社会的奋斗目标。指出：纵观全局，21 世纪头 20 年，对我国来说，是一个必须紧紧抓住并且可以大有作为的重要战略机遇期。根据十五大提出的到 2010 年、建党 100 年和新中国成立 100 年的发展目标，我们要在21世纪头20年，集中力量，全面建设惠及十几亿人口的更高水平的小康社会。

2007年10月，中共十七大，在中共十六大确立的全面建设小康社会目标的基础上又对我国发展提出新的更高要求，强调要"确保到2020年实现全面建成小康社会的奋斗目标"，"实现人均国内生产总值到2020年比2000年翻两番"。

2012年11月，中共十八大又描绘了全面建成小康社会、加快推进社会主义现代化的宏伟蓝图，强调"要在十六大、十七大确立的全面建设小康社会目标的基础上努力实现新的要求"。并明确提出："只要我们胸怀理想、坚定信念，不动摇、不懈怠、不折腾，顽强奋斗、艰苦奋斗、不懈奋斗，就一定能在中国共产党成立100年时全面建成小康社会，就一定能在新中国成立100年时建成富强民主文明和谐的社会主义现代化国家。"至此，"两个一百年"的奋斗目标被清晰明确地表述出来，成为全党全国人民的共同奋斗目标。

2017年10月，中共十九大又进一步对实现第二个百年奋斗目标作出分两个阶段推进的战略安排。即：第一个阶段，从二〇二〇年到二〇三五年，在全面建成小康社会的基础上，再奋斗十五年，基本实现社会主义现代化；第二个阶段，从二〇三五年到本世纪中叶，在基本实现现代化的基础上，再奋斗十五年，把我国建成富强民主文明和谐美丽的社会主义现代化强国。对于这一宏伟的奋斗目标，这次大会还作了这样的构想："到那时，我国物质文明、政治文明、精神文明、社会文明、生态文明将全面提升，实现国家治理体系和治理能力现代化，成为综合国力和国际影响力领先的国家，全体人民共同富裕基本实现，我国人民将享有更加幸福安康的生活，中华民族将以更加昂扬的姿态屹立于世界民族之林。"

经过全党全国各族人民的持续奋斗，2021年7月1日，习近平总书记在庆祝中国共产党成立100周年大会上庄严宣告："我们实现了第一个百年奋斗目标，在中华大地上全面建成了小康社会"，"正在意气风发向着全面建成社会主义现代化强国的第二个百年奋斗目标迈进"。这就意味着，在中国共产党成立100周年的重要历史时刻，党和人民胜利实现第一个百年奋斗目标、全面建成小康社会；现在，正在向着全面建成社会主义现代化强国的第二个百年奋斗目标阔步迈进。

时代是出卷人，我们是答卷人，人民是阅卷人。在实现第二个百年奋斗目标新的赶考之路上，伟大光荣正确的中国共产党，一定会团结带领全国各族人民，继续考出好成绩，在新时代新征程上展现新气象新作为。

"五位一体"总体布局

中共十八大将生态文明建设纳入中国特色社会主义事业"五位一体"总体布局，强调建设中国特色社会主义"总布局是五位一体"。"五位一体"总体布局是在中国特色社会主义事业不断发展中逐步形成的，是中国特色社会主义实践不断发展的结果，也是中国共产党对中国特色社会主义规律认识不断深化的结果。将生态文明建设纳入中国特色社会主义事业总体布局，体现了中国共产党对中国特色社会主义发展战略的深刻认识和全面把握。

1978年12月，中共十一届三中全会作出把党和国家的工作中心转移到经济建设上来、实行改革开放的历史性决策。此后，中共中央多次郑重提出：在建设高度物质文明的同时，一定要努力建设高度的社会主义精神文明。这是建设社会主义的一个战略方针问题。社会主义的历史经验和我国当前的现实情况都告诉我们，是否坚持这样一个战略方针将关系到社会主义的兴衰成败。

1981 年 6 月，中共十一届六中全会通过的《关于建国以来党的若干历史问题的决议》提出"加强建设社会主义精神文明"。

1982 年 9 月，中共十二大报告提出："社会主义精神文明对物质文明的建设不但起巨大的推动作用，而且保证它的正确的发展方向。两种文明的建设，互为条件，又互为目的。""社会主义精神文明是社会主义的重要特征，是社会主义制度优越性的重要表现。"

1986 年 9 月，中共十二届六中全会通过的《关于社会主义精神文明建设指导方针的决议》，将我国社会主义现代化建设的总体布局明确表述为："以经济建设为中心，坚定不移地进行经济体制改革，坚定不移地进行政治体制改革，坚定不移地加强精神文明建设，并且使这几个方面互相配合，互相促进。"强调："全党同志必须从这个总体布局的高度，正确认识社会主义精神文明建设的战略地位。"

1987 年 10 月，中共十三大深刻阐述了社会主义初级阶段的基本路线，并将其概括为"一个中心，两个基本点"，号召全党全国人民为建设富强、民主、文明的社会主义现代化国家而奋斗。

2002 年 11 月，中共十六大把"社会更加和谐"纳入全面建设小康社会的战略目标，进一步明确了社会建设在中国特色社会主义事业总体布局中的战略地位。

2006 年 10 月，中共十六届六中全会把和谐社会建设作为中国特色社会主义事业总体布局的一项重要内容确立下来，使总体布局由社会主义经济建设、政治建设、文化建设的"三位一体"，丰富完善为包括社会建设在内的"四位一体"。

2007 年 10 月，中共十七大报告按照"四位一体"的总体布局，提出我们必须适应国内外形势的新变化，坚持中国特色社会主义经济建设、政治建设、文化建设、社会建设的基本目标和基本政策构成的基本纲领，在十六大确立的全面建设小康社会目标的基础上对我国发展提出新的更高要求。此外，中共十七大还提出了生态文明的理念和建设生态文明的目标。

在此基础上，中共十八大将生态文明建设纳入中国特色社会主义事业总体布局，正式形成了“五位一体”总体布局。“五位一体”是一个相互联系、相辅相成的有机整体，作为这一整体有机组成部分的五大建设各自发挥着重要作用。

“五位一体”总体布局的形成，对于全面建成小康社会、加快推进社会主义现代化具有重大意义，同时也标志着中国特色社会主义事业进入一个新的发展阶段。

“美丽中国”

中共十八大报告提出建设“美丽中国”的战略任务。报告指出:“把生态文明建设放在突出地位，融入经济建设、政治建设、文化建设、社会建设各方面和全过程，努力建设美丽中国，实现中华民族永续发展。”此后，倾注着亿万人民对于美好生活特别是美好生态环境的向往，“美丽中国”很快便成为社会各界所关注的热词。

走向生态文明新时代，建设美丽中国，是实现中华民族伟大复兴的中国梦的重要内容。建设生态文明，关系人民福祉，关乎民族未来。中共十八大把生态文明建设纳入中国特色社会主义事业总体布局，明确提出大力推进生态文明建设，努力建设美丽中国，实现中华民族永续发展。这标志着中国共产党对建设中国特色社会主义规律认识的进一步深化，也表明了中国共产党对加强生态文明建设的坚定意志和坚强决心。

中华文明传承五千多年，积淀了丰富的生态智慧。诸如“天人合一”“道法自然”等哲理思想，“劝君莫打三春鸟，儿在巢中望母归”等诫世警句，“一粥一饭，当思来处不易；半丝半缕，恒念物力维艰”等治家格言，这些质朴睿智的语言和其所承载的生态文明建设智慧，对于我们建设美丽中国有着十分重要的历史启迪和有益借鉴。

中国共产党一贯高度重视生态文明建设。20世纪80年代初，就把保护环境作为一项基本国策。多年来，中国共产党始终大力推进生态环境保护，并取得了显著成绩。但是必须看到，在取得

⊙河北承德：从荒漠变林海，实拍塞罕坝机械林场

巨大成绩的同时，伴随着经济社会的快速发展，我们也在生态环境方面积累了大量问题。一个时期以来，生态环境特别是大气、水、土壤污染严重，已成为全面建成小康社会的突出短板。扭转环境恶化、提高环境质量也成为广大人民群众的热切期盼。这就要求我们，必须尽力补上生态文明建设这块短板，切实把生态文明的理念、原则、目标融入经济社会发展各方面，切实贯彻落实到各级、各类规划和各项具体工作中去。

“美丽中国”的理念就是在这种背景下应运而生的。

环境就是民生，青山就是美丽，蓝天也是幸福。绿水青山就是金山银山。“人不负青山，青山定不负人。”在生态环境问题上，不能因小失大、顾此失彼，更不能寅吃卯粮、急功近利。为了中华民族的永续发展，必须坚持节约资源和保护环境的基本国策，坚定走生产发展、生活富裕、生态良好的文明发展道路，加快建设资源节约型、环境友好型社会，推进美丽中国建设。

中华民族伟大复兴的中国梦

2012年11月29日，习近平总书记在参观《复兴之路》展览时指出：实现中华民族伟大复兴，就是中华民族近代以来最伟大的梦想。现在，我们比历史上任何时期都更接近中华民族伟大复兴的目标，比历史上任何时期都更有信心、有能力实现这个目标。

只有创造过辉煌的民族，才懂得复兴的意义；只有经历过苦难的民族，才对复兴有如此深切的渴望。古老的中华民族曾经创造了灿烂的中华文明，为人类作出了卓越贡献。然而，1840年鸦片战争后，面对西方列强的坚船利炮和国内封建统治的腐朽没落，中国逐渐陷入半殖民地半封建社会的苦难深渊。

为了实现民族复兴，一代又一代的中国先进分子，不屈不挠地奋斗着、牺牲着。可是，从太平天国运动、戊戌变法到义和团运动，一次次奋起抗争都失败了。辛亥革命，虽然结束了统治中国两千年的君主专制制度，却未能改变旧中国半殖民地半封建的社会性质和中国人民的悲惨命运。直到中国共产党登上历史舞台，中华民族才终于迎来凤凰涅槃、浴火重生的曙光。

中国共产党一经诞生，就把为中国人民谋幸福、为中华民族谋复兴确立为自己的初心使命，就义无反顾肩负起实现中华民族伟大复兴的历史使命。

一百年来，中国共产党团结带领中国人民进行的一切奋斗、一切牺牲、一切创造，归结起来就是一个主题：实现中华民族伟大复兴。为了实现中华民族伟大复兴，中国共产党团结带领中国人民，浴血奋战、百折不挠，创造了新民主主义革命的伟大成就；为了实现中华民族伟大复兴，中国共产党团结带领中国人民，自力更生、发愤图强，创造了社会主义革命和建设的伟大成就；为了实现中华民族伟大复兴，中国共产党团结带领中国人民，解放思想、锐意进取，创造了改革开放和社会主义现代化建设的伟大成就；为了实现中华民族伟大复兴，中国共产党团结带领中国人民，自信自强、守正创新，统揽伟大斗争、伟大工程、伟大事业、伟大梦想，创造了新时代中国特色社会主义的伟大成就。中国共产党和中国人民以英勇顽强的奋斗向世界庄严宣告：中华民族迎来了从站起来、富起来到强起来的伟大飞跃，实现中华民族伟大复兴进入了不可逆转的历史进程！

实现中华民族伟大复兴的中国梦，就是要实现国家富强、民族振兴、人民幸福。国家富强，就是要全面建成小康社会，并在此基础上建设富强民主文明和谐美丽的社会主义现代化强国；民族振兴，就是要使中华民族更加坚强有力地自立于世界民族之林，

⊙共筑中国梦

为人类作出新的更大的贡献；人民幸福，就是要坚持以人民为中心，增进人民福祉，促进人的全面发展，朝着共同富裕方向稳步前进。

中国梦是中国人民追求幸福的梦，也同世界人民的梦想息息相通。中国一心一意办好自己的事情，实现国家发展和稳定，既是对自己负责，也是为世界作贡献。中国将同国际社会一道，推动实现持久和平、共同繁荣的世界梦，为人类和平与发展的崇高事业作出新的更大的贡献。

行百里者半九十。中华民族伟大复兴，绝不是轻轻松松、敲锣打鼓就能实现的。我们必须准备付出更为艰巨、更为艰苦的努力。伟大梦想不是等得来、喊得来的，而是拼出来、干出来的。实现伟大梦想必须进行伟大斗争、建设伟大工程、推进伟大事业。

中华民族伟大复兴的中国梦一定要实现，也一定能够实现。

中央八项规定

2012年12月4日，中共中央政治局会议审议通过《十八届中央政治局关于改进工作作风、密切联系群众的八项规定》。12月11日，中共中央印发这一规定。这是中共十八大召开以后制定的第一部重要党内法规。

中国共产党来自人民、植根人民、服务人民，一旦脱离群众就会失去生命力。全面从严治党必须从人民群众反映强烈的作风问题抓起。中共十八大以来，以习近平同志为核心的党中央以身作则，率先垂范，从制定和落实中央八项规定破题，坚持从中共中央政治局做起、从领导干部抓起，以上率下改进工作作风。中共中央政治局每年召开民主生活会，听取贯彻执行八项规定情况汇报，开展批评和自我批评。中共中央发扬钉钉子精神，持之以恒纠治“四风”，反对特权思想和特权现象，狠刹公款送礼、公款吃喝、公款旅游、奢侈浪费等不正之风，解决群众反映强烈、损害群众利益的突出问题，推进基层减负，倡导勤俭节约、反对铺张浪费，刹住了一些过去被认为不可能刹住的歪风，纠治了一些多年未除的顽瘴痼疾，党风政风和社会风气为之一新。

贯彻中央八项规定是作风建设的重要抓手，也是中国共产党管党治党的重要举措，集中体现了党勇于自我革命、深入推进全面从严治党的决心和成效。各地区各部门根据中央八项规定精神，在联系服务群众、规范权力运行等方面陆续制定和修订了一系列工作制度和管理制度，扎紧了制度笼子，强化了对不良作风的刚性约束。各级纪检监察机关从治理公款大吃大喝、旅游、送礼等奢靡之风入手，紧盯公款购买赠送月饼、贺卡、烟花爆竹等问题，一个节点一个节点抓，一年接着一年干，以一个个具体问题的突破，带动了作风整体转变。

中央八项规定不是五年、十年的规定，而是长期有效的铁规矩、硬杠杠。中共十九大后，中共中央政治局首次会议就把作风建设摆上议程，审议《中共中央政治局贯彻落实中央八项规定实施细则》，对贯彻执行中央八项规定、推进作风建设，作出细化完善、提出更高要求。

社情民意是最好的晴雨表。2022 年国家统计局社情民意电话调查显示，对中共中央贯彻执行中央八项规定精神情况满意、总体成效表示肯定的，分别为 98.2%、95.7%。这是亿万民众发自内心的衷心认可，也是百年大党坚守如一的初心使命。

“改革不停顿、开放不止步”

2012 年 12 月 7 日至 11 日，中共中央总书记、中共中央军委主席习近平在广东考察工作。在考察中，他提出：党的十八大向全党全国发出了深化改革开放新的宣言书、新的动员令，全党全国各族人民要坚定不移走改革开放的强国之路，更加注重改革的系统性、整体性、协同性，做到改革不停顿、开放不止步，为全面建成小康社会、加快推进社会主义现代化而团结奋斗。

1992 年，邓小平在视察南方之际发表了著名的南方谈话。其时，中国改革正面临着重大抉择：一方面，在世界政治多极化进程中，我国在打破西方国家“制裁”后，回旋余地增大；另一方面，我国经济运行中存在的深层次问题尚未得到根本解决，在治理整顿期间，经济发展速度有所放缓。同时，世界社会主义发生的曲折对我国也不可避免地产生一定影响。在此背景下，改革开放之路应该怎样走，是当时人们广泛思考的严峻课题。

邓小平对这一问题给出了清晰回答。他科学总结了中共十一届三中全会以来党的基本实践和基本经验，精辟阐述了社会主义的本质和"三个有利于"的标准，明确回答了困扰和束缚人们思想的许多重大问题，强调基本路线要管一百年，动摇不得，强调发展是硬道理，要抓住时机，发展自己。以邓小平南方谈话和中共十四大为标志，我国改革开放和现代化建设事业进入了新阶段。正是在邓小平的大力倡导和支持下，此后在中国大地上改革开放大潮终汇聚成时代洪流。这股洪流，推动中国人民的面貌、社会主义中国的面貌、中国共产党的面貌发生了历史性变化。

邓小平曾说："发展起来以后的问题不比不发展时少"。距离邓小平南方谈话 20 年过去了，中国各方面发展又进入了一个新的历史时刻。一方面，中国各方面事业都取得了巨大的发展成就；另一方面，中国如何实现进一步的发展也面临着各方面的风险和挑战。面对这些风险和挑战，迫切需要进一步凝聚深化改革的思想共识，以更大的政治勇气和智慧推进改革。

直面这些问题，习近平总书记在此次广东考察期间振聋发聩地指出：现在我国改革已经进入攻坚期和深水区，我们必须以更大的政治勇气和智慧，不失时机深化重要领域改革。深化改革开放，要坚定信心、凝聚共识、统筹谋划、协同推进。他强调：改革开放是决定当代中国命运的关键一招，也是决定实现"两个一百年"奋斗目标、实现中华民族伟大复兴的关键一招。实践发展永无止境，解放思想永无止境，改革开放也永无止境，停顿和倒退没有出路。我们要坚持改革开放正确方向，敢于啃硬骨头，敢于涉险滩，既要勇于冲破思想观念的障碍，又要勇于突破利益固化的藩篱。

习近平总书记在广东考察期间关于"改革不停顿、开放不止步"的重要讲话，引起了国内外的强烈反响，迅速成为国内外所

⊙航拍广东广州

高度关注和广泛热议的热词。“改革不停顿、开放不止步”，充分表明了新一届中央领导集体坚定不移推进改革开放的信心和决心，同时对于进一步凝聚全党全国深化改革的思想共识，全面建成小康社会都具有重要意义。

“只要有信心，黄土变成金”

河北阜平是革命老区，是当年晋察冀边区政府所在地，聂荣臻元帅等老一辈无产阶级革命家曾在这里战斗过。当年阜平人口不足 9 万，却养活了 9 万多革命战士，有 2 万多人参军参战，5000 多人牺牲，为中国革命胜利作出了很大贡献。然而，由于这里地处太行山深处，土地贫瘠、交通不便，是全国重点贫困县。2014 年，经精准识别，人口 20 多万的阜平县，有建档立卡贫困人口 4.44 万户、10.81 万人，贫困发生率达 54.37%。

习近平总书记对老区干部群众十分挂念。2012 年 12 月 29 日下午，他冒着零下十几摄氏度的严寒，驱车 300 多千米来到这里看望慰问困难群众。他后来说："党的十八大以后，我第二次到地方调研，就到了河北阜平县，后来又去了不少贫困地区。我到这些地方调研的目的只有一个，就是看真贫、扶真贫、真扶贫。"

抵达阜平县后，习近平总书记连夜听取了河北省、保定市、阜平县经济社会发展特别是扶贫开发工作的汇报。他表示，革命老区和老区人民为中国革命胜利作出了重要贡献，党和人民永远不会忘记。全面建成小康社会，最艰巨最繁重的任务在农村，特别是在贫困地区。没有农村的小康，特别是没有贫困地区的小康，就没有全面建成小康社会。各级党委和政府要增强做好扶贫开发工作的责任感和使命感，做到有计划、有资金、有目标、有措施、有检查，大家一起来努力，让乡亲们都能快点脱贫致富奔小康。

第二天一大早，习近平总书记来到地处深山的龙泉关镇骆驼湾村，逐一走进困难群众唐荣斌家、唐宗秀家看望，详细询问他们一年下来有多少收入，粮食够不够吃，过冬的棉被有没有，取暖的煤炭够不够，小孩上学远不远，看病方便不方便。当看到老区一些乡亲尚未摆脱贫困、生活还比较困难时，习近平总书记强调：只要有信心，黄土变成金。各级党委和政府要把帮助困难群众特别是革命老区、贫困地区的困难群众脱贫致富摆在更加突出位置，因地制宜、科学规划、分类指导、因势利导，各项扶持政策要进一步向革命老区、贫困地区倾斜，进一步坚定信心，找对路子，坚持苦干实干，推动贫困地区脱贫致富、加快发展。各级领导干部要心里装着困难群众，多做雪中送炭的工作，满腔热情为困难群众办事。

习近平总书记进村入户看真贫，同乡亲们一起商量脱贫致富之策，向全党全国发出了脱贫攻坚的动员令。

“只要有信心，黄土变成金”。阜平人民牢记习近平总书记的殷殷嘱托，坚持精准方略，坚持苦干实干，在太行山深处书写出了脱贫攻坚的新时代答卷：阜平全县农民人均可支配收入从 2012 年的 3262 元增至 2019 年的 9844 元；贫困发生率从 2014 年建档立卡时的 54.37% 降至 2019 年底的 0.45%；2020 年 2 月底，河北省政府宣布阜平等县退出贫困县序列，脱贫摘帽；同年 6 月底阜平剩余贫困人口实现脱贫。

“世界 500 强”数首列世界第二

2013 年初，2012 年度中国企业十大新闻在京揭晓。其中，“中国上榜世界 500 强数首列世界第二”入选十大新闻第二位。

“世界 500 强”是对美国《财富》杂志每年评选的“全球最大五百家公司”排行榜的一种约定俗成的叫法。该排行榜根据前一年的企业经营收入，以企业的年度收入及净利润为评选标准对世界最大型公司进行排名，被视为全球最为权威的企业排行榜之一。

在过去几十年里，中国的 GDP 保持了较快的增长速度，其增长成果也直接反映到中国的企业规模上。2008 年国际金融危机肆虐，使得很多企业经营出现困难，但是中国企业却在世界 500 强中的排名保持了上升势头，开始抢滩“世界 500 强”。《财富》杂志当时分析认为，2008 年人民币对美元和其他国际主要货币都有不同程度的升值，这使得以中国本土为主要市场的中国内地企业在排名上获益。到 2009 年，中国内地企业进入世界 500 强的数量已达 34 家。

2012 年 7 月 9 日，《财富》杂志公布了 2012 年度“世界 500 强”

名单。中国企业入围数量和排位大幅上升。包括香港和台湾在内，中国共有 79 家公司上榜，首次超过日本位列世界第二，成为除美国以外上榜公司数量最多的国家。有分析认为，“企业上榜数量首超日本，并且进入前 100 名企业的数量也与日本旗鼓相当，这同中国世界第二大经济体的地位相称，具有重要指标意义”，“这标志着本世纪初国家制定的关于发展具有国际竞争力的大型企业的战略规划取得成功，也说明在我国加入世贸组织之后，中国企业非但没有被国际竞争冲垮，反而不断发展壮大，加速走向国际市场”。这一可喜的变化也意味着，中国大企业国际化经营能力显著提升，与国际大企业的规模差距进一步缩小，国际地位更加突出。法新社的报道说，“这份榜单反映了世界经济版图的变化”。

伴随着中国经济总量的迅速增加，中国企业的规模越来越大。在 2019 年度的“世界 500 强”排行榜中，上榜中国企业（含港澳台）数量已达 129 家，且其规模和实力也在持续走强。与传统经济大国的上榜企业相比，中国上榜企业的销售规模和资产规模均不输日本、英国、法国与德国企业。《财富》杂志在题为“中国的世界”的文章中这样写道：“这标志着重塑当今商业格局的深刻竞争，世界力量平衡正在发生深刻变化。这种转变不仅改变了商界，也改变了整个世界。”

百年航母梦

2011 年 7 月 27 日，中国国防部新闻发言人宣布：中国目前正利用一艘废旧的航空母舰平台进行改造，用于科研试验和训练。

这艘废旧航母原名为“瓦良格”号，是一艘常规动力航母，由苏联在 20 世纪 80 年代开始建造。苏联解体后，建造工程被迫下马。1998年，废旧的“瓦良格”号被中国公司购买，2002年3月抵达中国大连港。改造后，这艘航母将主要用于科研试验和训练。这表明，我国从改造一艘废旧航母平台开始，选择了一条引进、消化、吸收、再创新的道路，是一条中国特色的航母发展之路。

航空母舰是现代科技的结晶，是目前人类所掌握与使用的最先进的海上军事平台，被视作一个国家综合国力和海军实力的象征。我国既是一个陆地大国，更是一个海洋大国，有着约300万平方千米的“蓝色国土”和漫长的海岸线。拥有航空母舰，不仅有利于保卫我国的海上安全，也是我国海军现代化进程中的重要一步，是近百年来几代中国人的梦想。

对于中国人的百年航母梦而言，2012年是具有特殊意义的一年：

这一年9月25日，我国首艘航空母舰按计划完成建造和试验试航工作，正式交付海军。第一艘航空母舰顺利交接入列，对于提高我军现代化水平，促进国防科技工业技术进步和能力建设，增强国防实力和综合国力，对于振奋民族精神，激发爱国热情，具有重大而深远的意义。经中央军委批准，这艘航空母舰被命名为“中国人民解放军海军辽宁舰”，舷号“16”。

10月9日至29日，辽宁舰完成入列后首次科研试验和训练；

11月23日，我国自行研制的歼-15舰载战斗机在辽宁舰上首次着舰起飞成功……

这是一个十分惊人的成就。因为当2011年7月27日我国对外宣布正在改建第一艘航空母舰时，有外电就宣称：“驾驭航母，中国至少要用10年……”但是“出乎意料”，迈出这一步，中国人仅仅用了一年零五个月的时间——这足以说明中国的航母事业正以惊人的速度向前推进。

⊙辽宁舰

辽宁舰的横空出世，既标志着中国百年航母梦的初圆，也为实现“强军梦”“强国梦”，为落实能打仗、打胜仗的要求，为实现建设海洋强国的目标，迈出了坚实一步。

中国“北斗”

2012 年 10 月 25 日 23 时 33 分，我国在西昌卫星发射中心用长征三号丙火箭，成功将第 16 颗北斗导航卫星送入预定轨道。这是我国二代北斗导航工程的最后一颗卫星。以此为标志，我国北斗卫星导航系统建设第二步战略目标全部实现，北斗导航工程区域组网顺利完成。

卫星导航定位系统涉及政治、经济、军事等领域，对维护国家利益具有重大意义。我国早在 20 世纪 80 年代到 90 年代，就组织了大量专家，吸收国际上研制导航系统的经验教训，结合实际情况，制定了北斗卫星导航系统先区域再全球的“三步走”发展战略：第一步，用少量地球同步静止轨道卫星完成试验任务，通过这个阶段的建设，为北斗卫星导航系统建设积累技术经验、培养人才、研制相应地面应用基础设施设备、开发卫星导航应用市场等；第二步，重点是建设一个区域性系统，计划发射10多颗卫星，到2012年下半年建成覆盖国内及国家的周边、区域性的导航系统；第三步，在区域性系统的基础上，再建一个全球的导航系统，到2020年完成。

1994年，北斗卫星导航系统启动建设。此后20多年间，我国在西昌卫星发射中心共组织了44次北斗发射任务，利用长征三号甲系列运载火箭，先后将4颗北斗一号试验卫星、55颗北斗二号和北斗三号组网卫星送入预定轨道，任务成功率100%。特别是从2017年开启全球组网以来，两年半的时间共成功发射30颗北斗三号组网星和2颗北斗二号备份星，成功率100%，以月均1颗星的速度，创造世界卫星导航系统组网发射新纪录。2020年7月31日，北斗三号全球卫星导航系统正式开通。

北斗卫星导航系统是我国迄今为止规模最大、覆盖范围最广、服务性能最高、与百姓生活关联最紧密的巨型复杂航天系统，是我国第一个面向全球提供公共服务的重大空间基础设施，为世界卫星导航事业发展作出了重要贡献、为全球民众共享更优质的时空精准服务提供了更多选择、为我国重大科技工程管理现代化积累了宝贵经验。它的开通，充分体现了我国社会主义制度集中力量办大事的政治优势，对提升我国综合国力，对推动疫情防控常态化条件下我国经济发展和民生改善，对推动当前国际经济形势下我国对外开放，对进一步增强民族自信心、努力实现“两个一百年”奋斗目标，具有十分重要的意义。

奋斗没有休止符：到2035年左右，我国将建成以北斗系统为基础，更加泛在、更加融合、更加智能的国家综合定位导航授时体系，进一步提升时空信息服务能力，为人类社会作出更多中国贡献。

舌尖上的中国

2012年，一部名为“舌尖上的中国”的纪录片火遍了大江南北。

俗话说，“食在中国。”众所周知，中国是一个爱好美食、爱好烹饪美食的“美食”民族。然而，这部热播一时的纪录片，却没有花费太多气力去展示如何烹饪各种精美菜肴的技艺，而是另辟蹊径：以天南海北的普通百姓为主人公，以他们身上点点滴滴的“人间烟火”为切入点，以一个个数不清的或质朴、或珍贵的食材和菜品为媒介，用散文式的讲故事的方式，将镜头对准那些朴实无华的普通百姓和经他们手所烹饪出饱含着各色浓郁情感的珍馐美食。

在行云流水的叙事中，这部纪录片用了大量篇幅赞颂那些人世间再平凡不过的“妈妈的味道”，热情讴歌了那些始终坚守、传承中华传统饮食文明的普通大众们，并通过美食这个窗口，向大众生动再现了中国人与中国美食以及中国人之间的那种质朴关系，深刻映射出那些深深埋藏于各色家常菜中中国人独特的人生观、家庭观和价值观，映射出温情而厚重的中国文化。

⊙陕西榆林：黄馍馍卖出大名气

在这部纪录片里，有四世同

堂之家的难得一聚，有按古法制作的水磨年糕，有用冬笋制作的“腌笃鲜”，有制作“毛豆腐”的手艺……纪录片将这些一道道日常食材串联起来，展现了千变万化的中国美食和中国美食所包含的酸、甜、苦、辣、咸等“五味”调和的状态。很多观众认为，片中种种美食所“散发”的美味，唤起了自己许许多多有关“乡愁”的温暖记忆。这些温暖回忆，不仅让观众在美食中重新体味中国人传统的家庭观与价值观，还使观众深刻体悟到几千年来我们的祖先在与自然的和谐相处中所凝结出来的种种人生智慧。

⊙浙江绍兴：仁昌酱园

⊙江苏无锡：无锡小笼包

这部纪录片为何这样成功呢？有评论家这样指出：从一开始，《舌尖上的中国》就不只是一部关于吃的纪录片，“看着笋挖出来，火腿吊起来，渔网里闪闪发亮，揭开蒸笼白花花、冒着蒸汽的馒头，拉面摔打在案板上的脆响……都让人激动得落泪。多可爱的中国”。

是的，“舌尖上的中国”所载负的正是那个“多可爱的中国”！

2010 年
2011 年
2012 年
2013 年
2014 年

运-20首飞成功

2013年1月26日，中国自主研制的运-20大型运输机首次试飞取得圆满成功。运-20飞机是我国依靠自己力量研制的一种大型、多用途运输机，可在复杂气象条件下执行各种物资和人员的长距离航空运输任务。该型飞机的首飞成功，对于推进我国经济和国防现代化建设，应对抢险救灾、人道主义援助等紧急情况，具有重要意义。

大型运输机技术复杂，运-20是名副其实的“争气机”。为了适应国民经济和社会发展需要，服务军队现代化建设，更好地完成抢险救灾、人道主义救援等紧急任务，我国依靠自己的力量发展大型运输机，持之以恒加强空中运输能力建设。

2012年12月27日，国防部新闻发言人在回答有关大型运输机运-20时说，中国大型运输机的研发工作正按照计划向前推进。

2013年1月26日，运-20大型运输机首飞成功。

⊙ 运-20翱翔天际

2016年7月6日，运–20大型运输机正式列装空军航空兵部队，使空军战略投送能力迈出关键性一步。运–20大型运输机的顺利研制并正式列装部队，既是中国形成远程投送能力的起点，也是国家大飞机工程的新起点，实现了我空中战略投送装备自主发展重大突破，标志着我国航空设计制造能力迈上新台阶，标志着空军战略转型建设站上了新起点。

2018年5月8日，中国空军新闻发言人发布消息：中国自主发展的运–20大型运输机，首次与空降兵部队联合开展空降空投训练，这是中国空军战略投送能力、远程空降作战能力建设的又一次跃升。

大国重器铸成，航空报国梦圆。空军是战略性军种，空军的战略能力要与不断拓展的国家利益相适应，在更加广阔的空间遂行多样化军事任务。当今世界，只有极少数国家具备研制大型运输机的能力，中国凭自主创新正式进入"全球大飞机俱乐部"，也意味着中国空军向"战略空军"迈进。

"老虎""苍蝇"一起打

2013年1月22日，习近平总书记在中共十八届中央纪委二次全会上讲话指出，坚定不移惩治腐败，是我们党有力量的表现，也是全党同志和广大群众的共同愿望。从严治党，惩治这一手决不能放松。要坚持"老虎""苍蝇"一起打，既坚决查处领导干部违纪违法案件，又切实解决发生在群众身边的不正之风和腐败问题。

腐败是中国共产党执政面临的最大威胁，严重侵蚀中国共产党的执政基础，人民群众深恶痛绝。中共十八大以来，中共中央深化对反腐败斗争形势的认识，在1993年以来一直沿用"依然严峻”的基础上，增加了“复杂”二字，强调反腐败才能兴党兴国，必须有腐必反、有贪必肃，无禁区、全覆盖、零容忍，坚决惩治腐败的旗帜立场始终如一，遏制腐败蔓延势头的目标任务从未动摇。

中共中央始终保持惩治腐败高压态势，持续形成强大威慑。严肃查处中共十八大后不收敛、不收手，问题线索反映集中、群众反映强烈，现在重要岗位且可能还要提拔使用的领导干部，把三类情况同时具备的作为重中之重。严肃查处把原则和纪律挂在嘴上，背后却大搞权钱交易、官商勾结、利益输送的典型；表面上理想信念坚定，背地里却拜大师、做法会，不信马列信鬼神的典型，发挥了震慑和警示作用。突出审查重点，加大对“小官大贪”惩处力度，严肃查处贪污挪用、截留私分，优亲厚友、虚报冒领，“雁过拔毛”、强占掠夺问题，对胆敢向扶贫资金财物“动奶酪”的严惩不贷。对搞数字脱贫、虚假脱贫的，对扶贫工作不务实不扎实、脱贫结果不真实、发现问题不整改的严肃问责。

中共十八大之后的五年间，经中共中央批准立案审查的省军级以上党员干部及其他中管干部 440 人。全国纪检监察机关共立案 1545000 件，处分 1537000 人，其中厅局级干部 8900 余人，县处级干部 63000 人，涉嫌犯罪被移送司法机关处理 58000 人；共处分村党支部书记、村委会主任 278000 人。

钉钉子精神

2013 年 2 月 28 日，习近平总书记在中共十八届二中全会第二次全体会议上提出，要有钉钉子的精神，要真正做到一张好的蓝图一干到底，切实干出成效来。他强调，面对改革发展稳定的艰巨繁重任务，各级领导班子和领导干部一定要按照中央要求，牢记“空谈误国，实干兴邦”，积极进取，奋发有为，做出经得起实践、人民、历史检验的实绩。

政贵有恒。为官一方，为政一时，当然要大胆开展工作、锐意进取，同时也要保持工作的稳定性和连续性。干工作、干事业就像是钉钉子，钉钉子往往不是一锤子就能钉好的，而是要一锤一锤接着敲，直到把钉子钉实钉牢，钉牢一颗再钉下一颗，不断钉下去，必然大有成效。如果东一榔头西一棒子，结果很可能是一颗钉子都钉不上、钉不牢。因此，我们必须要树立钉钉子的精神，真正做到一张好的蓝图一干到底，切实干出成效来。

要钉好钉子，必须要有“功成不必在我”的精神。一张好的蓝图，只要是科学的、切合实际的、符合人民愿望的，大家就要一茬一茬接着干，干出来的都是实绩，广大干部群众都会看在眼里、记在心里。当然，人们的认识和工作也要随着实践的不断发展而与时俱进，看准了的要及时调整和完善。

很多时候，有没有新面貌，有没有新气象，并不在于制定一打一打的新规划，喊出一个一个的新口号，而在于能否结合新的实际，坚持钉钉子精神，用新的思路、新的举措，脚踏实地把既定的科学目标、好的工作蓝图变为现实。

强军目标

2013 年 3 月 11 日，中共中央总书记、中共中央军委主席习近平在出席十二届全国人大一次会议解放军代表团全体会议时讲话指出，建设一支听党指挥、能打胜仗、作风优良的人民军队，是党在新形势下的强军目标。

中共十八大以后，我国的国防和军队建设已站在新的历史起点上，面临着难得的发展机遇，同时国际国内安全形势十分复杂，军事斗争准备任务十分繁重，军队建设内外环境变化十分深刻，风险和挑战明显增多。中国共产党在新形势下的强军目标就是中共中央从全局上对国防和军队建设作出的战略筹划和顶层设计。

中国共产党在新形势下的强军目标，指明了军事创新的方向、任务、重点，明确了军事创新的实现路径和检验标准。其中，听党指挥是灵魂，决定人民军队建设的政治方向；能打胜仗是核心，反映人民军队的根本职能和军队建设的根本指向；作风优良是保证，关系人民军队的性质、宗旨、本色。

实现强军目标是一项具有很强开拓性的事业，面临大量新情况新问题，必须勇于探索、大胆创新、锐意改革。要准确把握这一强军目标，用以统领军队建设、改革和军事斗争准备。要铸牢听党指挥这个强军之魂，坚持党对军队绝对领导的根本原则和人民军队的根本宗旨不动摇。要扭住能打仗、打胜仗这个强军之要，牢固树立战斗力这个唯一的根本的标准，确保部队召之即来、来之能战、战之必胜。要把改进作风工作引向深入，保持人民军队长期形成的良好形象。

推动构建人类命运共同体

2013 年 3 月 23 日，国家主席习近平在俄罗斯莫斯科国际关系学院发表演讲。这次访问俄罗斯，是习近平担任中国国家主席后第一次出访。在这次演讲中，习近平主席深入阐述了中国对世界形势的看法和对国际关系的立场主张，明确提出构建人类命运共同体理念。演讲指出：“人类生活在同一个地球村里，生活在历史和现实交汇的同一个时空里，越来越成为你中有我、我中有你的命运共同体”，“各国应该共同推动建立以合作共赢为核心的新型国际关系，各国人民应该一起来维护世界和平、促进共同发展”。

中国共产党是为中国人民谋幸福的政党，也是为人类进步事业而奋斗的政党。中国共产党始终把为人类作出新的更大的贡献作为自己的使命。构建人类命运共同体理念的提出，顺应和平、发展、合作、共赢的时代潮流，揭示了世界各国相互依存和人类命运紧密相连的客观现实和发展规律。

当前，世界正处于大发展大变革大调整时期。世界多极化、经济全球化、社会信息化、文化多样化深入发展，全球治理体系和国际秩序变革加速推进，各国相互联系和依存日益加深，国际力量对比更趋平衡，和平发展大势不可逆转。同时，世界面临的不稳定性不确定性突出，世界经济增长动能不足，贫富分化日益严重，地区热点问题此起彼伏，恐怖主义、网络安全、重大传染性疾病、气候变化等非传统安全威胁持续蔓延，人类面临许多共同挑战。如何让和平的薪火代代相传、让发展的动力源源不断、让文明的光芒熠熠生辉，是各国人民的共同期待。中国给出的回答是：构建人类命运共同体，实现共赢共享。

人类命运共同体思想根植于中华文明和中国外交实践，同时又顺应时代潮流，契合各国人民的愿望，有着十分丰富的内涵。简言之，在政治上，要相互尊重、平等协商，坚决摒弃冷战思维和强权政治；在安全上，要坚持以对话解决争端、以协商化解分歧；在经济上，要同舟共济，推动经济全球化朝着更加开放、包容、普惠、平衡、共赢的方向发展；在文化上，要尊重世界文明多样性，以文明交流超越文明隔阂、文明互鉴超越文明冲突、文明共存超越文明优越；在生态上，要坚持环境友好，合作应对气候变化，保护好人类赖以生存的地球家园。

人类命运共同体理念植根于源远流长的中华文明和波澜壮阔的中国外交实践，契合于当今世界各国求和平、谋发展、促合作、要进步的真诚愿望和崇高追求。这一理念的提出，既顺应了历史潮流，又回应了时代要求；既凝聚了各国共识，又为人类社会实现共同发展、持续繁荣、长治久安绘制了蓝图，对于中国的和平发展与世界的繁荣进步都具有重大意义。

党的群众路线教育实践活动

围绕保持党的先进性和纯洁性，在全党深入开展以为民务实清廉为主要内容的党的群众路线教育实践活动，是中共十八大作出的一项重大部署。2013 年 5 月 9 日，中共中央印发《关于在全党深入开展党的群众路线教育实践活动的意见》。2013 年 6 月至 2014 年 9 月，全党分两批开展以为民务实清廉为主要内容的党的群众路线教育实践活动，集中整治形式主义、官僚主义、享乐主义和奢靡之风“四风”问题。

群众路线是中国共产党的生命线和根本工作路线。开展党的群众路线教育实践活动，是中国共产党在新形势下坚持党要管党、从严治党的重大决策，是顺应群众期盼、加强学习型服务型创新型马克思主义执政党建设的重大部署，是推进中国特色社会主义的重大举措，对保持党的先进性和纯洁性、巩固党的执政基础和执政地位，对全面建成小康社会，具有重大而深远的意义。

各级党组织和广大党员、干部积极响应中共中央号召，高度重视、踊跃参与，广大人民群众热烈响应、热情支持，整个活动进展有序、扎实深入，达到了预期目的，取得了重大成果。广大党员、干部受到马克思主义群众观点的深刻教育，贯彻党的群众路线的自觉性和坚定性明显增强。形式主义、官僚主义、享乐主义和奢靡之风得到有力整治，群众反映强烈的突出问题得到有效解决。恢复和发扬了批评和自我批评优良传统，探索了新形势下严肃党内政治生活的有效途径。以转作风改作风为重点的制度体系更加完善，制度执行力和约束力得到增强。影响群众切身利益的症结难点得到突破，党的执政基础更加稳固。这次活动为中国共产党进行具有许多新的历史特点的伟大斗争作了思想上组织上作风上的重要准备，其重大意义必将随着时间的推移不断显现出来。

风清则气正，气正则心齐，心齐则事成。党的群众路线教育实践活动使中国共产党在群众中的威信和形象进一步树立，党心民心进一步凝聚，形成了推动改革发展的强大正能量。

全国宣传思想工作会议

2013 年 8 月，全国宣传思想工作会议召开。会议提出，我们正在进行具有许多新的历史特点的伟大斗争，面临的挑战和困难前所未有，必须坚持巩固壮大主流思想舆论，弘扬主旋律，传播正能量，激发全社会团结奋进的强大力量。强调，宣传思想工作就是要巩固马克思主义在意识形态领域的指导地位，巩固全党全国人民团结奋斗的共同思想基础。

能否做好意识形态工作，事关中国共产党的前途命运，事关国家长治久安，事关民族凝聚力和向心力。在我国社会深刻变革和对外开放不断扩大的条件下，宣传思想工作发生了很大变化，但其根本任务没有变，也不能变。这就是要巩固马克思主义在意识形态领域的指导地位，巩固全党全国人民团结奋斗的共同思想基础。

中国共产党的中心工作与意识形态工作相辅相成，坚持两手抓，二者才能相得益彰。要全面推进社会主义现代化建设事业，必须始终坚持两手抓，切实做到既有硬实力，又有软实力。既要做好中心工作、为意识形态工作提供坚实物质基础，又要做好意识形态工作、为中心工作提供有力保障。同时，又要切实做到既不能因为中心工作而忽视意识形态工作，也不能使意识形态工作游离于中心工作。

同以前相比，宣传思想舆论工作的外部环境、社会条件、工作对象已大不一样，有些做法过去有效，现在未必有效；有些过去不可逾越，现在则需要突破。面对这种情况，惟有改革创新，才能更好地发挥宣传思想舆论工作引领时代风气之先的作用；惟有始终坚持改革创新，才能不断提高做好宣传思想工作的能力和水平，进而不断巩固马克思主义在意识形态领域的指导地位，巩固全党全国人民团结奋斗的共同思想基础。

好干部标准

2013 年 6 月 28 日至 29 日，全国组织工作会议召开。中共中央总书记、国家主席、中央军委主席习近平出席会议并发表重要讲话，明确提出信念坚定、为民服务、勤政务实、敢于担当、清正廉洁的好干部标准。

理想信念坚定，是好干部第一位的标准，是不是好干部首先看这一条。革命战争年代，检验一个干部理想信念坚定不坚定，就看他能不能为党和人民事业舍生忘死，能不能冲锋号一响立即冲上去，这样的检验很直接。和平建设时期，生死考验有，但毕竟不多，检验一个干部理想信念是否坚定确实比较难。当然，也不是不能检验。那就主要看干部是否能在重大政治考验面前有政治定力，是否能树立牢固的宗旨意识，是否能对工作极端负责，是否能做到吃苦在前、享受在后，是否能在急难险重任务面前勇挑重担，是否能经得起权力、金钱、美色的诱惑。这样的检验需要一个过程，不是一下子、经历一两件事、听几句口号就能解决的，要看长期表现，甚至看一辈子。

坚持原则、敢于担当是党的干部必须具备的基本素质。担当大小，体现着干部的胸怀、勇气、格调，有多大担当才能干多大事业。担当就是责任，好干部必须有责任重于泰山的意识，坚持党的原则第一、党的事业第一、人民利益第一，敢于旗帜鲜明，敢于较真碰硬，对工作任劳任怨、尽心竭力、善始善终、善作善成。

成长为一个好干部，一靠自身努力，二靠组织培养。成为好干部，就要不断改造主观世界、加强党性修养、加强品格陶冶。要时刻用党章、用共产党员标准要求自己，老老实实做人，踏踏实实干事，清清白白为官。好干部还要靠组织培养。形势越变化、党和人民事业越发展，越要重视干部培养。培养干部，要抓好党性教育这个核心，抓好道德建设这个基础，加强宗旨意识、公仆意识教育，要强化干部实践锻炼，加强对干部经常性的管理监督。

治国之要，首在用人。用人之要，贵在让各类人才各得其所、用当其时、才尽其用。

"一带一路"倡议

2013 年 9 月和 10 月，中国国家主席习近平在出访中亚和东南亚国家期间，先后提出共建"丝绸之路经济带"和"21 世纪海上丝绸之路”的战略构想，即“一带一路”倡议，得到国际社会高度关注和有关国家积极响应。

历史上，陆上丝绸之路和海上丝绸之路就是中国同中亚、西亚、南亚、东南亚、东非、欧洲经贸和文化交流的大通道。“一带一路”倡议将推动沿线各国发展战略的对接与耦合，发掘区域内市场的潜力，促进投资和消费，创造需求和就业，增进沿线各国人民的人文交流与文明互鉴，构建全方位、多层次、复合型的互联互通网络，实现沿线各国多元、自主、平衡、可持续的发展。

共建“一带一路”，是中国政府根据国际和地区形势深刻变化，以及中国发展面临的新形势、新任务，致力于维护全球自由贸易体系和开放型经济体系，促进沿线各国加强合作、共克时艰、共谋发展而提出的战略构想，具有深刻的时代背景。从国际情况来看，世界经济正发生复杂深刻的变化，世界经济复苏缓慢、发展分化，各国面临的发展问题依然严峻，迫切需要秉持开放的精神，开展更大范围、更高水平、更深层次的区域合作，共同打造

⊙ 中欧班列作业紧张有序

开放、包容、均衡、普惠的区域经济合作架构，推动区域内要素有序自由流动和优化配置。从国内情况来看，随着中国改革开放的深入推进，要实现中国经济全面协调可持续发展，必须一以贯之地坚持对外开放的基本国策，提升沿海开放水平，深化内陆和沿边开放，实施向西开放，构建全方位开放新格局，深度融入世界经济体系。

当今，中国经济和世界经济高度关联，中国的发展需要世界，世界的发展也需要中国。共建"一带一路"，符合中国和国际社会的根本利益，有利于促进经济要素有序自由流动、资源高效配置和市场深度融合，有利于加强不同文明交流互鉴，推动沿线各国实现经济政策协调，促进和平发展繁荣，必将给沿线国家人民带来实实在在的好处。

上海自贸区

《人民日报》2013 年 8 月 23 日报道：近日，国务院正式批准设立中国（上海）自由贸易试验区。试验区范围涵盖上海市外高桥保税区、外高桥保税物流园区、洋山保税港区和上海浦东机场综合保税区等 4 个海关特殊监管区域，总面积为 28.78 平方千米。

2013 年 9 月 18 日，《国务院关于印发〈中国（上海）自由贸易试验区总体方案〉的通知》发出。该通知指出：建立中国（上海）自由贸易试验区，是党中央、国务院作出的重大决策，是深入贯彻党的十八大精神，在新形势下推进改革开放的重大举措，对加快政府职能转变、积极探索管理模式创新、促进贸易和投资便利化，为全面深化改革和扩大开放探索新途径、积累新经验，具有重要意义。《中国（上海）自由贸易试验区总体方案》明确了建立中国（上海）自由贸易试验区的总体要求、主要任务和措施，以及营造相应的监管和税收制度环境等。

加快实施自由贸易区战略，是我国新一轮对外开放的重要内容。中共十七大把自由贸易区建设上升为国家战略。中共十八大提出要加快实施自由贸易区战略。中共十八届三中全会提出要以周边为基础加快实施自由贸易区战略，形成面向全球的高标准自由贸易区网络。

加快实施自由贸易区战略，是适应经济全球化新趋势的客观要求，是全面深化改革、构建开放型经济新体制的必然选择，也是我国积极运筹对外关系、实现对外战略目标的重要手段。站在新的历史起点上，实现“两个一百年”奋斗目标、实现中华民族伟大复兴的中国梦，必须适应经济全球化新趋势、准确判断国际

⊙上海：中国（上海）自由贸易试验区局部外景

形势新变化、深刻把握国内改革发展新要求，以更加积极有为的行动，推进更高水平的对外开放，加快实施自由贸易区战略，加快构建开放型经济新体制，以对外开放的主动赢得经济发展的主动、赢得国际竞争的主动。

建设中国（上海）自由贸易试验区的主要任务是要探索我国对外开放的新路径和新模式，推动加快转变政府职能和行政体制改革，促进转变经济增长方式和优化经济结构，实现以开放促发展、促改革、促创新，形成可复制、可推广的经验。试验区建设有利于培育我国面向全球的竞争新优势，拓展经济增长的新空间，打造中国经济"升级版"。

中国（上海）自由贸易试验区拉开了中国自贸区的探索序幕。到 2018 年，中国（上海）自由贸易试验区成立仅 5 年时间，就取得了一组令人惊叹的数据：设立外商投资企业需提交材料由十几份减少至 0，办理时间由 8 个工作日缩减至 1 个工作日；货物申报由 1 天缩到半小时，船舶申报由 2 天到 2 小时；3.8 万余家境内外企业开立自由贸易账户 7.2 万个，累计办理各类本外币跨境结算折合人民币 25.9 万亿元，涉及 161 个国家和地区……一大批可推广可复制的经验在上海自贸区诞生，贸易便利化、投资便利化、监管便利化逐一得到推进，并取得了积极成效。

周边外交基本方针

我国有两万多千米蜿蜒的陆地边界，还有三万多千米漫长的海岸线，周边国家多达 29 个，总人口超过 25 亿，是世界上拥有邻国最多的国家之一。周边国家大都有着迥然不同的历史、宗教、民族、政治、经济、社会、文化，这些因素决定了中国周边外交的特殊复杂性。

2013年10月24日至25日，中共中央召开周边外交工作座谈会。中共中央总书记、国家主席、中央军委主席习近平发表重要讲话，提出我国周边外交的基本方针，即：坚持与邻为善、以邻为伴，坚持睦邻、安邻、富邻，突出体现亲、诚、惠、容的理念。他强调，做好周边外交工作，是实现“两个一百年”奋斗目标、实现中华民族伟大复兴的中国梦的需要，要更加奋发有为地推进周边外交，为我国发展争取良好的周边环境，使我国发展更多惠及周边国家，实现共同发展。

无论从地理方位、自然环境还是相互关系看，周边外交对我国都具有极为重要的战略意义。新中国成立后，以毛泽东同志为核心的中共第一代中央领导集体，以邓小平同志为核心的中共第二代中央领导集体，以江泽民同志为核心的中共第三代中央领导集体，以胡锦涛同志为总书记的中共中央，都高度重视周边外交，并提出了一系列重要战略思想和方针政策，开创和发展了我国总体有利的周边环境，为我们继续做好周边外交工作打下了坚实基础。中共十八大以来，中共中央在保持外交大政方针延续性和稳定性的基础上，积极运筹外交全局，突出周边在我国发展大局和外交全局中的重要作用，开展了一系列重大外交活动。

审视我国的周边形势，周边环境发生了很大变化。表现在：一方面，我国周边国家普遍充满生机活力，有明显的发展优势和潜力，同时我国的周边环境总体上是稳定的，睦邻友好、互利合作是周边国家对华关系的主流。另一方面，我国同周边国家的关系发生了很大变化，经贸联系更加紧密、互动空前密切。这些变化客观上要求我国的周边外交必须与时俱进、更加主动。

习近平总书记的重要讲话总揽全局，思想和内涵丰富，从战略高度强调了做好新形势下周边外交工作的重大意义，对做好新形势下外交工作特别是周边外交工作具有重要指导意义。

国际社会高度评价此次会议，普遍认为，"习近平的讲话显示中国新一届领导人致力于睦邻友好、和平发展、合作共赢的诚意和决心，中国必将获得周边国家越来越多的认可和信任，也会在国际舞台上赢得越来越多的理解和尊重。""中国制定的方针政策有利于巩固与周边更多国家的关系，加强在政治、经济、文化等领域的交流合作，打造更为和谐的周边环境，为实现互利互惠与共赢局面奠定基础。"

中共十八届三中全会

2013 年 11 月 9 日至 12 日，中共十八届三中全会召开。全会通过《关于全面深化改革若干重大问题的决定》。《决定》指出，全面深化改革的总目标是完善和发展中国特色社会主义制度，推进国家治理体系和治理能力现代化；经济体制改革核心问题是处理好政府和市场的关系，使市场在资源配置中起决定性作用和更好发挥政府作用。

站在新的历史起点上，中共十八届三中全会吹响了全面深化改革的新号角。这次全会对经济体制、政治体制、文化体制、社会体制、生态文明体制、国防和军队改革和党的建设制度改革作出部署，确定全面深化改革的总目标、战略重点、优先顺序、主攻方向、工作机制、推进方式和时间表、路线图。中共十一届三中全会是划时代的，开启了改革开放和社会主义现代化建设新时期。中共十八届三中全会也是划时代的，实现改革由局部探索、破冰突围到系统集成、全面深化的转变，开创了我国改革开放新局面。

2020 年 12 月 30 日，习近平总书记在中央全面深化改革委员会第十七次会议上讲话指出："党的十八届三中全会以来，党中央以前所未有的决心和力度冲破思想观念的束缚，突破利益固化的藩篱，坚决破除各方面体制机制弊端，积极应对外部环境变化带来的风险挑战，开启了气势如虹、波澜壮阔的改革进程。党的十八届三中全会确定的目标任务全面推进，各领域基础性制度框架基本确立，许多领域实现历史性变革、系统性重塑、整体性重构，为推动形成系统完备、科学规范、运行有效的制度体系，使各方面制度更加成熟更加定型奠定了坚实基础，全面深化改革取得历史性伟大成就。"同年 12 月 31 日，习近平总书记又在全国政协新年茶话会上指出："中共十八届三中全会召开 7 年多来，各方面共推出 2485 个改革方案。中共十八届三中全会提出的改革目标任务总体如期完成。"

改革开放是决定当代中国命运的关键一招，也是决定实现"两个一百年"奋斗目标、实现中华民族伟大复兴的关键一招。没有改革开放，就没有中国的今天；离开改革开放，也没有中国的明天。要实现中华民族伟大复兴，必须坚定不移推进改革开放。

精准扶贫

全面建成小康社会最艰巨最繁重的任务在农村特别是在贫困地区，没有农村的小康特别是没有贫困地区的小康，就没有全面建成小康社会。中共十八大召开后不久，中共中央就突出强调，"小康不小康，关键看老乡，关键在贫困的老乡能不能脱贫"，承诺"决不能落下一个贫困地区、一个贫困群众"，吹响了打赢脱贫攻坚战的进军号。

2013 年 11 月 3 日，习近平总书记在湖南湘西州花垣县排碧

⊙广西柳州：侗胞学制螺蛳粉，精准扶技助脱贫

⊙江西吉安：油茶飘香致富路

⊙湖北恩施：采摘金丝皇菊

乡十八洞村看望贫困村民时提出"精准扶贫"理念，强调抓扶贫开发，既要整体联动、有共性的要求和措施，又要突出重点、加强对特困村和特困户的帮扶。12月10日，习近平总书记在中央经济工作会议上又强调，扶贫工作要科学规划、因地制宜、抓住重点，提高精准性、有效性、持续性。

农村贫困人口如期脱贫、贫困县全部摘帽、解决区域性整体贫困，是全面建成小康社会的底线任务，是中国共产党作出的庄严承诺。2013年12月18日，中共中央办公厅、国务院办公厅印发《关于创新机制扎实推进农村扶贫开发工作的意见》，提出建立精准扶贫工作机制等。2015年11月27日至28日，中央扶贫开发工作会议召开，提出实现脱贫攻坚目标的总体要求，实行扶持对象、项目安排、资金使用、措施到户、因村派人、脱贫成效"六个精准"，实行发展生产、易地搬迁、生态补偿、发展教育、社会保障兜底"五个一批”，发出打赢脱贫攻坚战的总攻令。围绕扶持谁、谁来扶、怎么扶、如何退等问题，打出了一套政策组合拳。坚持对扶贫对象实行精细化管理、对扶贫资源实行精确化配置、对扶贫对象实行精准化扶持，建立了全国建档立卡信息系统，确保扶贫资源真正用在扶贫对象上、真正用在贫困地区。因村因户因人施策，因贫困原因施策，因贫困类型施策，对症下药、精准滴灌、靶向治疗，真正发挥拔穷根的作用。

⊙江西永丰：果农收获砂糖橘

脱贫攻坚，贵在精准，重在精准。精准扶贫是打赢脱贫攻坚战的制胜法宝。中共十八大以来，中国共产党坚持精准扶贫，确立不愁吃、不愁穿和义务教育、基本医疗、住房安全有保障工作目标，实行“军令状”式责任制，动员全党全国全社会力量，上下同心、尽锐出战，攻克坚中之坚、解决难中之难，组织实施了人类历史上规模最大、力度最强的脱贫攻坚战。

东海防空识别区

2013 年 11 月 23 日，中国政府宣布划设东海防空识别区，并发布航空器识别规则公告和识别区示意图。同日，中国空军在识别区内进行首次空中巡逻。划设东海防空识别区，是中国保卫国家主权和领土领空安全的必要举措，有利于维护国际空域飞行安全，符合国际法和国际惯例。中国空军对飞经东海防空识别区的航空器进行识别和查证，是防御性措施，符合国际通行做法。

根据国际通行做法，划设国可对飞经其防空识别区的航空器进行识别和查证。中方划设防空识别区，是为保障国家空防安全提供足够的预警时间，其要义在于防卫，不针对任何特定国家和目标，更不会对任何国家和地区构成威胁。通常情况下，监管是通过通报飞行计划和雷达应答识别等方式进行的，必要时也可起飞军机进行识别查证。具体采取何种监管方式，要根据航空器的军用民用属性、威胁程度和距离远近等因素确定。当判明航空器对我不构成威胁时，则不需要起飞战机，但会进行必要监视；当判明威胁达到一定程度时，则会适时出动军机予以识别处置。中国军队维护国家领土领空安全的决心和意志坚定不移，完全能对东海防空识别区实施有效监管。

防空识别区与领空和禁飞区有本质区别。它不是一国的领空，而是在领空外国际空域划设的识别和预警范围；它不是禁飞区，不会影响他国航空器依国际法享有的飞越自由。东海方向空域航路密集、飞行繁忙，中方要求飞经该区域的航空器通报飞行计划和相关信息，对于保证空中飞行安全、避免误解误判有益无害。

东海防空识别区是安全区而不是风险区，是合作区而不是对抗区。中国坚定不移走和平发展道路，始终奉行防御性国防政策。中方一贯尊重各国依国际法享有的飞越自由，国际航班在东海防空识别区内按规则正常飞行，不会受到任何影响。

光盘行动

崇俭抑奢，既是中华民族代以相承的重要文化基因，又是中国共产党的优良传统。习近平总书记一贯高度重视这一问题。2013 年年初，在新华社、《人民日报》有关材料上，他就厉行勤俭节约、反对铺张浪费作出重要批示。指出：“餐饮环节上的浪费现象触目惊心。广大干部群众对餐饮浪费等各种浪费行为特别是公款浪费行为反映强烈。联想到我国还有1亿多农村扶贫对象、几千万城市低保人口以及其他为数众多的困难群众，各种浪费现象的严重存在令人十分痛心。浪费之风务必狠刹！”强调：“要加大宣传引导力度，大力弘扬中华民族勤俭节约的优秀传统，大力宣传节约光荣、浪费可耻的思想观念，努力使厉行节约、反对浪费在全社会蔚然成风。”

习近平总书记关于厉行勤俭节约、反对铺张浪费的重要批示，体现了中央改进作风八项规定的新要求，反映了广大干部群众的呼声和

⊙重庆：“光盘行动”进校园

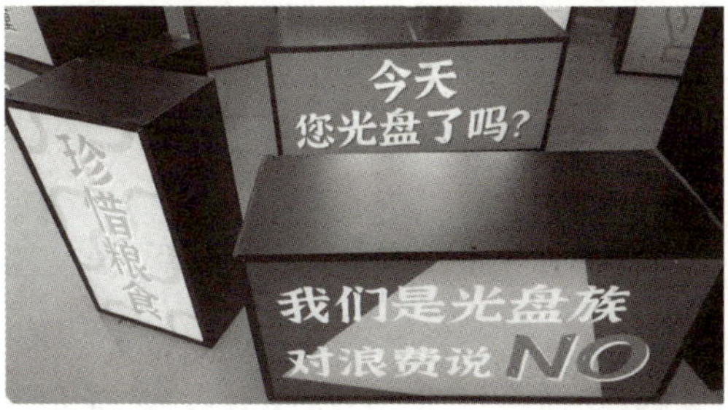

⊙北京：街头“光盘行动”宣传广告引人瞩目

⊙河北秦皇岛：劳动教育倡“光盘”

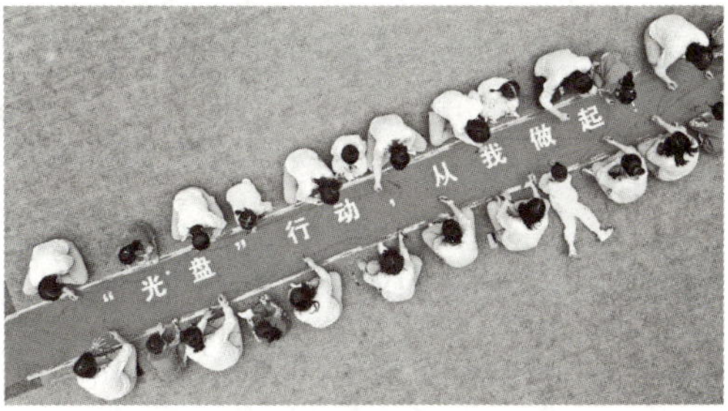

⊙江西上饶：幼儿园师生在条幅上签字

愿望，表明了中国共产党狠刹不良歪风、倡导文明新风的鲜明态度和坚定决心。各地区各部门坚决贯彻落实习近平总书记重要指示精神，采取出台相关文件、开展“光盘行动”等措施，大力整治浪费之风。

响应这一号召，一场声势浩大的“光盘行动”自觉在社会上广泛开展起来：“‘光盘行动’从我做起，绝不浪费一颗粮食”，下餐馆点菜根据人数“悠着点”，吃不完的打包带走，“不浪费一分一毫”，身体力行向中国式“剩宴”说“不”；商家根据消费者需要，还提供了“光盘族”打折、有奖打包、“N 减 1”点菜法、“半份菜”等措施，努力减少餐桌上的浪费……

此外，在微博、微信等新媒体上，“晒光盘”也成为了一种新的社会风尚：不少网民晒出菜肴被吃得干干净净的餐盘照片；腾讯微博的“中国光盘节宣言”阅读量超过 400 万，转发数千条；新浪微博上参与“光盘行动”微话题讨论的微博也超过了 1000 多万条……

经过全社会的共同努力，“舌尖上的浪费”现象有所改观，特别是群众反映强烈的公款餐饮浪费行为得到有效遏制。

“一粥一饭，当思来处不易；半丝半缕，恒念物力维艰。”节约是永不过时的美德。“光盘行动”让崇尚节俭的价值理念深入人心，让厉行节约、反对浪费的良好习惯蔚然成风。

嫦娥三号成功登月

北京时间 2013 年 12 月 2 日 1 时 30 分，我国在西昌卫星发射中心用长征三号乙运载火箭，成功将嫦娥三号探测器发射升空，展开奔月之旅。

⊙嫦娥三号探测器发射升空

12月6日17时53分，在北京航天飞行控制中心的精确控制下，嫦娥三号探测器成功实施近月制动，顺利进入环月轨道。10日21时20分，嫦娥三号在月球背面成功实施环月轨道变轨控制，顺利进入预定的月面着陆准备轨道。14日21时11分，嫦娥三号探测器在月球表面预选着陆区域成功着陆，标志我国已成为继苏联、美国后世界上第三个实现地外天体软着陆的国家。这是此次嫦娥三号登月的最大难点，也是成败的关键所在。15日4时35分，嫦娥三号着陆器与巡视器分离，“玉兔号”巡视器顺利驶抵月球表面。23时35分，巡视器、着陆器顺利完成互拍，图像清晰，“玉兔号”月球车上的五星红旗出现在着陆器拍摄的画面中，嫦娥三号任务圆满成功。

嫦娥三号任务圆满成功，首次实现了我国航天器在地外天体软着陆和巡视勘察，在我国航天事业发展中具有里程碑意义。嫦娥三号任务在动力下降、两器分离、月地间遥操作、月面生存、测控通信等方面，突破了一批重大关键技术，取得了一批具有自主知识产权的科技成果，实现了我国航天领域的多项创新。包括：首次实现我国航天器在地外天体软着陆；首次实现我国航天器在地外天体巡视勘察；首次实现对月面探测器的遥操作；首次研制我国大型深空站，初步建成深空测控通信网；首次在月面开展多种形式的科学探测等。

此外，此次探月任务，还创造了人类月球探测史的几项“首次”：在国际上首次利用测月雷达实测月壤厚度和月壳岩石结构；首次开展日地空间和太阳系外天体的月基甚低频射电干涉观测等研究；首次进行月基光学天文观测，研究太阳系外行星系统、星震和活动星系核……

探索浩瀚宇宙、和平利用太空，是中华民族的千年梦想和不懈追求。嫦娥三号成功登月，实现了我国航天器首次在地外天体软着陆和巡视勘察，标志着我国探月工程“绕、落、回”第二步战略目标取得全面胜利，在我国航天事业发展中具有重要里程碑意义。

正能量

2012 年，在国家语言资源监测与研究中心、商务印书馆等单位主办的“汉语盘点 2012”中，“正能量”一词当选为 2012 中国年度十大候选汉字之一；2013 年，在“汉语盘点 2013”中，“正能量”一词又当选为 2013 年度国内词。据悉，“汉语盘点”活动是由网民评选出一个字、一个词，对一年年景进行恰当的描述。参评专家认为，“正能量”当选年度词，体现了民众热爱公平与温暖、希望社会蓬勃向上的情感诉求。

一字一词总关情。汉字是一种字形美丽、内涵丰富的独特文字。它既能生动展现原汁原味的语言生存状态，又能准确传达人们的朴实情感，更能敏锐反映社会的发展变迁。“正能量”一词的出现和流行，恰恰印证了汉字的这些功能。“正能量”，不仅反映、折射的是一种人们追求积极上进的精神状态、健康理性的思维方式、无私奉献的道德情怀，还体现为一种可以引领社会风尚的社会公德、职业道德、家庭美德、个人品德。

“正能量”的激发，很多时候，并不是那种惊天动地的伟业，也不是那种生死存亡的抉择，而只是普通民众在平凡日子里默默地爱岗敬业、持之以恒地利他奉献。例如，公交车司机昏迷前最后的动作是踩刹车；怀孕几个月的医生累得倒地睡着；漆黑的路上，男子骑三轮车载着一个头发花白的老人，一辆警车打开大灯缓慢前行，为他们照亮前路……这就是正能量。人们从这些“正能量”中得到的不仅是感动，还得到了力量，得到了坚信不移的价值观。

让正能量更强劲。

热词
2011年
2012年
2013年
2014年
2015年

文化自信

文化是一个国家、一个民族的灵魂。文化兴国运兴，文化强民族强。

2014 年 2 月 24 日，中共中央政治局就培育和弘扬社会主义核心价值观、弘扬中华传统美德举行第十三次集体学习。习近平总书记明确提出要“增强文化自信和价值观自信”。在随后的全国两会期间，习近平总书记又指出：“体现一个国家综合实力最核心的、最高层的，还是文化软实力，这事关一个民族精气神的凝聚。我们要坚持道路自信、理论自信、制度自信，最根本的还有一个文化自信。要从弘扬优秀传统文化中寻找精气神。”10 月 15 日，习近平总书记在主持召开文艺工作座谈会时进一步指出：“中华优秀传统文化是中华民族的精神命脉，是涵养社会主义核心价值观的重要源泉，也是我们在世界文化激荡中站稳脚跟的坚实根基。增强文化自觉和文化自信，是坚定道路自信、理论自信、制度自信的题中应有之义。”

无论哪一个国家、哪一个民族，如果不珍惜自己的思想文化，丢掉了思想文化这个灵魂，这个国家、这个民族是立不起来的。中国有坚定的道路自信、理论自信、制度自信，其本质是建立在 5000 多年文明传承基础上的文化自信。没有中华文化繁荣兴盛，就没有

⊙贵州黔东南：民族文化进校园

⊙江西吉安：华盖山村村民进行舞龙表演活动

⊙北京：国家对外汉语教学领导小组及孔子学院总部

⊙河北石家庄：正定文庙春祭释奠礼

中华民族伟大复兴。一个民族的复兴需要强大的物质力量，也需要强大的精神力量。没有先进文化的积极引领，没有人民精神世界的极大丰富，没有民族精神力量的不断增强，一个国家、一个民族不可能屹立于世界民族之林。

文化自信是一个国家、一个民族发展中更基本、更深沉、更持久的力量。在5000多年文明发展中孕育的中华优秀传统文化，在中国共产党和中国人民伟大斗争中孕育的革命文化和社会主义先进文化，积淀着中华民族最深沉的精神追求，代表着中华民族独特的精神标识。必须坚持马克思主义，牢固树立共产主义远大理想和中国特色社会主义共同理想，培育和践行社会主义核心价值观，不断增强意识形态领域主导权和话语权，推动中华优秀传统文化创造性转化、创新性发展，继承革命文化，发展社会主义先进文化，不忘本来、吸收外来、面向未来，更好构筑中国精神、中国价值、中国力量，为人民提供精神指引。

“自信人生二百年，会当水击三千里。”文化自信是实现中国梦的“加速器”，弘扬中国精神的“原动力”。正如习近平总书记所强调：“站立在960万平方公里的广袤土地上，吸吮着中华民族漫长奋斗积累的文化养分，拥有13亿中国人民聚合的磅礴之力，我们走自己的路，具有无比广阔的舞台，具有无比深厚的历史底蕴，具有无比强大的前进定力。中国人民应该有这个信心，每一个中国人都应该有这个信心。”

京津冀协同发展

京津冀三地总面积21.6万平方千米，总人口1.1亿，GDP占全国近十分之一。京津冀地缘相接、人缘相亲，地域一体、文化一脉，历史渊源深厚、交往半径相宜，完全能够相互融合、协同发展。推动京津冀协同发展，是中共中央、国务院在新的历史条件下作出的重大决策部署和重大国家战略，是一项事关京津冀长远发展和人民福祉的重大决策。

2014年2月26日，习近平总书记在北京主持召开座谈会，专题听取京津冀协同发展工作汇报，强调实现京津冀协同发展，是面向未来打造新的首都经济圈、推进区域发展体制机制创新的需要，是探索完善城市群布局和形态、为优化开发区域发展提供示范和样板的需要，是探索生态文明建设的有效路径、促进人口经济资源环境相协调的需要，是实现京津冀优势互补、促进环渤海经济区发展、带动北方腹地发展的需要，是一个重大国家战略，要坚持优势互补、互利共赢、扎实推进，加快走出一条科学持续的协同发展路子来。习近平总书记的重要讲话，全面深刻阐述了

⊙ 北京：京津冀协同发展展示台

京津冀协同发展战略的重大意义、推进思路和重点任务，为京津冀全方位合作指明了方向，具有重大的现实意义和深远的历史意义。

此后，在习近平总书记亲自谋划、亲自部署、亲自推动下，《京津冀协同发展规划纲要》等一项项重要规划相继出台，雄安新区、北京城市副中心等建设中的一个个重大工程稳步实施，京津冀协同发展向纵深推进：从疏解北京非首都功能到北京城市副中心和雄安新区"两翼"齐飞；从塔吊林立、热火朝天的雄安新区，到场馆惊艳世人的冬奥会两地三个赛区；从协同创新产业园区，到逐步实现京津冀"一网通办"的政务服务协同发展平台，无论是线下还是线上，无论是沿海还是腹地，京畿大地处处都展现出生机、涌动着活力。

一系列改革创新，让广大群众越来越感受到改革带来的实惠。如今，京张高铁、京雄城际相继建成并开通运营，京津城际实行月票制，京唐城际、京滨城际等建设全面提速，京津冀机场群和港口群协同联动建设深入推进。京津冀“一小时交通圈”越画越大……这不仅给老百姓日常出行带来巨大便利，也成为京津冀协同发展取得显著成效的一个生动缩影。

京津冀协同发展是一个系统工程，当前已进入滚石上山、爬坡过坎的关键阶段，但更为繁重艰巨的任务还在后头，需要下更大力气继续向前推进。要从全局的高度和更长远的考虑来认识和做好京津冀协同发展工作，增强协同发展的自觉性、主动性、创造性，保持历史耐心和战略定力，稳扎稳打，勇于担当，敢于创新，善作善成，下更大气力推动京津冀协同发展取得新的更大进展。

网络空间治理

2014 年 2 月 27 日，中共中央总书记、国家主席、中央军委主席、中央网络安全和信息化领导小组组长习近平主持召开中央网络安全和信息化领导小组第一次会议并发表重要讲话，指出网络安全和信息化是事关国家安全和国家发展、事关广大人民群众工作生活的重大战略问题，要从国际国内大势出发，总体布局，统筹各方，创新发展，努力把我国建设成为网络强国；强调要运用网络传播规律，大力培育和践行社会主义核心价值观，把握好网上舆论引导的时、度、效，使网络空间清朗起来。

当今世界，信息技术革命日新月异，对国际政治、经济、文化、社会、军事等领域发展产生了深刻影响。互联网已经融入社会生活方方面面，深刻改变了人们的生产和生活方式。我国正处在这个大潮之中，受到的影响越来越深，网络走入千家万户，网民数量世界第一，我国已成为网络大国。互联网已成为我们这个时代最具发展活力的领域，也是我们面临的最大变量。

网络空间是亿万民众共同的精神家园。网络空间天朗气清、生态良好，符合人民利益。网络空间乌烟瘴气、生态恶化，不符合人民利益。过不了互联网这一关，就过不了长期执政这一关。2016 年 4 月 19 日，习近平总书记在网络安全和信息化工作座谈会上集中谈到了这个问题。他指出，互联网不是法外之地。我们要本着对社会负责、对人民负责的态度，依法加强网络空间治理，加强网络内容建设，做强网上正面宣传，培育积极健康、向上向善的网络文化，用社会主义核心价值观和人类优秀文明成果滋养人心、滋养社会，做到正能量充沛、主旋律高昂，为广大网民特别是青少年营造一个风清气正的网络空间。2016 年 10 月 9 日，在中共十八届中央政治局第三十六次集体学习时他又进一步提出：网上网下要同心聚力、齐抓共管，形成共同防范社会风险、共同构筑同心圆的良好局面。

在这一系列重要讲话指引下，相关部门协同发力，针对网络平台上存在的违法违规行为打出一系列"组合重拳"：针对过度炒作娱乐八卦、宣扬炫富拜金等错误价值观的现象，多个部门重拳出击，荡涤污泥浊水；针对互联网黑色产业链猖獗，涉网犯罪案件高发的情况，"净网"行动雷霆出击、犁庭扫穴；持续开展"净网""剑网""清源""护苗"等系列专项治理行动，有效整治网络谣言、网络色情等乱象。

在依法严厉打击网络乱象的同时，主流网络媒体加强和改进网络正面宣传和舆论引导，进一步巩固共同思想基础，不断弘扬网络正能量。"全国网络诚信宣传日""中国好网民工程"等活动相继成功举行，公民网络文明素养大幅提升；自 2014 年起，我国连续每年举办国家网络安全宣传周，网络传播秩序明显改观，网络生态有效改善，行业规范管理水平逐步提升。

网络安全和信息化是事关国家安全和国家发展、事关广大人民群众工作生活的重大战略问题。习近平总书记深刻指出："要把依法治网作为基础性手段，继续加快制定完善互联网领域法律法规，推动依法管网、依法办网、依法上网，确保互联网在法治轨道上健康运行。"中共十八大以来，我国不断强化网络安全顶层设计和总体布局，以网络安全法为核心的网络安全法律法规和政策标准体系基本形成，网络安全"四梁八柱"基本确立。

2019 年 10 月，中共十九届四中全会通过的《关于坚持和完善中国特色社会主义制度，推进国家治理体系和治理能力现代化若干重大问题的决定》明确提出：完善坚持正确导向的舆论引导工作机制；构建网上网下一体、内宣外宣联动的主流舆论格局，建立以内容建设为根本、先进技术为支撑、创新管理为保障的全媒体传播体系；建立健全网络综合治理体系，加强和创新互联网内容建设，落实互联网企业信息管理主体责任，全面提高网络治理能力，营造清朗的网络空间。

经过持续努力，我们已经逐渐形成党委领导、政府管理、企业履责、社会监督、网民自律等多主体参与，经济、法律、技术等多种手段相结合的网络综合治理格局，网络空间更加清朗。我国网络安全保障水平日臻完善，网络安全防线进一步筑牢，广大人民群众在网络空间的获得感、幸福感、安全感得到显著提升。

总体国家安全观

实现中华民族伟大复兴的中国梦，保证人民安居乐业，国家安全是头等大事。国家安全是安邦定国的重要基石，维护国家安全是全国各族人民根本利益所在。2014 年 4 月 15 日，在中央国家安全委员会第一次会议上，在准确把握国家安全形势变化新特点新趋势的基础上，习近平总书记创造性提出总体国家安全观理念。强调，要准确把握国家安全形势变化新特点新趋势，坚持总体国家安全观，以人民安全为宗旨，以政治安全为根本，以经济安全为基础，以军事、文化、社会安全为保障，以促进国际安全为依托，走出一条中国特色国家安全道路。

当前，我国面临的国际国内环境正在发生深刻变化。从外部看，当今世界正处于百年未有之大变局，全球经济发展动力不足，局部冲突和动荡频繁。新冠肺炎疫情这样的重大突发公共卫生事件表明，各种传统安全和非传统安全问题会不断带来新的考验，全球性挑战日益增多，国际形势的不稳定性不确定性上升。从国内看，改革已进入深水区，各种可以预见和难以预见的风险因素明显增多，中国共产党面临的长期执政考验、改革开放考验、市场经济考验、外部环境考验具有长期性和复杂性，面临的精神懈怠危险、能力不足危险、脱离群众危险、消极腐败危险具有尖锐性和严峻性。

站在新的历史起点上，在国内外因素的交织作用下，我国国家安全的内涵和外延比历史上任何时候都要丰富，时空领域比历史上任何时候都要宽广，内外因素比历史上任何时候都要复杂，维护国家安全和社会稳定的任务十分艰巨。习近平总书记以统揽全局的战略思维和宽广的世界眼光深刻把握国家安全问题，提出总体国家安全观，擘画了维护国家安全的整体布局，实现了对传统国家安全理念的重大突破，深化和拓展了我们党关于国家安全问题的理论视野和实践领域。

总体国家安全观的关键在“总体”。贯彻落实总体国家安全观，要求必须既重视外部安全，又重视内部安全；既重视国土安全，又重视国民安全；既重视传统安全，又重视非传统安全；既重视发展问题，又重视安全问题；既重视自身安全，又重视共同安全。

总体国家安全观把中国共产党对国家安全的认识提升到了新的高度和境界，为破解我国国家安全面临的难题、推进新时代国家安全工作提供了基本遵循。

亚洲安全观

2014年5月20日至21日，亚洲相互协作与信任措施会议（亚信）第四次峰会在上海举行。习近平主席在峰会上发表主旨讲话，全面系统阐述了亚洲安全观。指出，中国将同各方一道，积极倡导共同、综合、合作、可持续的亚洲安全观，搭建地区安全和合作新架构，努力走出一条共建、共享、共赢的亚洲安全之路。国际社会对此高度评价，认为其对于构建和平、繁荣、稳定的亚洲具有重要意义。

长期以来，亚洲各国致力于发展经济、改善民生，积极探索符合自身实际的发展道路，创造了一个又一个“亚洲奇迹”。2008年国际金融危机爆发以来，亚洲更是逐步成为拉动世界经济复苏的重要引擎。区域内合作不断深化，贸易依存度超过50%，亚洲国家休戚与共，利益相通。但与此同时，亚洲在前进道路上仍面临一系列困难和挑战，维护和平、共筑安全、促进发展是各国共同面临的紧迫课题。

亚洲良好局面来之不易，值得倍加珍惜。亚洲地区安全合作进程正处在承前启后的关键阶段，应该积极倡导共同、综合、合作、可持续的亚洲安全观，创新安全理念。

共同，就是要尊重和保障每一个国家安全。安全应该是普遍的、平等的、包容的。不能一个国家安全而其他国家不安全，一部分国家安全而另一部分国家不安全，更不能牺牲别国安全谋求自身所谓绝对安全。要恪守尊重主权、独立和领土完整、互不干涉内政等国际关系基本准则，尊重各国自主选择的社会制度和发展道路，尊重并照顾各方合理安全关切。

综合，就是要统筹维护传统领域和非传统领域安全，通盘考虑亚洲安全问题的历史经纬和现实状况，多管齐下、综合施策，协调推进地区安全治理。对“三股势力”，必须采取零容忍态度，加强国际和地区合作，加大打击力度。

合作，就是要通过对话合作促进各国和本地区安全，增进战略互信，以合作谋和平、以合作促安全，以和平方式解决争端。亚洲人民有能力、有智慧通过加强合作实现亚洲和平稳定。欢迎各方为亚洲安全和合作发挥积极和建设性作用。

可持续，就是要发展和安全并重以实现持久安全。要聚焦发展主题，积极改善民生，缩小贫富差距，不断夯实安全根基。要推动共同发展和区域一体化进程，以可持续发展促进可持续安全。

维护和平稳定，实现长治久安，是亚洲各国的共同梦想。以亚洲安全观为指导，在亚洲各国、各方的共同努力下，亚洲安全合作一定会拥有更加美好的前景。

经济发展新常态

2008 年的国际金融危机给世界各国都造成了严重影响，中国也没能例外。虽然只是略有减速，但是许多习惯了多年的高速增长的国内外人士纷纷热议：中国经济增长的减速是短期变化还是长期趋势？中国经济的未来发展态势究竟是怎样的？

2013年12月10日，习近平总书记在中央经济工作会议上谈到了这个问题。他指出："面对世界经济持续低迷的复杂局面，面对我国经济增长速度换挡期、结构调整阵痛期、前期刺激政策消化期'三期叠加'的状况，经济形势可以说是变幻莫测、瞬息万变。"2014年5月，习近平总书记在河南考察期间又指出："我国发展仍处于重要战略机遇期，我们要增强信心，从当前我国经济发展的阶段性特征出发，适应新常态，保持战略上的平常心态。在战术上要高度重视和防范各种风险，早作谋划，未雨绸缪，及时采取应对措施，尽可能减少其负面影响。"同年11月9日，习近平主席在亚太经合组织工商领导人峰会开幕式上的演讲中又进一步分析了"中国经济呈现出新常态"的几个主要特点：一是从高速增长转为中高速增长；二是经济结构不断优化升级；三是从要素驱动、投资驱动转向创新驱动。他强调："新常态将给中国带来新的发展机遇。"12月9日，在中央经济工作会议上，习近平总书记又从九个方面全面系统地阐述了我国经济发展新常态带来的九个趋势性变化。他强调："我国经济发展进入新常态，是我国经济发展阶段性特征的必然反映，是不以人的意志为转移的。认识新常态，适应新常态，引领新常态，是当前和今后一个时期我国经济发展的大逻辑。"

习近平总书记提出的"经济发展新常态"的重大判断，是综合分析世界经济长周期和中国经济发展的阶段性特征及其相互作用而得出的，深刻揭示了新时代中国经济发展的要求，使现阶段中国经济的发展有了明确的理论依据。2017年12月召开的中央经济工作会议将"经济发展新常态"作为习近平新时代中国特色社会主义经济思想的重要组成部分。

我国经济发展进入新常态，是以习近平同志为核心的党中央在科学分析国内外经济发展形势、准确把握我国基本国情的基础上，针对我国经济发展的阶段性特征所作出的重大战略判断，是对我国迈向更高级发展阶段的明确宣示。认识新常态、适应新常态、引领新常态，对于我们进一步推动经济持续健康发展，协调推进“四个全面”战略布局，实现“两个一百年”奋斗目标和中华民族伟大复兴的中国梦，具有重大而深远的意义。

“三权分置”

正确处理农民和土地的关系，过去是、现在依然是农村改革的主线。2014 年 9 月 29 日，中共中央总书记、国家主席、中央军委主席、中央全面深化改革领导小组组长习近平主持召开中央全面深化改革领导小组第五次会议并发表重要讲话。他强调，现阶段深化农村土地制度改革，要更多考虑推进中国农业现代化问题，既要解决好农业问题，也要解决好农民问题，走出一条中国特色农业现代化道路。我们要在坚持农村土地集体所有的前提下，促使承包权和经营权分离，形成所有权、承包权、经营权三权分置，经营权流转的格局。会议审议了《关于引导农村土地承包经营权有序流转发展农业适度规模经营的意见》等文件。

2014 年 11 月，中共中央办公厅、国务院办公厅印发《关于引导农村土地经营权有序流转发展农业适度规模经营的意见》。12 月，中央深改组第七次会议审议了《关于农村土地征收、集体经营性建设用地入市、宅基地制度改革试点工作的意见》。2016 年 10 月，中共中央办公厅、国务院办公厅又印发《关于完善农村土地所有权承包权经营权分置办法的意见》。“三权分置”是继家庭联产承包责任制后农村改革的又一重大制度创新。

农村基本经营制度是中国共产党农村政策的基石。坚持党的农村政策，首要的就是坚持农村基本经营制度。坚持农村基本经营制度，不是一句空口号，而是有实实在在的政策要求。具体讲，有三个方面要求：第一，坚持农村土地农民集体所有。这是坚持农村基本经营制度的“魂”。坚持农村基本经营制度，就要坚持农村土地集体所有。第二，坚持家庭经营基础性地位。农民家庭承包的土地，可以由农民家庭经营，也可以通过流转经营权由其他经营主体经营，但不论承包经营权如何流转，集体土地承包权都属于农民家庭。这是农民土地承包经营权的根本，也是农村基本经营制度的根本。第三，坚持稳定土地承包关系。现有农村土地承包关系保持稳定并长久不变，这是维护农民土地承包经营权的关键。

土地所有权、承包权、经营权“三权分置”是我国农村改革的重大制度创新和理论创新。实现土地集体所有权、承包权、经营权三权分置，这是引导土地有序流转的重要基础。把农民土地

⊙重庆：一村民在麦地里展示当地政府为他颁发的《中华人民共和国农村土地承包经营权证》

承包经营权分为承包权和经营权，实现承包权和经营权分置并行，这是我国农村改革的又一次重大创新。

全面推进依法治国"总目标"

2014 年 10 月 23 日，中共十八届四中全会审议通过了《中共中央关于全面推进依法治国若干重大问题的决定》，指出全面推进依法治国，总目标是建设中国特色社会主义法治体系，建设社会主义法治国家。这是中国共产党历史上第一部关于加强法治建设的专门决定，在中国共产党领导人民建设社会主义法治国家的历史进程中具有重要里程碑意义。

中国共产党一贯高度重视法治建设。1949 年新中国成立后，开启我国法治建设新纪元。1954 年第一届全国人民代表大会第一次会议通过了新中国第一部宪法，还通过了全国人大组织法、国务院组织法、地方组织法、法院和检察院组织法等一系列法律。此后，党和国家为贯彻落实"五四宪法"做了大量工作。

1978 年底召开的中共十一届三中全会强调，为了保障人民民主，必须加强社会主义法制，使民主制度化、法律化，使这种制度和法律具有稳定性、连续性和极大的权威。这次全会还提出了"有法可依，有法必依，执法必严，违法必究"的社会主义法制建设十六字方针。

中共十四届三中全会提出要建立和完善社会主义市场经济法律体系。中共十五大第一次把依法治国确立为党领导人民治理国家的基本方略。指出："依法治国，就是广大人民群众在党的领导下，依照宪法和法律规定，通过各种途径和形式管理国家事务，管理经济文化事业，管理社会事务，保证国家各项工作都依法进行，逐步实现社会主义民主的制度化、法律化，使这种制度和法律不因领导人的改变而改变，不因领导人看法和注意力的改变而改变。”1999 年，“依法治国，建设社会主义法治国家”被写入宪法，这是社会文明进步的重要标志，是国家长治久安的重要保障。依法治国基本方略的确定，使中国特色社会主义法治建设进入一个新阶段。

中共十六大明确提出发展中国特色社会主义民主政治，“最根本的是要把坚持党的领导、人民当家作主和依法治国有机统一起来”，为推进依法治国、建设社会主义法治进一步指明了正确的发展道路和前进方向。

中共十七大、十八大高举社会主义法治旗帜，从科学立法、严格执法、公正司法、全民守法等法治建设的各个环节全面推进依法治国基本方略的贯彻落实。

中共十八届三中全会进一步提出推进法治中国建设的要求，强调“必须深化司法体制改革”“维护宪法权威”。到 2014 年 9 月，

⊙ 北京：宪法广场（局部）

我国已制定现行有效法律242件、行政法规737件、地方性法规8500多件、自治条例和单行条例800多件，一个立足中国国情和实际、适应改革开放和社会主义现代化建设需要、集中体现党和人民意志的中国特色社会主义法律体系已经形成，国家经济建设、政治建设、文化建设、社会建设、生态文明建设各方面已经实现有法可依。

中共十八届四中全会通过的《中共中央关于全面推进依法治国若干重大问题的决定》（以下简称《决定》），深刻阐述了新形势下全面推进依法治国的重大意义，明确提出了全面推进依法治国的指导思想、总目标、基本原则、重点任务、重大举措，是指导全党全国各族人民推进法治中国建设的纲领性文件。《决定》深刻阐述了党的领导与依法治国的关系，明确指出："党的领导是中国特色社会主义最本质的特征，是社会主义法治最根本的保证"，"党的领导和社会主义法治是一致的，社会主义法治必须坚持党的领导，党的领导必须依靠社会主义法治"，"把党的领导贯彻到依法治国全过程和各方面，是我国社会主义法治建设的一条基本经验"。《决定》关于依法治国的一系列新思想、新论断、新部署，是对我国社会主义法治建设经验的理论总结，标志着中国特色社会主义法治理论的重大创新和发展。

国家宪法日

宪法是国家的根本大法。1949年10月中华人民共和国成立后，第一届、第四届和第五届全国人民代表大会分别于1954年9月、1975年1月、1978年3月和1982年12月先后制定、颁布了四部《中华人民共和国宪法》。

2014年10月23日，中共十八届四次全会通过《中共中央关于全面推进依法治国若干重大问题的决定》(以下简称《决定》)，提出要完善以宪法为核心的中国特色社会主义法律体系，加强宪法实施，将每年12月4日定为国家宪法日。同年11月1日，十二届全国人民代表大会常务委员会第十一次会议通过《全国人民代表大会常务委员会关于设立国家宪法日的决定》，将12月4日设立为国家宪法日，国家通过多种形式开展宪法宣传教育活动。

设立国家宪法日，是推进宪法宣传教育、弘扬宪法精神、加强宪法实施的重要举措，也是增强法治观念、弘扬法治精神、夯实法治基础的有效途径。以这样一种特殊的形式凸显宪法的崇高地位，对全面推进依法治国，具有十分重大而深远的意义。

法律是治国之重器，宪法则是其中的根本法。中共十八届四

⊙江苏扬州：学生参加“国家宪法日”活动

中全会《决定》强调:“宪法是党和人民意志的集中体现，是通过科学民主程序形成的根本法。坚持依法治国首先要坚持依宪治国，坚持依法执政首先要坚持依宪执政。全国各族人民、一切国家机关和武装力量、各政党和各社会团体、各企业事业组织，都必须以宪法为根本的活动准则，并且负有维护宪法尊严、保证宪法实施的职责。一切违反宪法的行为都必须予以追究和纠正。”这充分表达了党和国家高度重视宪法、捍卫宪法的决心，宣示了宪法在国家治理体系中的地位和意义，对于普及宪法精神、宪法意识、宪法常识有着重要意义。

宪法日的设立以及宪法宣誓制度的建立，既是对《决定》精神的贯彻落实，也是对世界通行的普法经验的借鉴。经验表明，宪法日对于提升人民对于宪法精神、价值的认同度，对于发挥宪法在国家政治生活中的引领作用，有着重要实际意义和象征意义。

2014 年 12 月，在首个国家宪法日到来之际，中共中央总书记、国家主席、中央军委主席习近平作出重要指示。他强调，宪法是国家的根本法，是治国安邦的总章程，是党和人民意志的集中体现，具有最高的法律地位、法律权威、法律效力。我国宪法是符合国情、符合实际、符合时代发展要求的好宪法，是我们国家和人民经受住各种困难和风险考验、始终沿着中国特色社会主义道路前进的根本法制保证。坚持依法治国首先要坚持依宪治国，坚持依法执政首先要坚持依宪执政。要坚持党的领导、人民当家作主、依法治国有机统一，坚定不移走中国特色社会主义法治道路，坚决维护宪法法律权威。要以设立国家宪法日为契机，深入开展宪法宣传教育，大力弘扬宪法精神，切实增强宪法意识，推动全面贯彻实施宪法，更好发挥宪法在全面建成小康社会、全面深化改革、全面推进依法治国中的重大作用。

全面贯彻实施宪法，是建设社会主义法治国家的首要任务和基础性工作。国家宪法日的设立标志着依宪治国迈出了崭新的一步，铸就了新中国宪法史上的里程碑。

全军政治工作会议

2014年10月30日至11月2日，全军政治工作会议在福建古田召开。10月31日，习近平总书记在讲话中阐明新的历史条件下党从思想上政治上建设军队的重大问题，强调军队政治工作的时代主题是紧紧围绕实现中华民族伟大复兴的中国梦，为实现党在

⊙福建龙岩：古田会议会址

新形势下的强军目标提供坚强政治保证；当前最紧要的是把理想信念、党性原则、战斗力标准、政治工作威信四个带根本性的东西在全军牢固立起来。12 月 30 日，中共中央转发《关于新形势下军队政治工作若干问题的决定》。

在长期实践中，我军政治工作形成了一整套优良传统，主要包括：坚持党指挥枪的根本原则和制度，坚持全心全意为人民服务的根本宗旨，坚持实事求是的思想路线，坚持群众路线的根本作风，坚持用科学理论武装官兵，坚持围绕党和军队中心任务发挥服务保证作用，坚持公道正派选拔使用干部，坚持官兵一致、发扬民主，坚持实行自觉的严格的纪律，坚持艰苦奋斗、牺牲奉献的革命精神，坚持党员干部带头、以身作则，等等。这些优良传统是我军政治工作的根本原则和内容。面对新的形势和任务，一定要把先辈们用鲜血和生命铸就的这些优良传统一代代传下去。

必须正视军队建设特别是思想政治建设方面存在的突出问题。出现这些问题原因是多方面的，最根本的还是理想信念、党性原则、革命精神、组织纪律、思想作风等方面出了问题，要从政治工作的角度进行反思，认真总结教育者本身受教育不够，对领导干部管理失之于宽、失之于软，监督体系功能没有得到有效发挥，制度建设存在漏洞的教训，认真研究怎么认识、怎么解决这些问题，把我军政治工作的优良传统恢复和发扬起来，把军队各项建设和工作更好推向前进。

当前，国内外形势发生深刻复杂变化，面对深化国防和军队改革这场考试，我军政治工作只能加强不能削弱，只能前进不能停滞，只能积极作为不能被动应对。当前最紧要的是把四个带根本性的东西立起来。即：把理想信念在全军牢固立起来，把党性原则在全军牢固立起来，把战斗力标准在全军牢固立起来，把政治工作威信在全军牢固立起来。加强和改进新形势下我军政治工作，当前要重点抓好以下五个方面：第一，着力抓好铸牢军魂工作；第二，着力抓好高中级干部管理；第三，着力抓好作风建设和反腐败斗争；第四，着力抓好战斗精神培育；第五，着力抓好政治工作创新发展。

全军政治工作会议，是一次具有里程碑意义的历史性会议。习近平总书记在全军政治工作会议上的重要讲话，深刻阐明了政治工作的时代方位，明确了政治工作的时代主题、指导原则、重点任务和实践要求，确立了新形势下政治建军的大方略，把我军政治工作的理论和实践提升到了新境界、推向了新舞台。

古田会议永放光芒。在强军兴军的伟大征程上，人民军队将在古田会议光芒照耀下继续前进。

沪港通

2014年11月17日，上海与香港股票市场交易互联互通机制“沪港通”正式启动。顾名思义，“沪港通”包括沪股通和港股通两部分。一方面，沪股通是指香港投资者委托香港经纪商，经由香港联合交易所设立的证券交易服务公司，向上海证券交易所进行申报交易；另一方面，港股通是指内地投资者委托内地证券公司，经由上海证券交易所设立的证券交易服务公司，向香港联合交易所进行申报交易。交易均采用人民币计价。简单来说，就是投资者在港可买卖沪市规定的股票，内地投资者也可在内地买卖规定的港股。

“沪港通”的实施，不仅是中国深化金融改革及对外开放在资本市场领域的重要实践，更是扩大资本市场双向开放、促进人民币在内地和香港之间有序流动的一个重大改革措施。

"沪港通"的意义重大。一是有助于推动我国金融改革进程。"沪港通"是我国更高层次的对外开放。从开通以来的表现可以看出，中国金融改革的制度红利惠及全球投资者。二是有助于推动国内具有战略意义的产业获得快速发展，如"一带一路"及与基础设施相关的概念。三是有助于增强我国资本市场的综合实力。"沪港通"是中国资本市场发展的重要里程碑，大大提升了沪、港两地作为国际金融中心的地位，并促进上海和香港两地资本市场的融合，整体提升中国作为资本市场的国际竞争力，使中国的经济与全球的经济联动更加密切。四是有助于推动人民币国际化。由于"沪港通"采用人民币交收，无论"北水南下"或"南水北上"，都将使用人民币，这意味着人民币将在更大范围内被接受和使用，而香港市场又是全球市场，且是目前全球最大的离岸人民币中心，因此，"沪港通"的开闸，直接加速了人民币的国际化进程。

2016 年 12 月、2017 年 7 月，国家又相继启动"深港通""债券通"等，内地与国际资本市场的互联互通不断深化。自开通以来，"沪深港通"运行平稳顺畅，机制安排不断优化，交易规模和市场影响力持续提升，进一步赋能沪深港三地资本市场改革发展，助力提升我国资本市场双向开放水平。

金融是现代经济的核心。随着沪港通、深港通等互联互通机制陆续建立并持续完善，跨境投资便利程度显著提高。截至 2020 年末，外资持股约占 A 股流通市值的 5%，外资持债约占债券市场总规模的 3%。资本市场的发展变化，是我国金融业持续深化改革开放的生动缩影。

“四个全面”战略布局

“四个全面”，即全面建设社会主义现代化国家、全面深化改革、全面依法治国、全面从严治党。“四个全面”战略布局是中国共产党站在新的历史起点上，总结我国发展实践，适应新的发展要求，坚持和发展中国特色社会主义新探索新实践的重要成果。习近平总书记深刻指出，“四个全面”战略布局是从我国发展现实需要中得出来的，从人民群众的热切期待中得出来的，也是为推动解决我们面临的突出矛盾和问题提出来的。

任何科学理论都不是凭空产生的，而是时代的产物、实践的产物。

中共十八大以来，以习近平同志为核心的党中央从坚持和发展中国特色社会主义全局出发，立足我国基本国情，准确把握经济社会发展的新特点，聚焦新形势下党和国家事业发展中的主要矛盾和突出问题，逐步形成并积极推进“四个全面”战略布局。

2012 年 11 月，中共十八大提出了在中国共产党成立 100 年时全面建成小康社会的奋斗目标。2013 年 11 月，中共十八届三中全会对全面深化改革作出战略部署。2014 年 10 月，中共十八届四中全会对全面推进依法治国作出系统部署。同月，习近平总书记在党的群众路线教育实践活动总结大会上对巩固和拓展教育实践活动成果、加强党的作风建设、全面推进从严治党进行部署。2014 年 11 月，习近平总书记在福建调研时提出，“协调推进全面建成小康社会、全面深化改革、全面推进依法治国进程，培育发展动力，激发社会活力，凝聚社会合力”。同年 12 月，习近平总书记在江苏调研时又强调要“协调推进全面建成小康社会、全面深化改革、全面推进依法治国、全面从严治党，推动改革开放和社会主义现代化建设迈上新台阶"，第一次提出了"四个全面"的战略布局。

"四个全面"之间密切联系，有机统一，具有紧密的内在逻辑，是一个整体战略部署的有序展开，共同支撑起中国特色社会主义事业全局。2015 年 2 月，在省部级主要领导干部学习贯彻党的十八届四中全会精神全面推进依法治国专题研讨班开班式上，习近平总书记对"四个全面"的定位和相互关系，进行了深刻阐发。指出：这个战略布局，既有战略目标，也有战略举措，每一个"全面"都具有重大战略意义。全面建成小康社会是我们的战略目标，到 2020 年实现这个目标，我们国家的发展水平就会迈上一个大台阶，我们所有奋斗都要聚焦于这个目标。全面深化改革、全面依法治国、全面从严治党是三大战略举措，对实现全面建成小康社会战略目标一个都不能缺。不全面深化改革，发展就缺少动力，社会就没有活力。不全面依法治国，国家生活和社会生活就不能有序运行，就难以实现社会和谐稳定。不全面从严治党，党就做不到"打铁还需自身硬"，也就难以发挥好领导核心作用。

2017 年 10 月，中共十九大进一步明确提出，中国特色社会主义事业战略布局是"四个全面"。随着全面建成小康社会取得决定性进展，我国迈入全面建设社会主义现代化国家的新发展阶段，开启第二个百年奋斗目标的新征程。2020 年 10 月，中共十九届五中全会对"四个全面"战略布局作出新的表述，将"全面建成小康社会"调整为"全面建设社会主义现代化国家"，进一步明确了坚持和发展新时代中国特色社会主义的战略目标与战略举措。

"四个全面"战略布局科学总结中国共产党治国理政的实践经验，深化扩展中国共产党治国理政的理论视野和实践领域，确立了续写中国特色社会主义新篇章的行动纲领。这是中国共产党推进理论创新和实践创新的重大成果，集中体现了当代中国共产党人的全局视野和战略眼光，蕴含着对世界发展大势的科学判断，对中国发展方略的深邃思考，对人民根本利益的深切关怀，标志着中国共产党对执政规律、对社会主义建设规律、对人类社会发展规律的科学把握进入一个新境界。

国家公祭日

1937年12月13日，侵华日军在中国南京开始对我同胞实施长达四十多天惨绝人寰的大屠杀，制造了震惊中外的南京大屠杀惨案，三十多万人惨遭杀戮。这是人类文明史上灭绝人性的法西斯暴行。这一公然违反国际法的残暴行径，铁证如山，早有历史结论和法律定论。

为了悼念南京大屠杀死难者和所有在日本帝国主义侵华战争期间惨遭日本侵略者杀戮的死难者，揭露日本侵略者的战争罪行，牢记侵略战争给中国人民和世界人民造成的深重灾难，表明中国人民反对侵略战争、捍卫人类尊严、维护世界和平的坚定立场，2014年2月27日，第十二届全国人民代表大会常务委员会第七次会议通过《关于设立南京大屠杀死难者国家公祭日的决定》，将12月13日设立为南京大屠杀死难者国家公祭日。每年12月13日国家举行公祭活动，悼念南京大屠杀死难者和所有在日本帝国主义侵华战争期间惨遭日本侵略者杀戮的死难者。

我国是世界反法西斯战争的战胜国，也是日本侵略战争的最大受害国，通过国家立法的形式，让纪念抗战胜利、追思惨遭侵略者杀戮的同胞同时成为国家层面的重大仪式，这体现了党和国家对和平的思考，对生命的尊重，充分彰显了中国人民维护和平的坚定意志和坚强决心。

⊙ 国家公祭日海报

2014 年 12 月 13 日，南京大屠杀死难者国家公祭仪式隆重举行。中共中央总书记、国家主席、中央军委主席习近平出席并发表重要讲话。他指出："我们为南京大屠杀死难者举行公祭仪式，是要唤起每一个善良的人们对和平的向往和坚守，而不是要延续仇恨。中日两国人民应该世代友好下去，以史为鉴、面向未来，共同为人类和平作出贡献。"强调："中国人民将坚定不移维护人类和平与发展的崇高事业，愿同各国人民真诚团结起来，为建设一个持久和平、共同繁荣的世界而携手努力！"

南京大屠杀死难者国家公祭日活动和习近平总书记在公祭仪式上发表的讲话在国际社会引起强烈反响。一些外国专家学者认为，中国举行南京大屠杀死难者国家公祭日活动，表明了中国反对侵略战争、捍卫人类尊严和维护世界和平的坚定立场。中国领导人在公祭仪式上的讲话显示出大国胸怀，以及中国坚持走和平发展道路的决心。

追溯历史之痛，申明和平之志。国家公祭日，表达中国人民坚定不移走和平发展道路的崇高愿望，宣示中国人民牢记历史、不忘过去，珍爱和平、开创未来的坚定立场。

南水北调中线通水

经过几十万建设大军的艰苦奋斗，2014 年 12 月 12 日，南水北调中线一期工程正式通水。这标志着南水北调东、中线一期工程建设目标全面实现。这是我国改革开放和社会主义现代化建设的一件大事，成果来之不易。

南水北调工程是实现我国水资源优化配置、促进经济社会可持续发展、保障和改善民生的重大战略性基础设施。1952 年 10 月，毛泽东在视察黄河时，首次提出了南水北调的伟大设想。作为缓解北方地区水资源严重短缺局面的重大战略性基础设施，南水北调工程规划分东、中、西三条线路从长江调水，横穿长江、淮河、黄河、海河四大流域，总调水规模 448 亿立方米，供水面积达 145 万平方千米，受益人口 4.38 亿人。先期实施东、中线一期工程，东线一期工程已于 2013 年通水。

南水北调中线工程正式通水，是有关部门和沿线六省市全力推进、20 余万建设大军艰苦奋战、40 余万移民舍家为国的成果。作为世界最大调水工程，南水北调没有经验可循，没有先例可以对比，许多难题都是世界级的：中线源头，丹江口大坝加高是第一道难关，老坝上加新坝，新老混凝土必须合二为一、滴水不漏，这在国内属于首次，也是世界性难题；被称为中线“咽喉”的穿黄工程，需要在黄河下面 35 米深处，挖两条三层楼高的隧洞，挑战更是前所未有，3 千米长的穿黄隧洞，测量误差要在 50 毫米内；3450 米的直隧道，只允许有千分之一的倾斜度；在南阳段，南水北调遇到的是世界公认的“工程癌症”——膨胀土，这种土遇水膨胀、稀黏，无水则收缩、干散，在上面根本没法修渠……

为了“世界一流工程”目标，建设者们向一个个难关发起挑战。截至 2014 年 12 月，南水北调工程共取得新产品、新材料、新工艺等 63 项成果，申请国内专利 110 项，并且创下了一项项新的纪录：世界第一大输水渡槽，第一次大直径水下盾构，第一次大直径 PCCP 管道……这些“第一”，展示出南水北调的自主创新能力，同时也展示中国作为基建大国的能力和水准。

南水北调是造福当代、泽被后人的民生民心工程。南水北调中线一期工程通水后，北京、天津、河北、河南 4 个省市沿线约 6000 万人直接喝上水质优良的汉江水。据测算，通过增加供水，每年新增工农业产值近 1000 亿元；通过南水与当地水联调，华北地区每年减少超采地下水 36 亿立方米，逐步返还挤占的生态水和农业用水，改善恢复不堪重负的水生态环境；700 万人彻底告别高氟水、苦咸水的历史，消除丹江口下游 70 万人洪水威胁。

APEC 蓝

2014 年 11 月 11 日，亚太经合组织（APEC）第 22 次领导人非正式会议在北京召开。据中国环境监测总站的数据显示，APEC 会议期间，除了 11 月 4 日 AQI（空气质量指数）为轻度污染外，11 月 1 日至 12 日北京的空气质量均为优良级别。在经历了此前 10 月份的多次重度雾霾后，人们将这样的蓝天称之为“APEC 蓝”。一时之间，“APEC 蓝”成为公众最为关注的话题之一，美丽的“APEC 蓝”刷屏，人们热切地盼望这样的“APEC 蓝”能够“保持下去”。

有朋自远方来，不亦乐乎。为了举办好这次举世瞩目的盛会，面对首都空气质量顽疾，相关地方和部门提前编制了《京津冀及周边地区 2014 年亚太经合组织会议空气质量保障方案》。这一方案根据北京市大气污染物源解析结果，对污染源“量身订制”而成，完全参照了《大气污染防治行动计划》。比如，除了传统大气污染物减排的途径之外，突出机动车污染防治、针对挥发性有机物等污染物的减排都被纳入方案。

根据保障方案，“以北京地区为主、周边地区积极联动、会前会期共保、方案启动时间统一”的原则，在实施过程中发挥了重要作用。自11月3日起，北京市及河北省的廊坊、保定、石家庄、邢台、邯郸等太行山一线城市开始实施最高一级重污染应急减排措施。会议保障期间，北京及周边6省区市环保部门、中国环境监测总站和专家组连日不断开展APEC空气质量预测会商。在各地方、各部门协调一致、积极配合下，会议期间北京市主要大气污染物排放量同比均大幅削减，二氧化硫、氮氧化物、可吸入颗粒物（PM10）、细颗粒物（PM2.5）、挥发性有机物等减排比例分别达到

⊙北京：APEC会展中心建筑群

54%、41%、68%、63%和35%左右，PM2.5浓度下降30%以上，北京周边五省区市主要大气污染物排放量也明显下降。

“三分天帮忙，七分人努力”。“APEC蓝”的出现，说明我们“大气污染防治措施的技术路线和管理要求是科学有效、符合实际的，也进一步提升了我们对PM2.5防治规律的认识和把握”，给我们很多新的启示。例如，污染物排放超过环境容量是大气污染的主要原因；大气污染防治，关键是加强环境执法监管，减少污染物排放；等等。可以说，“APEC蓝”的出现，给予了我们成功治理雾霾的信心和经验。

雾霾治理是一个系统工程，“APEC蓝”的经验告诉我们，只要有壮士断腕的决心，科学合理的治理规划，区域齐心协力、长期奋斗，“APEC蓝”就一定能变成“天天蓝”。

点赞

流行语反映的是整个社会特别是年轻人群体的社会心态和审美标准。

中共十八大以来，中国共产党不断推动全面深化改革向广度和深度进军，中国特色社会主义制度更加成熟更加定型，国家治理体系和治理能力现代化水平不断提高，刹住了一些过去被认为不可能刹住的歪风，纠治了一些多年未除的顽瘴痼疾，党风政风和社会风气为之一新，党和国家事业焕发出新的生机活力。

在新风正气等“正能量”的不断激发下，“中国梦”“光盘”“倒逼”“逆袭”“女汉子”“点赞”等词语，都成为了中国社会广为流行的“热门”词语。这其中，“点赞”一词，又因其与微博、微信等社交工具紧密相连而深受普罗大众的喜爱。愉悦、感动、思索……一个一个的小“爱心”、小“点赞”，传递的是整个中国社会所蕴藏的正能量。

“点赞”，最初肇始于网络社区和新媒体工具的“赞”功能。收听、收看完某一条新闻、某一篇文章、某一张图片、某一条音视频后，只需要轻轻一击、点亮爱心图标，就能以最简单快捷的方式，表达自己对相关内容的喜爱或赞同。新媒体社交圈好友晒心情、表祝福、发图片，“点赞”表示感同身受；自己听音乐、看视频，及时分享给朋友，朋友们“点赞”给以回应。可以说，点赞，是我们这个新媒体时代、互联网时代的“微表情”“新风景”。

随着微博、微信等即时通信工具的快速流行，“点赞”开始迅速走出新媒体而日益渗透、延伸到我们每一个人的日常生活。“点赞”的内涵、方式、意义也由此得到不断拓展延伸。有人说：“点赞既表达一种态度、彰显某种存在，也传递支持信号、撒播积极情绪。”如今，“点赞”已经成为交往互动的重要工具，就像握手、鼓掌一样，传达着人际的温暖。

最是无言的善行，春风化雨；最是身边的感动，润物无声。正能量的“点赞”，既可以让抱怨和戾气少一些、再少一些，也可以让鼓励与包容多一点、再多一点。为值得推崇的人物和事件“点赞”，是生活真善美的发现，是社会正能量的传递，是激荡人心的善行接力，它既印证着国家发展、社会进步、价值传承，又映射着我们每一个人所标注的时代价值和精神礼赞。

热词
2012年
2013年
2014年
2015年
2016年

也门撤侨

2015年3月底，一张照片在互联网上刷屏：一名海军女战士牵着一个小姑娘准备登上军舰，小姑娘满脸幸福，背着的书包上插着一面五星红旗隐约可见，她们后面是海军战士正在有序引导人们搬运行李、排队登舰。网友给照片配了解说词："别害怕，姐姐带你回家。"这是中国政府迅速组织也门撤侨、保障每一位中国公民安全的真实写照。人们纷纷感慨，"国家给了我们一张无价的船票"。

也门撤侨，见证大国能力与担当。2015年初，也门安全局势急剧恶化，3月25日也门胡塞武装组织大举进攻亚丁市，26日凌晨开始，沙特等国对也门首都萨那等地的胡塞武装目标发动空袭。危急关头，根据习近平主席和中央军委命令，正在亚丁湾海域执行护航任务的中国海军第十九批护航编队赶赴也门，执行撤侨任务。在接下来短短几天时间内，613位在也门的中国公民，在中国使馆和中国海军的佑护下，分批次安然穿越战火、毫发无伤地踏上回家之路。撤离人员在甲板上挥舞着五星红旗，拉开写着"感谢祖国亲人　感谢人民海军"的横幅，激动之情溢于言表。此外，我国还充分发挥负责任大国的作用，协助包括巴基斯坦、德国、英国、加拿大、日本等在内15个国家的279位外国公民安全撤离。

也门撤侨是"雷厉风行"的中国力量的充分体现。海外撤侨考验的是一个国家危机管理、应急指挥、应急保障和国际协调的综合能力。从撤离路线设计到生活用品准备，从协调国际关系到对外信息发布，无不展现出沉着理性和人间温情：接到撤侨任务后，使馆和海军经过反复预演，做了多种撤离方案；临沂舰、潍坊舰、微山湖舰辗转了3国4港1岛；舰艇一靠港，警戒组、安全组、行李组、应急分队迅速就位，大大加快人员流动速度。战火纷飞中的撤侨行动安全、高效、有序，来自中央果断、高效、科学的决策，来自越来越强大的体制、机制和执行力。

有了国家的安全强大才有人们的安居乐业，才有国家荣誉感、民族自豪感。祖国的繁荣稳定是每位公民安全感的保障，祖国的富强兴盛是每个人行走世界最大的底气。中国政府的也门撤侨，让脱离险境的人们感慨："祖国实力的强大不在于免签多少国家，而在于危险的时候能把你带回家"，无论置身何处，都能切实体会到做一个中国人的尊严和骄傲；也让世界感叹：从中国护照的含金量，可以看出一个大国实力和运用实力的着力点。

"三严三实"专题教育

2015年4月10日，中共中央办公厅印发《关于在县处级以上领导干部中开展"三严三实"专题教育方案》。从当年4月底开始，在县处级以上领导干部中不分批次、不划阶段、不设环节开展"三严三实"专题教育，着力解决"不严不实"问题。此前，2014年3月9日，习近平总书记在参加十二届全国人大二次会议安徽代表团审议时提出"三严三实"的要求，强调各级领导干部都要树立和发扬好的作风，既严以修身、严以用权、严以律己，又谋事要实、创业要实、做人要实。

严以修身，就是要加强党性修养，坚定理想信念，提升道德境界，追求高尚情操，自觉远离低级趣味，自觉抵制歪风邪气。严以用权，就是要坚持用权为民，按规则、按制度行使权力，把权力关进制度的笼子里，任何时候都不搞特权、不以权谋私。严以律己，就是要心存敬畏、手握戒尺，慎独慎微、勤于自省，遵守党纪国法，做到为政清廉。谋事要实，就是要从实际出发谋划事业和工作，使点子、政策、方案符合实际情况、符合客观规律、符合科学精神，不好高骛远，不脱离实际。创业要实，就是要脚踏实地、真抓实干，敢于担当责任，勇于直面矛盾，善于解决问题，努力创造经得起实践、人民、历史检验的实绩。做人要实，就是要对党、对组织、对人民、对同志忠诚老实，做老实人、说老实话、干老实事，襟怀坦白，公道正派。

开展“三严三实”专题教育，根本目的在于锻造领导干部过硬的作风、素养和能力，更好地推动党和国家事业发展。“三严三实”专题教育是推进党的思想政治建设和作风建设的重要举措，是严肃党内政治生活、严明党的政治纪律和政治规矩的重要举措，对县处级以上领导干部在思想、作风、党性上进行了又一次集中“补钙”和“加油”。特别是绷紧了政治纪律和政治规矩这根弦，使深化党风廉政建设有了更加明确的方向，使全面从严治党的氛围更浓厚了、领导干部的标杆作用更明显了。

作风建设永远在路上，干部只有对“不严不实”问题严加整顿，“严”字当头、“实”字打底，一件一件事情、一点一点修为积累起来，多积尺寸之功，时常防微杜渐，才能向人民交出满意的答卷。

“天网行动”

2015 年 4 月，国际刑警组织中国国家中心局集中公布了针对 100 名涉嫌犯罪的外逃国家工作人员、重要腐败案件涉案人等人员的红色通缉令，以“百名红通”的醒目形式，向全球集中公开曝光，加大追缉力度。这是中央反腐败的又一有力措施，是 3 月 26 日首次启动的针对外逃腐败分子的“天网行动”的一个专项行动。

天网恢恢，疏而不漏。“天网行动”切断腐败分子后路，把惩治腐败的天罗地网撒向全球，让已经潜逃的无处藏身，让企图外逃的丢掉幻想，成为遏制腐败蔓延势头的重要一环，是中国共产党坚持不敢腐、不能腐、不想腐一体推进的重要行动，彰显了以习近平同志为核心的党中央坚持党要管党、全面从严治党的坚定决心。

中共十八大以来，中共中央把追逃追赃作为遏制腐败蔓延的重要一环，把反腐败追逃追赃提升到国家政治和外交层面，纳入反腐败工作总体部署。中央和省级反腐败协调小组设立国际追逃追赃工作办公室，建立集中统一的协调机制，加强基础工作，摸清底数，建立外逃人员数据库，制定责任追究制度，落实外逃人员所在党组织追逃责任，公布百名外逃人员红色通缉令，连续组织开展“天网行动”，因国施策、因案制宜，追拿归案一批外逃腐败分子。

中共十九届六中全会将“深入开展国际追逃追赃，清除一切腐败分子”作为中共十八大以来在全面从严治党上的重大工作部署写入《中共中央关于党的百年奋斗重大成就和历史经验的决议》。据统计，中共十九大后的五年，“天网行动”追回外逃人员 7089 人，其中党员和国家工作人员 1992 人，追回赃款 352.4 亿元，“百名红通人员”已有 61 人归案。这是中国共产党开展反腐败斗争的一个缩影。国家统计局 2020 年年底调查显示，95.8% 的群众对全面从严治党、遏制腐败充满信心，比中共十八大前的 2012 年的调查提高了 16.5 个百分点。

十年磨一剑。中共十八大以来，经过坚决斗争，全面从严治党的政治引领和政治保障作用充分发挥，中国共产党的自我净化、自我完善、自我革新、自我提高能力显著增强，管党治党宽松软状况得到根本扭转，反腐败斗争取得压倒性胜利并全面巩固，消除了党、国家、军队内部存在的严重隐患，党在革命性锻造中更加坚强。当前，腐败和反腐败较量还在激烈进行。习近平总书记强调："全党同志要永葆自我革命精神，增强全面从严治党永远在路上的政治自觉，决不能滋生已经严到位的厌倦情绪。"并告诫全党：我们必须清醒认识到，腐败和反腐败较量还在激烈进行，并呈现出一些新的阶段性特征，防范形形色色的利益集团成伙作势、"围猎"腐蚀还任重道远，有效应对腐败手段隐形变异、翻新升级还任重道远，彻底铲除腐败滋生土壤、实现海晏河清还任重道远，清理系统性腐败、化解风险隐患还任重道远。我们要保持清醒头脑，永远吹冲锋号，牢记反腐败永远在路上。

"厕所革命"

1933年的元旦，上海《东方杂志》在新年特大号中发表了征文，题目是"新年的梦想"，提的问题是"梦想中的未来中国"和"个人生活"。鲁迅、林语堂、胡适、叶圣陶、郑振铎等140余位国人发表了244个"梦想"。其中，时为暨南大学教授的周谷城是这样说的："我梦想中的未来中国首要之条件便是：人人能有机会坐在抽水马桶上大便。"

这个梦想既实际又令人心酸，从侧面反映了厕所作为度量文明的重要标杆。当前，抽水马桶已经是城市生活的必备品了，但在农村推进"厕所革命"、取得真正成功尚需踏踏实实干好。自2015年起，国家旅游局在全国范围内启动三年旅游厕所建设和管理行动，着力改变景区厕所的脏、乱、差、偏、少的局面。行动

⊙"复兴号"上刮起厕所革命旋风

⊙江苏南京：免费厕纸"刷脸"取用

启动以来，全国旅游系统将"厕所革命"作为基础工程、文明工程、民生工程来抓，精心部署、强力推进，"厕所革命"取得明显成效。

厕所问题不仅关系到旅游环境的改善，也关系到广大人民群众工作生活环境的改善，关系到国民素质提升、社会文明进步。习近平总书记对此高度重视、十分关心。2014 年 12 月，习近平总书记在江苏镇江考察调研时指出，厕改是改善农村卫生条件、提高群众生活质量的一项重要工作，在新农村建设中具有标志性。2015 年 4 月，习近平总书记就"厕所革命"又作出重要指示，强调抓"厕所革命"是提升旅游业品质的务实之举。冰冻三尺，非一日之寒。要像反对"四风"一样，下决心整治旅游不文明的各种顽疾陋习。要发扬钉钉子精神，采取有针对性的举措，一件接着一件抓，抓一件成一件，积小胜为大胜，推动我国旅游业发展迈上新台阶。同年 7 月，习近平总书记在吉林延边调研时得知当地一些村民还在使用传统的旱厕，要求将“厕所革命”推广到广大农村地区，指出：随着农业现代化步伐加快，新农村建设也要不断推进，要来个“厕所革命”，让农村群众用上卫生的厕所，基本公共服务更多地向农村倾斜、向老少边穷倾斜。2017年11月，习近平总书记就旅游系统推进“厕所革命”工作取得的成效作出重要指示，强调：厕所问题不是小事情，是城乡文明建设的重要方面，不但景区、城市要抓，农村也要抓，要把这项工作作为乡村振兴战略的一项具体工作来推进，努力补齐这块影响群众生活品质的短板。

⊙吉林松原：查干湖上的环保公厕

⊙上海：人民广场高颜值公厕受到市民游客欢迎

由此一场“厕所革命”在全国掀起，并逐步由旅游景区扩展到全域、从城市扩展到农村、从数量增加到质量提升，成为美丽中国、健康中国建设的示范性工程，列入国家“十三五”“十四五”规划中，更成为实施乡村振兴战略的一项具体工作，受到广大群众和游客的普遍欢迎。据统计，截至2020年，全国农村卫生厕所普及率超过 68%，生活垃圾进行收运处理的行政村比例超过 90%，95% 以上的村庄开展了清洁行动。“乡村变美了、生活更好了”，成为人们的共同感受。

“双创”

2015 年，随着国务院连续推出《关于大力推进大众创业万众创新若干政策措施的意见》等方案，越来越多利好创业创新的政策为中国经济不断注入活力。创业创新的梦想，在这一年展开翅膀，飞进众多普通人的生活中。

习近平总书记在 2014 年中央经济工作会议上强调，要营造有利于大众创业、市场主体创新的政策环境和制度环境。2015 年 3 月，国务院《政府工作报告》提出要“推动大众创业、万众创新”，“加快实施创新驱动发展战略，改造传统引擎，打造新引擎”。6 月 11 日，国务院印发《关于大力推进大众创业万众创新若干政策措施的意见》，并确定从 2015 年起，每年举办大众创业、万众创新活动周。2016 年、2017 年、2020 年，国务院办公厅确定三批共 212 个“双创”示范基地。由此，“大众创业、万众创新”（简称“双创”）迅速成为全社会关注的高频词汇。

推进“双创”是我国稳增长、促改革、调结构、惠民生、打造经济发展新动能的重要引擎。我国有 14 亿人口、9 亿劳动力资源，人民勤劳而智慧，蕴藏着无穷的创造力，千千万万个市场细胞活跃起来，必将汇聚成发展的巨大动能，让中国经济始终充满勃勃生机。“双创”活动开展以来催生了大量市场主体，有力支撑了就业特别是高校毕业生就业，促进了新动能快速成长，增强了经济发展内生动力。

推进“双创”，既可以扩大就业、增加居民收入，又有利于促进社会纵向流动和公平正义，是实现创新发展战略、推进新一轮科技革命和产业变革的重要举措，是在当代以互联网、大数据发展为代表的科技大发展条件下，以及在制度变革和政策创新作用下，中国社会生产力的又一次解放。依托于互联网的创业和创新无处不在，通过“双创”让普通大众有机会参与其中，并找到获得成功的机会，实现个人的人生价值，实现调整收入分配结构、促进社会公平和纵向流动的作用。

“双创”很重要的是众，人民群众是现代化建设的根本力量。中国仍处于并将长期处于社会主义初级阶段，是世界上最大的发展中国家，发展是解决一切问题的基础和关键。推进“双创”是充分尊重人民群众主体地位的重要表现，有助于充分发挥其创造力。随着各地出台一系列鼓励“双创”的政策措施，越来越多的

⊙河南郑州：黄河科技学院“双创”综合体外的“大众创业、万众创新”标志

创业者们圆了自己的创业创新梦。创业走向大众、创新来自万众，涓涓细流终汇聚成推动中国经济发展的澎湃力量。

近年来，面对极为复杂严峻的国内外形势，在以习近平同志为核心的中共中央坚强领导下，全国上下砥砺攻坚，经济发展成就显著。这成就来之不易，离不开亿万人民群众、上亿市场主体实干奋斗，"双创"也功不可没。当前，面对经济增长放缓等挑战，促进经济持续稳定恢复，必须坚持以习近平新时代中国特色社会主义思想为指导，落实中共中央、国务院部署，按照立足新发展阶段、贯彻新发展理念、构建新发展格局、推动高质量发展的要求，继续做好"六保"工作，特别是注重保就业保民生保市场主体这前三保，不断深化改革开放，强化创新驱动，用市场化办法纵深推进"双创"，聚众智汇众力，让人民群众的勤劳智慧更充分发挥出来，促进经济平稳运行和持续健康发展。

"双一流"

2015 年 8 月 18 日，中央全面深化改革领导小组会议审议通过《统筹推进世界一流大学和一流学科建设总体方案》，决定推动一批高水平大学和学科进入世界一流行列或前列。10 月 24 日该方案由国务院公布。统筹推进世界一流大学和一流学科的"双一流"建设由此成为我国高等教育发展的新任务。

这是中共中央、国务院作出的重大战略决策，是高等教育在新时代的重要任务。"双一流"建设的基本原则是坚持以一流为目标、坚持以学科为基础、坚持以绩效为杠杆、坚持以改革为动力。总体目标是，到 2020 年，若干所大学和一批学科进入世界一流行列，若干学科进入世界一流学科前列；到 2030 年，更多的大学和学科进入世界一流行列，若干所大学进入世界一流大学前列，一批学科进入世界一流学科前列，高等教育整体实力显著提升；到本世纪中叶，一流大学和一流学科的数量和实力进入世界前列，基本建成高等教育强国。

通过一系列的竞争优选、专家评选、政府比选、动态筛选后，2017 年 9 月 21 日，教育部、财政部、国家发展改革委公布“双一流”建设高校及建设学科名单，同时制定政策，建立激励机制，引导各地采取措施。此次共有 137 所高校入围，其中，一流大学建设高校共计 42 所，包括北京大学、中国人民大学、清华大学等 A 类高校 36 所，东北大学、郑州大学、湖南大学等 B 类高校 6 所；一流学科建设高校共计 95 所，包括北京交通大学、北京工业大学、北京科技大学等。“双一流”建设不搞全体发动、推倒重来，既充分考虑“211 工程”“985 工程”等高等教育重点建设基础，继承好已有建设成效，同时坚持竞争开放、动态调整，打破身份固化，强化绩效激励，深化综合改革，切实推动高校内涵式发展、提高质量。

2018 年，教育部、财政部、国家发展改革委联合印发《关于高等学校加快“双一流”建设的指导意见》，进一步明确建设高校的责任主体、建设主体、受益主体地位，引导高校深化认识，转变理念，走内涵式发展道路，确保实现建设方案的目标任务。“双一流”建设走内涵式发展道路，核心是坚持中国特色世界一流，主线是服务需求提高质量，根本任务是立德树人。

高等教育是一个国家发展水平和发展潜力的重要标志。大学对于国家的贡献可以体现在科技创新、思想文化引领等多个方面，但最重要的体现还是在人才培养上。2021 年 3 月发布的《“双一流”建设成效评价办法（试行）》进一步给出了明确信号：“双一流”要突出培养一流人才、产出一流成果、主动服务国家需求，注重内涵发展，争创世界一流。一系列的制度、规范建设，保证“双一流”建设，为加快建设世界重要人才中心和创新高地提供有力支撑。

“特赦令”

2015 年 8 月 29 日，国家主席习近平签署主席特赦令，根据十二届全国人大常委会第十六次会议 29 日通过的全国人大常委会关于特赦部分服刑罪犯的决定，对参加过抗日战争、解放战争等四类服刑罪犯实行特赦。

根据主席特赦令，对依据 2015 年 1 月 1 日前人民法院作出的生效判决正在服刑，释放后不具有现实社会危险性的四类罪犯实行特赦：一是参加过中国人民抗日战争、中国人民解放战争的；二是中华人民共和国成立以后，参加过保卫国家主权、安全和领土完整对外作战的，但犯贪污受贿犯罪，故意杀人、强奸、抢劫、绑架、放火、爆炸、投放危险物质或者有组织的暴力性犯罪，黑社会性质的组织犯罪，危害国家安全犯罪，恐怖活动犯罪的，有组织犯罪的主犯以及累犯除外；三是年满七十五周岁、身体严重残疾且生活不能自理的；四是犯罪的时候不满十八周岁，被判处三年以下有期徒刑或者剩余刑期在一年以下的，但犯故意杀人、强奸等严重暴力性犯罪，恐怖活动犯罪，贩卖毒品犯罪的除外。主席特赦令指出：对 2015 年 8 月 29 日符合上述条件的服刑罪犯，经人民法院依法作出裁定后，予以释放。

特赦是国家依法对特定罪犯免除或者减轻刑罚的制度，也是一项国际通行的人道主义制度。中国是世界上最早确立刑事赦免制度的国家之一。盛世赦罪被认为是中华文明的优良传统。新中国成立后，我国“五四宪法”对特赦制度作了明确规定。从 1959

年到1975年，全国人民代表大会常务委员会根据宪法先后作出过七次特赦决定。这七次特赦，圆满解决了历史遗留的战犯问题，对于发展爱国统一战线，化消极因素为积极因素，团结一切可以团结的人，推动国家社会主义建设的发展，发挥了重要作用，不仅得到社会各界的广泛支持，更得到了被特赦罪犯的感激和拥护，收到了良好的社会效果。

法安天下，德润人心。在纪念中国人民抗日战争暨世界反法西斯战争胜利70周年之际，对四类、共31527名罪犯予以特赦，必将产生积极而深远的影响。这次特赦，是1975年第七次特赦后，时隔40年的又一次特赦，也是现行“八二宪法”规定特赦制度33年来的第一次特赦，具有重大的政治意义和法治意义。从国家层面看，这次特赦展示了中国共产党的执政自信和制度自信，展现了我国开放、民主、文明、法治的大国形象；从依法治国和以德治国相结合的层面看，这次特赦有利于弘扬依法治国的理念，体现慎刑恤囚的历史传统，形成维护宪法制度、尊重宪法权威的社会氛围；从实际效果看，这次特赦可以激发人民群众的爱国热情，发挥特赦的感召效应，促进社会和谐稳定。

屠呦呦

2015年10月5日，瑞典卡罗琳医学院诺贝尔大厅的大屏幕正在宣布着诺贝尔奖生理学或医学奖获奖人选，一张中国面孔让国人振奋，她就是85岁的中国女科学家屠呦呦。

屠呦呦是中国科学家因为在中国本土进行的科学研究而首次获诺贝尔科学奖，是中国医学界迄今为止获得的最高奖项，也是中医药成果获得的最高奖项。屠呦呦的获奖理由是“有关疟疾新疗法的发现"，即发现了青蒿素并以此用来治疗疟疾，青蒿素可以将受疟疾感染的死亡率下降20%，她的发现"对人类福祉的改善是无可估量的"。诺奖颁奖词如此说道。

屠呦呦的获奖是科学的胜利，也是中国科学家群体的荣誉。诺贝尔奖在自然科学领域被广泛地认为是世界范围内所能取得的最高荣誉。近代以来，国人深刻认识到，只有科学才能救亡图存、才是走向现代化的终南捷径。我们投入巨大热情和资源，开始了漫长的科学探索和追逐的步伐。百年的不懈追逐拉近了科学上的差距，以什么标志来体现我们科学的成就？自然科学的"诺奖"成了国人的心结。屠呦呦破冰"诺奖"圆了国人的这个心结，标志着中国科学研究达到了一定的水平，得到国际科学界的高度认可。

屠呦呦的获奖激励着更多的中国科学家不断攀登世界科学高

⊙ 2015 诺贝尔奖颁奖仪式在瑞典举行，屠呦呦出席领奖

峰，为人类文明和人民福祉作出更多的贡献。屠呦呦是在艰难的科研条件下取得青蒿素的研究成果的。恶性疟原虫引发的疟疾一直是危及生命的疾病。1969 年屠呦呦和团队接到了代号 523 的“中草药抗疟”研发任务。在没有先进实验设备、科研条件艰苦的情况下，当时 39 岁的屠呦呦和课题组成员克服了难以想象的困难，面对失败毫不退缩，不断推进着实验。幸运女神终于眷顾了持续努力的人，1971 年，青蒿提取物样品抗疟实验成果成功！青蒿素治疗疟疾是一个重要的原创性成果，40 多年来使 600 多万人逃离疟疾的魔掌，屠呦呦也因此获得了诺贝尔奖。改革开放多年以来，我们的科研人才积累、成长得更好，科研条件更优越，全球合作更深广，我们有理由也有信心取得更多成果、作出更大贡献。

屠呦呦的获奖也是团队的荣誉。青蒿素的研究成功，是当年研究团队集体攻关的成绩，是举全国科研之力协作的一个科研项目。屠呦呦说：“没有大家无私的团队合作精神，我们不可能在那么短的时间内把青蒿素献给世界。”这也证明，科研攻关的举国体制是一条重要经验，社会主义市场经济条件下没有过时，要更好地发挥与构建。

“萃取出古老文明的精华，深深植入当代世界，帮人类渡过一劫。”感动中国 2015 年度人物颁奖词如此评价屠呦呦。绵延数千年的中国传统文化是一座博大丰富的宝库，青蒿素的发现就是在古代药典《肘后备急方》中得到的启发。诺贝尔生理学或医学奖的评委安德森评价说：“她的研究跟所有其他科研成果都不同，为科研人员打开了一扇崭新的窗户。”今天的我们一定要植根传统文化的深厚土壤，科学处理继承与创新的关系，善于运用古人智慧解决现代问题，定能不断开辟新领域、实现新辉煌。

《准则》与《条例》

2015年10月18日，中共中央印发《中国共产党廉洁自律准则》（以下简称《准则》）和《中国共产党纪律处分条例》（以下简称《条例》）。两项法规的印发实施，是在中国共产党长期执政和全面依法治国条件下，实现依规管党治党，加强党内监督的重大举措，体现了中共十八大和十八届三中、四中全会精神和全面从严治党实践成果。

加强纪律建设是全面从严治党的治本之策。中共十八大以来，以习近平同志为核心的党中央坚持党要管党、从严治党，坚定不移推进党风廉政建设和反腐败斗争，突出强调政治纪律和政治规矩、组织纪律，狠抓落实中央八项规定精神，加大反腐惩恶力度，强化巡视监督，着力解决管党治党和执行纪律失之于宽、失之于松、失之于软的问题。丰富的实践为党内法规制度创新奠定坚实基础。《准则》和《条例》的颁布实施，就是把这些从严治党的实践成果总结提炼出来，转化为道德和纪律要求，实现了党内法规建设的与时俱进。

《准则》和《条例》是各级党组织和全体党员的行为规范和指引，是管党治党的重要基础性党内法规。两者一柔一刚，《准则》重申党的理想信念宗旨、优良传统作风，紧扣廉洁自律、坚持正面倡导、面向全体党员、突出关键少数，强调自律，重在立德，为党员和党员领导干部树立了一个看得见、够得着的高标准，展现了中国共产党人高尚的道德追求，是向全党发出的道德宣誓和对人民的庄严承诺；《条例》则坚持纪法分开、纪在法前、纪严于法，突出政党特色、党纪特色，严明政治纪律和政治规矩、组织纪律，围绕党纪戒尺要求，开列负面清单，强调他律，重在立规，划出了党组织和党员不可触碰的底线。

解决中国的问题，要靠中国共产党；解决中国共产党自身的问题，要靠强化党的自我监督和人民群众的监督。《准则》和《条例》是加强中国共产党内监督的重要制度安排，为党内监督和群众监督明确了对照的标准、提供了衡量的尺子，使党员干部和广大群众的监督有规可依、有据可循。

2017 年中共十九大将纪律建设纳入新时代党的建设总体布局，在党章中充实完善了纪律建设相关内容。中共中央决定根据新的形势、任务和要求，对条例予以修订完善。2018 年 8 月 18 日，中共中央颁发修订后的《中国共产党纪律处分条例》。修订后的《条例》政治性更强，内容更科学，逻辑更严谨，指导性和可操作性更强。

五大发展理念

2015 年 10 月 26 日至 29 日，中共十八届五中全会召开。全会通过《中共中央关于制定国民经济和社会发展第十三个五年规划的建议》(以下简称《建议》)。全会提出以人民为中心的发展思想，强调实现“十三五”时期发展目标，破解发展难题，厚植发展优势，必须牢固树立并切实贯彻创新、协调、绿色、开放、共享的发展理念。2016 年 3 月 16 日，十二届全国人大四次会议批准《中华人民共和国国民经济和社会发展第十三个五年规划纲要》。

发展理念是发展行动的先导，是管全局、管根本、管方向、管长远的东西，是发展思路、发展方向、发展着力点的集中体现。习近平总书记在作《建议》说明时深刻指出：“这五大发展理念，是‘十三五’乃至更长时期我国发展思路、发展方向、发展着力点的集中体现，也是改革开放三十多年来我国发展经验的集中体现，反映出我们党对我国发展规律的新认识。”

作为五大发展理念之首，创新发展注重的是解决发展动力问题。创新是引领发展的第一动力，是实现从要素驱动转向创新驱动、从依赖规模扩张转向提高质量效益，加快形成以创新为主要引领和支撑的经济体系和发展模式的根本措施和根本出路。《建议》指出：“在国际发展竞争日趋激烈和我国发展动力转换的形势下，必须把发展基点放在创新上，形成促进创新的体制架构，塑造更多依靠创新驱动、更多发挥先发优势的引领型发展”，为我国实施创新驱动、发展科技创新，助力经济转型升级指明了方向。

协调发展注重的是解决发展不平衡问题。协调既是发展手段又是发展目标，同时还是评价发展的标准和尺度，是发展两点论和重点论的统一，是发展平衡和不平衡的统一，是发展短板和潜力的统一。《建议》指出：“增强发展协调性，必须坚持区域协同、城乡一体、物质文明精神文明并重、经济建设国防建设融合，在协调发展中拓宽发展空间，在加强薄弱领域中增强发展后劲。”

绿色发展注重的是解决人与自然和谐问题。在中共十八届五中全会的会议公报全文中，坚持绿色发展的部分所占篇幅超过8%，体现了中国共产党对这个问题的高度重视。《建议》指出：“坚持绿色富国、绿色惠民，为人民提供更多优质生态产品，推动形成绿色发展方式和生活方式，协同推进人民富裕、国家富强、中国美丽。”强调，筑牢生态安全屏障。坚持保护优先、自然恢复为主，实施山水林田湖生态保护和修复工程，构建生态廊道和生物多样性保护网络，全面提升森林、河湖、湿地、草原、海洋等自然生态系统稳定性和生态服务功能。

开放发展注重的是解决发展内外联动问题。开放发展是我国基于对改革开放成功经验的历史总结的前提下进一步拓展经济发展空间、提升开放型经济发展水平的必然选择。《建议》指出：“开

⊙北京：长安街沿线布置的立体花坛

创对外开放新局面，必须丰富对外开放内涵，提高对外开放水平，协同推进战略互信、经贸合作、人文交流，努力形成深度融合的互利合作格局。”

共享发展注重的是解决社会公平正义问题。让人民群众共享改革发展成果、着力增进人民福祉，是社会主义的本质要求，是社会主义制度优越性的集中体现，也是中国共产党坚持全心全意为人民服务根本宗旨的必然选择。《建议》指出：“按照人人参与、人人尽力、人人享有的要求，坚守底线、突出重点、完善制度、引导预期，注重机会公平，保障基本民生，实现全体人民共同迈入全面小康社会。”

新发展理念是引领我国发展全局深刻变革的科学指引，是我国经济社会发展必须长期坚持的重要遵循。习近平总书记强调，要把新发展理念贯穿领导活动全过程，落实到决策、执行、检查各项工作中，努力提高统筹贯彻新发展理念能力和水平，不断开拓发展新境界。

“习马会”

2015 年 11 月 7 日，注定是载入史册的一天。这天下午，在新加坡香格里拉大酒店岛屿厅，中共中央总书记、国家主席习近平同台湾地区领导人马英九，实现 1949 年以来两岸领导人首次会晤，开创两岸领导人直接对话沟通的先河，为两岸关系未来发展开辟了新的空间。

习近平强调，两岸中国人完全有能力、有智慧解决好自己的问题，并共同为世界与地区和平稳定、发展繁荣作出更大贡献。站在两岸关系发展的新起点上，两岸双方应该胸怀民族整体利益、紧跟时代前进步伐，携手巩固两岸关系和平发展大格局，共同实现中华民族伟大复兴。习近平提出四点意见，强调坚持两岸共同政治基础不动摇，坚持巩固深化两岸关系和平发展，坚持为两岸同胞多谋福祉，坚持同心实现中华民族伟大复兴。

解决台湾问题、实现祖国完全统一，是中国共产党矢志不渝的历史任务，是全体中华儿女的共同愿望。台湾自古以来就是中国不可分割的一部分。清政府 1895 年因甲午战败，被迫把台湾及其附属岛屿割让给日本，台湾从此遭受日本侵占 50 年；1921 年中国共产党成立后一直关注被侵占的台湾，支持台湾同胞反抗日本殖民统治的斗争；1945 年中国人民取得抗战胜利，日本无条件投降，台湾光复、回归祖国；1949 年中国共产党领导人民取得解放战争胜利，国民党统治集团退踞台湾。此后两岸关系虽然历经跌宕起伏，但总的趋势是从紧张走向缓和、从隔绝对峙走向交流融合。

改革开放新时期，中国共产党把握解决台湾问题大局，确立了“和平统一、一国两制”的基本方针，推动两岸双方达成体现一个中国原则的“海峡两岸同属一个中国，共同努力谋求国家统一”的“九二共识”。进入中国特色社会主义新时代，中国共产党把握两岸关系时代变化，推动实现两岸领导人首次会晤；秉持“两岸一家亲”和两岸命运共同体理念，推动两岸关系和平发展，出台一系列惠及广大台湾同胞的政策，加强两岸经济文化合作交流；坚决反对“台独”分裂行径，坚决反对外部势力干涉。2016年后，台湾岛内政局发生重大变化，台湾当局加紧进行“台独”分裂活动，致使两岸关系和平发展势头受到严重冲击。2016年3月，

⊙ 台湾日月潭风光

习近平总书记在参加十二届全国人大四次会议上海代表团审议时强调，"我们对台大政方针是明确的、一贯的，不会因台湾政局变化而改变。"中共中央在妥善应对台湾局势变化的同时，继续加强同岛内认同"九二共识"、支持两岸关系和平发展的政党、团体、县市和人士交流互动，继续推进两岸各领域交流合作与经济社会融合发展，坚定维护两岸关系和平发展大局。同时，中共中央着眼于中华民族整体利益和长远利益，坚定维护国家主权和领土完整，坚决反对和遏制任何形式的"台独"分裂行径，保持台海局势总体稳定。2019 年习近平总书记在《告台湾同胞书》发表四十周年纪念会上的讲话指出："祖国必须统一，也必然统一。这是七十载两岸关系发展历程的历史定论，也是新时代中华民族伟大复兴的必然要求。"任何人都不要低估中国人民捍卫国家主权和领土完整的坚强决心、坚定意志、强大能力。

台湾问题因民族弱乱而产生，必将随着民族复兴而解决。发展是解决中国一切问题的关键，祖国大陆的发展进步使得我们更有能力主导和推动两岸关系发展，这也是实现祖国和平统一的必然出路。祖国完全统一的时和势始终在我们这一边。从全面建成小康社会到基本实现现代化，再到全面建成社会主义现代化强国，随着新时代中国特色社会主义两步走战略安排的推进，祖国大陆将不断增强对台湾社会的影响力、吸引力，不断增强对两岸关系发展的牵引力、主导权，我们将不断向实现祖国完全统一的目标迈进。

供给侧结构性改革

2015 年末，"供给侧结构性改革"这个很多人感到陌生的概念，成为国内外竞相解读的热词。这是中国共产党对适应和引领经济发展新常态的重大创新，也是全面深化改革的认识升华。

供给侧结构性改革，是对我国经济发展思路和工作着力点的重大调整，是化解我国经济发展面临困难和矛盾的重大举措，也是培育增长新动力、形成先发新优势、实现创新引领发展的必然要求和选择。中共十八大以来，我国经济社会发展面临很多新情况新问题。国际形势上，世界经济复苏乏力，全球贸易低迷，保护主义上升；国内形势上，我国经济发展进入新常态，长期积累的结构性失衡问题凸显。在综合分析世界经济长周期和我国经济发展新常态基础上，以习近平同志为核心的党中央作出供给侧结构性改革的重大决策，坚持把供给侧结构性改革作为经济发展和经济工作的主线，明确了经济建设的主攻方向和工作重点，既深化了怎么看，又解决了怎么干的问题。

2015 年 11 月，习近平总书记在中央财经领导小组第十一次会议上首次提出供给侧结构性改革。他强调，在适度扩大总需求的同时，着力加强供给侧结构性改革，着力提高供给体系质量和效率，增强经济持续增长动力，推动我国社会生产力水平实现整体跃升。12 月，习近平总书记在中央经济工作会议上进一步强调，推进供给侧结构性改革，是适应和引领经济发展新常态的重大创新，是适应国际金融危机发生后综合国力竞争新形势的主动选择，是适应经济发展新常态的必然要求。2016 年 1 月，习近平总书记在省部级主要领导干部学习贯彻党的十八届五中全会精神专题研讨班上阐述了供给侧结构性改革的内涵。他指出，供给侧结构性改革的根本，是使我国供给能力更好满足广大人民日益增长、不断升级和个性化的物质文化和生态环境需要，从而实现社会主义生产目的。重点是解放和发展社会生产力，用改革的办法推进结构调整，减少无效和低端供给，扩大有效和中高端供给，增强供给结构对需求变化的适应性和灵活性，提高全要素生产率。强调：

"我们讲的供给侧结构性改革，既强调供给又关注需求，既突出发展社会生产力又注重完善生产关系，既发挥市场在资源配置中的决定性作用又更好发挥政府作用，既着眼当前又立足长远。""这不只是一个税收和税率问题，而是要通过一系列政策举措，特别是推动科技创新、发展实体经济、保障和改善人民生活的政策措施，来解决我国经济供给侧存在的问题。"

自供给侧结构性改革提出后，在每年的全国两会中都成为热议的关键词。每年的中央经济工作会议也都要对这个重大议题进行研究和部署。2015 年提出去产能、去库存、去杠杆、降成本、补短板的"三去一降一补"五大任务。2016 年强调在深入推进"三去一降一补"基础上，深入推进农业供给侧结构性改革，着力振兴实体经济，促进房地产市场平稳健康发展。2017 年提出重点在"破""立""降"上下功夫，即大力破除无效供给，把处置"僵尸企业"作为重要抓手，推动化解过剩产能；大力培育新动能，强化科技创新，推动传统产业优化升级，培育一批具有创新能力的排头兵企业，积极推进军民融合深度发展；大力降低实体经济成本，降低制度性交易成本，继续清理涉企收费，加大对乱收费的查处和整治力度，深化电力、石油、天然气、铁路等行业改革，降低用能、物流成本。2018 年提出要更多采取改革的办法，更多运用市场化、法治化手段，在"巩固、增强、提升、畅通"八个字上下功夫，强调这八字方针是当前和今后一个时期深化供给侧结构性改革、推动经济高质量发展管总的要求。2019 年提出要确保经济实现量的合理增长和质的稳步提升，科学稳健把握宏观政策逆周期调节力度，增强微观主体活力，把供给侧结构性改革主线贯穿于宏观调控全过程。2020 年提出要注重需求侧管理，打通堵点，补齐短板，贯通生产、分配、流通、消费各环节，形成需求牵引供给、供给创造需求的更高水平动态平衡，提升国民经济体系整体效能。2021年提出重在畅通国内大循环，重在突破供给约束堵点，重在打通生产、分配、流通、消费各环节。可以预见，持续深化供给侧结构性改革，必将推动我国社会生产力水平进一步实现跃升。

习近平总书记指出，供给侧结构性改革，说到底最终目的是满足需求，主攻方向是提高供给质量，根本途径是深化改革。他还特别强调了这个问题的重要性，指出："这个事情是带根本性的，我们要是迟迟不动，世界上人家都在动，到时候他们调过来了，柳暗花明又一村，而我们憋在那儿不动，还是涛声依旧，那我们又会落后。"

全面实施改革强军战略

2015年11月24日至26日，中央军委改革工作会议召开，中共中央总书记、国家主席、中央军委主席习近平发出深化国防和军队改革的动员令——全面实施改革强军战略，坚定不移走中国特色强军之路。强调要建设同我国国际地位相称、同国家安全和发展利益相适应的巩固国防和强大军队，为实现"两个一百年"奋斗目标、实现中华民族伟大复兴的中国梦提供坚强力量保证。11月28日，中央军委印发《关于深化国防和军队改革的意见》（以下简称《意见》）。《意见》指出，要牢牢把握"军委管总、战区主战、军种主建"的原则，以领导管理体制、联合作战指挥体制改革为重点，协调推进规模结构、政策制度和军民融合深度发展改革。

深化国防和军队改革，全面实施改革强军战略，坚定不移走中国特色强军之路，既是实现中国梦、强军梦的时代要求，又是强军兴军的必由之路，是决定军队未来的关键一招；既是应对当今世界前所未有之大变局，有效维护国家安全的必然要求，又是坚持和发展中国特色社会主义，协调推进“四个全面”战略布局的必然要求。

新征程，新使命，新变化。按照中央军委改革工作会议精神，宏伟蓝图在改革强军路上渐次展开，人民军队踏上了深化国防和军队改革的“新长征”，中国军队的领导管理和联合作战指挥体制迎来了突破性改革：调整组建军委机关各部门，组建各战区机关、陆军机关、各战区陆军机关、战略支援部队机关；调整组建战区海军、战区空军机关，组建中央军委纪律检查委员会派驻纪检组，组织实施海军、空军、火箭军、武警部队机关整编，组建武汉联勤保障基地及5个联勤保障中心；调整组建13个集团军、海军陆战队；调整组建新的军事科学院、国防大学、国防科技大学和其他军队院校、科研机构、训练机构。“军委管总、战区主战、军种主建”的格局确立，军队组织形态日益现代化。

2016年4月，中央军委印发《关于深化国防和军队改革期间加强军事法规制度建设的意见》，重新规定了军事立法权限，改革创新了“中央军委—战区、军兵种、武警部队”两级军事立法体制。2016年7月，中央军委印发军队贯彻《中共中央关于加强党领导立法工作的意见》的实施办法，健全完善了党领导军事立法工作的制度机制。2017年5月，中央军委发布《军事立法工作条例》，明确了军事立法工作的指导思想、基本原则、立法权限、规划计划、立法起草、审批发布、备案审查、清理汇编等重要方面的根本要求和制度规范，为新形势下开展军事立法工作提供了法规依据和基本遵循。我军历史上第一次实行派驻监督，军队和武警部队全面停止有偿服务工作有序展开；不少部队随着改革完成转隶和裁撤，一批批官兵或异地换防，或脱下戎装，踏上了新的征程。

在中共中央、中央军委和习近平主席坚强领导下，人民军队全面实施改革强军战略，实现整体性革命性重塑。奋进新征程、建功新时代，加快国防和军队建设高质量发展，我们一定能把新时代强军事业不断推向前进，创造更多无愧于历史和时代的新的光辉业绩。

“两免一补”

2015年11月25日，国务院印发《关于进一步完善城乡义务教育经费保障机制的通知》（以下简称《通知》），明确从2016年春季学期开始，统一城乡义务教育学校生均公用经费基准定额；从2017年春季学期起，统一城乡“两免一补”政策，对城乡义务教育学生（含民办学校学生）免除学杂费、免费提供教科书，对家庭经济困难寄宿生补助生活费。《通知》提出：民办学校学生免除学杂费标准按照中央确定的生均公用经费基准定额执行；免费教科书资金，国家规定课程由中央全额承担；家庭经济困难寄宿生生活费补助资金由中央和地方按照5∶5比例分担。这意味着，我国义务教育经费保障机制将实现城乡统一，更好地推动义务教育持续健康发展。

义务教育是一项民生工程，关乎千家万户。受我国经济社会发展影响，一些地方城乡基本公共教育服务存在一定差距。在此次改革之前，国家只对农村义务教育学校制定生均公用经费基准定额标准，城市义务教育学校生均公用经费标准由地方制定；城市义务教育免费提供教科书只对低保家庭学生，农村孩子进城上学后，就不能再享受“两免一补”。调整后，国家统一制定城乡义务教育学校公用经费基准定额，城乡所有的义务教育阶段学生都能享受"两免一补"政策，包括民办学校的学生都是一个政策；国家对城乡义务教育学校（含民办学校）按照不低于基准定额的标准补助公用经费，并适当提高寄宿制学校、规模较小学校和北方取暖地区学校补助水平。具体来讲，国家规定课程免费教科书资金由中央全额承担；寄宿生生活费补助由中央和地方按 5∶5 比例共同分担；公用经费中央和地方分担比例西部地区为 8∶2，中部地区为 6∶4，东部地区为 5∶5。按照《通知》，中央确定 2016 年生均公用经费基准定额为：中西部地区普通小学每生每年 600 元、普通初中每生每年 800 元；东部地区普通小学每生每年 650 元、普通初中每生每年 850 元。

新的制度实施以后，最直接的受益者，第一类是从农村到城市读书的学生，1300 万左右；第二类是寄宿制学生，3000 万以上；

⊙湖南邵阳：小学生展示免费课本

第三类是在民办学校就读的学生，1200万左右；第四类是小规模学校的学生，主要是村小教学点的学生，受益学生在500万左右；第五类是特殊教育的学生，不管是在普通学校随班就读还是在特殊学校就读，保障程度大幅提高。

建立城乡统一、重在农村的义务教育经费保障机制，有利于优化教育布局，实现城乡义务教育在更高层次的均衡发展。这是基本公共服务领域主动适应新型城镇化建设和户籍制度改革、守住民生底线的重大体制机制突破，是健全城乡义务教育发展一体化、推动农业转移人口市民化的重大制度创新，是我国义务教育发展史上的又一个里程碑。

人民币“入篮”

2015年12月1日凌晨，在美国华盛顿举行的国际货币基金组织（International Monetary Fund，IMF）执行董事会完成对特别提款权（Special Drawing Right，SDR）货币篮子五年一度的审核，执行董事会认为人民币已符合加入特别提款权货币篮子的现有标准。会议决定，自2016年10月1日起，人民币将正式加入特别提款权货币篮子。

SDR的含义是兑换可自由使用货币的权力，它是国际货币基金组织于1969年创设的一种补充性储备资产，与黄金、外汇等其他储备资产一起构成国际储备，可被各国持有、充当记账单位，各国向国际货币基金组织缴纳份额、还款以及国际货币基金组织向成员国支付利息均可以使用SDR支付。人民币“入篮”的意思就是人民币加入SDR，成为真正意义上的国际货币。人民币“入篮”后，可自由使用货币就包括了美元、欧元、人民币、英镑和日元5种货币，人民币成为其中唯一的新兴经济体货币，当时在SDR货币篮子中的权重为10.92%，高于日元和英镑，低于美元和欧元。这意味着国际货币基金组织188个成员国中，拥有超过70%投票权的国家认可人民币作为安全可靠、值得信赖的国际储备货币。

时任国际货币基金组织总裁克里斯蒂娜·拉加德在执行董事会结束时表示，这一决定"是中国经济融入全球金融体系的重要里程碑，是对中国过去多年来在改革货币和金融体系方面取得的成就的认可。中国在这一领域的持续改革将推动建立一个更加充满活力的国际货币和金融体系，这也将支持中国和全球经济的稳定和发展"。国际货币基金组织对一国货币加入SDR规定了两个条件，一是该国出口货物和服务总量居所有成员国前列；二是该国货币应"可自由使用"，即可以广泛使用和交易。截至2015年8月，按照使用量计算，人民币已超过日元，成为仅次于美元、欧元及英镑的全球第四大支付货币，在全球货币支付总量中占2.79%。人民币"入篮"早在国际货币基金组织执行董事会审核之

⊙美国华盛顿特区：国际货币基金组织总部大楼

前就有很高的呼声，时任国际货币基金组织亚洲及太平洋部副主任马库斯·罗德劳尔就指出：“人民币纳入特别提款权货币篮子，不是是与否的问题，而是什么时间的问题。”时任国际货币基金组织副总裁朱民也说：“我们每5年都会进行审视，近5年没有考虑别的货币，只考虑人民币，这本身也是对人民币的巨大认可。”这次执行董事会的审核通过证明了国际货币基金组织完全认同人民币实现可自由使用的标准。一国货币的国际化需要迈过三道坎：成为全球贸易货币、投资货币，最终成为全球储备货币。加入SDR的人民币俨然已基本具备成为国际重要储备货币的能力。

人民币加入SDR是一个里程碑式的事件，意义重大，利在长远：作为最活跃的新兴经济体，中国的人民币“入篮”能够更好地反映世界格局的变化，也有助于增加SDR货币篮子的稳定性，增强SDR的代表性和吸引力。对中国来说，人民币的“入篮”标志着国际社会对中国经济发展和改革开放成果的肯定，特别是对人民币国际化的肯定，与人民币在全球经济中逐渐提升的重要地位相匹配，对于中国和世界都将是一个双赢的结果。

功勋荣誉表彰制度

2015年12月25日，中共中央印发《关于建立健全党和国家功勋荣誉表彰制度的意见》（以下简称《意见》）。《意见》对党和国家功勋荣誉表彰制度作了整体设计，明确由勋章、荣誉称号、表彰奖励组成，并对评选、颁授和待遇等作出了相应规定，为做好功勋荣誉表彰工作提供了依据和遵循。12月27日，十二届全国人大常委会第十八次会议表决通过了《中华人民共和国国家勋章和国家荣誉称号法》，决定设立“共和国勋章”“友谊勋章”和国家荣誉称号，以法律的形式确立国家最高荣誉制度，以最高规格褒奖英雄模范。

党和国家功勋荣誉表彰制度是国家激励奖赏的一种制度性安排。一个人为党、国家和人民作出了功勋，具有崇高的精神风范，是弘扬社会主义核心价值观的楷模，受到全社会的尊敬和仰慕，应该给予很高的荣誉，得到全党全社会尊重。中共十八大以来，习近平总书记多次对党和国家功勋荣誉表彰工作作出重要指示，强调要充分发挥党和国家功勋荣誉表彰的精神引领、典型示范作用，推动全社会形成见贤思齐、崇尚英雄、争做先锋的良好氛围。

伟大时代呼唤伟大精神，崇高事业需要榜样引领。党和国家历来高度重视对英雄模范的表彰和功勋荣誉制度的建设。新中国成立后，国家设立和颁发了八一勋章和奖章、独立自由勋章和奖章、解放勋章和奖章这三类勋章和奖章。20 世纪 80 年代之后，适应改革开放和社会主义现代化建设事业的蓬勃发展，我国奖章种类日益增多、授奖范围也日益广泛，有劳动模范奖章、先进工作者奖章、新长征突击手奖章、中国青年五四奖章、三八红旗手奖章等。这些奖章，授予那些在经济、社会、国防、外交、教育、科技、文化、卫生、体育等各领域各行业作出重大贡献的杰出人士，在全党全社会有效发挥了精神引领、典型示范作用，大大增强了全国各族人民的凝聚力和民族自豪感，激发了全国各族人民建设祖国、保卫祖国的积极性和创造性，同时也为制定国家勋章和国家荣誉称号法积累了宝贵经验。

建立健全党和国家功勋荣誉表彰制度，是完善和发展中国特色社会主义制度、推进国家治理体系和治理能力现代化的必然要求，是培育和弘扬社会主义核心价值观、增强中国特色社会主义事业凝聚力和感召力的重要手段。《关于建立健全党和国家功勋荣誉表彰制度的意见》的印发和《中华人民共和国国家勋章和国家荣誉称号法》的施行，体现了党和国家对高层级功勋荣誉表彰体系的顶层设计，为我国的功勋荣誉表彰工作提供依据和遵循，通过褒奖先进来引领社会风尚，从而为实现“两个一百年”奋斗目标、实现中华民族伟大复兴的中国梦汇聚强大精神力量。

党和国家的最高功勋荣誉，是无上荣光的，是激发亿万人民奋勇前行的巨大力量。2017年，由党和国家功勋荣誉表彰工作委员会制定的《中国共产党党内功勋荣誉表彰条例》《国家功勋荣誉表彰条例》《军队功勋荣誉表彰条例》《“共和国勋章”和国家荣誉称号授予办法》《“七一勋章”授予办法》《“八一勋章”授予办法》《“友谊勋章”授予办法》经中共中央批准实施，我国建立了党、国家、军队功勋簿。这标志着以“五章一簿”为主干的统一、规范、权威的中国特色功勋荣誉表彰制度体系已经确立，对于激发全党全军全国各族人民建设富强民主文明和谐的社会主义现代化国家的积极性，实现中华民族伟大复兴中国梦具有重大意义。

亚洲基础设施投资银行

2015年12月26日，《人民日报》一则报道吸引了人们的目光：“本报北京12月25日电，亚洲基础设施投资银行今天正式成立。”

亚洲基础设施投资银行简称亚投行，总部设在北京，是一个政府间性质的亚洲区域多边开发机构，重点支持基础设施建设，旨在促进亚洲区域建设互联互通和经济一体化的进程，并且加强中国及其他亚洲国家和地区的合作。亚投行的筹备成立历经800多天，于2013年10月首次由中国国家主席习近平在访问印度尼西亚期间提出倡议，得到众多国家的积极响应和广泛支持。经过亚投行东道国中国与相关国家5次多边磋商、无数次双边磋商、8

次筹建首席谈判代表会议，倡议终于变为现实。截至 2015 年 12 月，已有 17 个意向创始成员国批准了《亚洲基础设施投资银行协定》，股份总和占比 50.1%，达到成立标准，亚投行宣告正式成立，并于 2016 年 1 月 16 日正式开业。

亚投行的发展充分展现了中国的国际公信力和负责任大国的担当。虽然中国是亚投行的最大股东，但中方从一开始就一再申明，亚投行是一个开放的、包容的多边开发银行，欢迎所有有兴趣的域内外国家加入，共同为促进亚洲地区基础设施建设和经济发展作出贡献；而且中国坚定支持按照多边开发银行模式和原则运作。成立后，亚投行的"朋友圈"不断壮大，截至 2021 年 10 月，

⊙ 北京：亚洲基础设施投资银行总部

亚投行已经由最初57个创始成员发展到来自亚洲、欧洲、非洲、北美洲、南美洲、大洋洲等六大洲的104个成员。亚投行通过对相关国家基础设施建设提供贷款，不仅提升了当地发展水平，点亮了各方发展繁荣的大道，还成为促进成员共同发展、推动构建人类命运共同体的新平台。

新冠肺炎疫情以来，亚投行通过设立“新冠肺炎危机恢复基金”，为紧急公共卫生需求提供资金支持。截至2021年10月，恢复基金的规模经多次扩大已达130亿美元，已批准超过100亿美元贷款，帮助20多个成员抗击疫情和稳定经济，如向巴基斯坦提供2.5亿美元贷款，为该国应对新冠肺炎疫情提供帮助；批准4500万欧元贷款，帮助格鲁吉亚政府应对疫情带来的冲击；贷款1亿美元给越南的商业银行，支持该国企业复苏……在新冠疫苗研制取得重要进展后，亚投行还积极帮助其成员获取新冠疫苗。

热河
2013年
2014年
2015年
2016年
2017年

医保整合

2016 年 1 月 3 日，国务院印发《关于整合城乡居民基本医疗保险制度的意见》(以下简称《意见》)，提出整合城镇居民基本医疗保险和新型农村合作医疗，建立统一的城乡居民基本医疗保险制度。这是我国推进医药卫生体制改革、实现城乡居民公平享有基本医疗保险权益、促进社会公平正义、增进人民福祉的重大举措。

到 2015 年底，我国已形成由职工医保、城镇居民医保、新农合医保 3 项制度构成的全民基本医疗保险体系，覆盖 13 亿人。这 3 项医保制度，在不同时期针对不同人群相继建立，在保障群众基本医疗、防止因病致贫等方面都发挥了重要作用。然而，这种体制分割、制度分设、经办分散的城乡二元结构也带来了不公平的问题。特别是城镇居民医保和新农合，筹资模式、缴费标准相近，享受待遇却有较大差别。同一种病、同一家医院治疗，参加新农合的患者所报销金额要比参加城镇居民医保的患者低不少。

《意见》的印发实施，正是为了解决这些突出问题，也意味着城乡居民医保制度开始整合。整合后，城乡居民医保实现了“六统一”，保障更加公平：统一覆盖范围，城乡居民医保制度覆盖除职工基本医疗保险应参保人员以外的其他所有城乡居民；统一筹资政策，坚持多渠道筹资，合理确定城乡统一的筹资标准，现有城镇居民医保和新农合个人缴费标准差距较大地区可采取差别缴费的办法逐步过渡；统一保障待遇，逐步统一保障范围和支付标准，政策范围内住院费用支付比例保持在 75% 左右，逐步提高门诊保障水平；统一医保目录，由各省（区、市）在现有城镇居民医保和新农合目录的基础上，适当考虑参保人员需求变化，制定统一的医保药品和医疗服务项目目录；统一定点管理，统一定点机构管理办法，强化定点服务协议管理，建立健全考核评价机制和动态的准入退出机制；统一基金管理，城乡居民医保执行国家统一的基金财务制度、会计制度和基金预决算管理制度。

城乡居民医保制度整合后，参保人员特别是农村居民的待遇水平显著改善，我国的医保制度更加公平。参保人员，不分城乡，参加统一的城乡居民医保制度，按照统一的政策参保缴费和享受待遇，能够更加公平地享有基本医疗保障权益。城乡居民医保整合后，报销就高不就低、用药就宽不就窄、定点医院就多不就少，居民看病负担减轻了；参保人员特别是农村居民，可选择的定点医疗机构成倍增加，求医问药选择更多，老百姓看病更方便。据统计，过去在山东省参加新农合的农村居民只有 1100 种药品可以报销，而整合后的医保目录达到 2400 种药品，扩充了一倍有余。重庆市城乡医保整合后，全市 40 个区县全部联网，100% 的乡镇实现联网就医，95% 的村卫生室可刷卡就医，3200 多万城乡居民医保参保人员能够在近 3000 家定点医疗机构、5000 多家定点药店就医购药刷卡结算。

城乡医保整合制度扩大了城乡居民就医选择范围，提升了公共服务质量，给参保者带来实实在在的好处。

长江经济带建设

说起长江，每个中国人都不陌生，不管是"朝辞白帝彩云间，千里江陵一日还"流畅轻快的自然之美，还是"大江东去，浪淘尽，千古风流人物"辽阔壮丽的历史深厚，又或是"长江后浪推前浪，浮世新人换旧人”催人奋进的生活哲理，都与长江分不开。滔滔长江水既是祖国大好河山，又是绵延千年的中华文明根基，是中华民族的代表性符号和中华文明的标志性象征。

然而，一段时间以来我们又不断听到长江出现枯水、洪灾、污染、物种危机等生态环境恶化的消息。为系统解决这个问题，实现生态环境保护和经济社会发展协同进步，2016 年 1 月 5 日，推动长江经济带发展座谈会在重庆召开。习近平总书记在会上提出了推动长江经济带发展的指导思想。他指出，长江是中华民族的母亲河，也是中华民族发展的重要支撑，推动长江经济带发展必须从中华民族长远利益考虑；要把修复长江生态环境摆在压倒性位置，共抓大保护，不搞大开发，共同努力把长江经济带建成生态更优美、交通更顺畅、经济更协调、市场更统一、机制更科学的黄金经济带。5 月 30 日，中共中央、国务院印发《长江经济带发展规划纲要》（以下简称《纲

⊙江西九江：长江黄金水道上满载货物的货轮缓缓通过江西九江长江大桥段

⊙江西南昌：地处赣江新区的红谷滩新区核心地带的高档写字楼群

⊙重庆：云阳新县城鸟瞰，新的长江经济带曙光初露、魅力无限

要》)，成为推动长江经济带发展重大国家战略的纲领性文件。《纲要》强调，要把保护和修复长江生态环境摆在首要位置，共抓大保护，不搞大开发；要按照全国主体功能区规划要求，建立生态环境硬约束机制，列出负面清单，设定禁止开发的岸线、河段、区域、产业，强化日常监测和问责；要抓紧研究制定和修订相关法律，把全面依法治国的要求覆盖到长江流域。

长江经济带覆盖我国沿江的 11 省市，横跨东中西三大板块，人口规模和经济总量占据全国"半壁江山"，生态地位突出，发展潜力巨大，应在践行新发展理念、构建新发展格局、推动高质量发展中发挥重要作用。2014 年 9 月，国务院印发《关于依托黄金水道推动长江经济带发展的指导意见》，提出要将长江经济带建设成为具有全球影响力的内河经济带、东中西互动合作的协调发展带、沿海沿江沿边全面推进的对内对外开放带和生态文明建设的先行示范带。2016 年正式推出长江经济带发展规划后，2018 年 4 月习近平总书记又在武汉主持召开深入推动长江经济带发展座谈会。他指出，推动长江经济带发展是党中央作出的重大决策，是关系国家发展全局的重大战略，对实现"两个一百年"奋斗目标、实现中华民族伟大复兴的中国梦具有重要意义。他强调，新形势下推动长江经济带发展，关键是要正确把握整体推进和重点突破、生态环境保护和经济发展、总体谋划和久久为功、破除旧动能和培育新动能、自身发展和协同发展等关系。

作为长江经济带的"龙头"，长江三角洲地区有独特的重要性。这片区域是长江经济带与"一带一路"合作建设的交汇点，约占全国经济总量的四分之一，在实现新时代高质量发展中被赋予更重要的使命，旨在打造新的经济增长引擎。2018 年 11 月，在出席首届中国国际进口博览会开幕式的主旨演讲中，习近平总书记明确表示支持长江三角洲区域一体化发展并上升为国家战略，着力落实新发展理念，构建现代化经济体系，推进更高起点的深化改革和更高层次的对外开放，同“一带一路”建设、京津冀协同发展、长江经济带发展、粤港澳大湾区建设相互配合，完善中国改革开放空间布局。2019 年 5 月，中共中央、国务院印发《长江三角洲区域一体化发展规划纲要》，明确“实施长三角一体化发展战略，是引领全国高质量发展、完善我国改革开放空间布局、打造我国发展强劲活跃增长极的重大战略举措”。

总之，中共十八大以来，随着推动长江经济带发展战略的提出，长江沿江地区的生态环境不断改善，经济发展持续向好，正走上绿色发展的康庄大道。2020 年 11 月 14 日，习近平总书记在江苏南京主持召开全面推动长江经济带发展座谈会，他强调：“五年来，在党中央坚强领导下，沿江省市推进生态环境整治，促进经济社会发展全面绿色转型，力度之大、规模之广、影响之深，前所未有，长江经济带生态环境保护发生了转折性变化，经济社会发展取得历史性成就。”长江经济带战略有力地推动了长江经济带高质量发展，实现“人民保护长江、长江造福人民”的良性循环，假以时日，我们一定能让“一江碧水向东流”的胜景早日重现，让中华民族母亲河永葆生机活力。

新型政商关系

政商关系不仅关涉营商环境，而且反映党风、政风和社风。2016 年 3 月 4 日，习近平总书记在看望参加全国政协十二届四次会议的民建、工商联委员并参加联组会时指出：新型政商关系，概括起来说就是“亲”“清”两个字。对领导干部而言，所谓“亲”，就是要坦荡真诚同民营企业接触交往，特别是在民营企业遇到困难和问题情况下更要积极作为、靠前服务，对非公有制经济人士多关注、多谈心、多引导，帮助解决实际困难；所谓“清”，就是同民营企业家的关系要清白、纯洁，不能有贪心私心，不能以权谋私，不能搞权钱交易。对民营企业家而言，所谓“亲”，就是积极主动同各级党委和政府及部门多沟通多交流，讲真话，说实情，建诤言，满腔热情支持地方发展；所谓“清”，就是要洁身自好、走正道，做到遵纪守法办企业、光明正大搞经营。

习近平总书记用“亲”“清”二字，言简意赅地概括了新型政商关系，为纯洁政治生态、重塑政商关系指明了努力方向，有利于为企业家干事创业创造良好环境。2017 年 10 月中共十九大报告提出“构建亲清新型政商关系，促进非公有制经济健康发展和非公有制经济人士健康成长”的号召。

从党员干部的角度来说，经济工作是党的中心工作，企业是市场的主体，不论是国有企业还是民营企业，干部不和企业家打交道，就不可能做好经济工作，更谈不上加快发展。“亲”是情感纽带，领导干部应当了解企业和企业家所思所想，积极作为、靠前服务，积极主动服务企业，坦荡真诚地和企业家交朋友；“清”是原则底线，政商各归其位，领导干部与企业家打交道时要守住底线、把好分寸，自觉树立拒腐防腐意识，杜绝权力与资本勾连，在市场准入、运转过程中明确规则意识、程序意识、法治意识。就此，2020 年 7 月习近平总书记在企业家座谈会上再次强调：“各级领导干部要光明磊落同企业交往，了解企业家所思所想、所困所惑，涉企政策制定要多听企业家意见和建议，同时要坚决防止权钱交易、商业贿赂等问题损害政商关系和营商环境。”

从企业家角度来说，他们是营商环境最直接的感受者和参与者。民营企业家要说真话、真说话，守规矩老实办企业，发扬企业家精神，一起为地方经济发展献谋献策，为构建“亲”“清”新型政商关系努力。

从制度设计角度来说，也要完善“亲”“清”新型政商关系约束及监督机制的制度设计，要健全政企沟通协商制度，完善民营企业权益维护机制；要细化政商交往规范，设置负面清单，明晰政商交往的界限和禁区、红线和底线；要压实各级党委、政府以及政务服务机构和平台的主体责任等，切实落实建立“亲”“清”新型政商关系体系的目标。

工匠精神

“工匠精神”是2016年《政府工作报告》的新词，报告首提“培育精益求精的工匠精神”，以促进消费品增品种、提品质、创品牌，更好满足群众消费升级需求。此后，“工匠精神”一词迅速成为流行热词。

工匠精神是以爱国主义为核心的民族精神和以改革创新为核心的时代精神的生动体现，它包含有“执着专注、精益求精、一丝不苟、追求卓越”的丰富内涵。习近平总书记强调：“各级党委和政府要高度重视技能人才工作，大力弘扬劳模精神、劳动精神、工匠精神，激励更多劳动者特别是青年一代走技能成才、技能报国之路，培养更多高技能人才和大国工匠，为全面建设社会主义现代化国家提供有力人才保障。”

⊙福建宁德：畲族老银匠钟伏松坚守传统技艺

⊙新疆乌鲁木齐：艾尔肯·吾甫尔在制作柯坪木勺

⊙浙江杭州：国家级非物质文化遗产鸡血石雕传承人钱高潮正在创作石雕

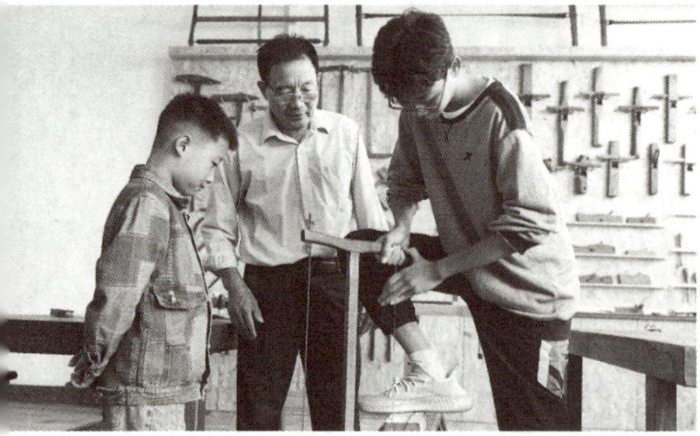

⊙河北石家庄："杨氏家具制作技艺"非遗传承人杨生辰向小朋友传授打卯开榫

工匠精神是我们每个人应该追求的职业道德、职业能力、职业品质。工匠精神包含着"择一事终一生"的执着专注，对自己的工作和劳动价值的高度认同，是长期坚守本职工作的执着；包含着"干一行专一行"的精益求精，对自己的产品和成果强烈的精品意识，是为打造完美作品不惜花费无数时间和精力的追求；包含着"偏毫厘不敢安"的一丝不苟，在认真、细致的细节追求中打磨成就高品质；包含着"千万锤成一器"的卓越追求，对自身技艺和工作对象的不断提升、创新。

社会主义事业是干出来的，新时代是奋斗出来的。当前我们更需要大国工匠、呼唤工匠精神，让崇尚工匠精神的理念深入人心，让每一位劳动者在新时代书写出更多更精彩更动人的"工匠故事"。

“营改增”

2016年3月24日，财政部、国家税务总局向社会公布了《营业税改征增值税试点实施办法》。经国务院批准，自2016年5月1日起，在全国范围内全面推开营改增试点，建筑业、房地产业、金融业、生活服务业等全部营业税纳税人，纳入试点范围，由缴纳营业税改为缴纳增值税。与此同时，财政部、国家税务总局还公布了《营业税改征增值税试点有关事项的规定》《营业税改征增值税试点过渡政策的规定》和《跨境应税行为适用增值税零税率和免税政策的规定》。这意味着，营业税改征增值税所涉及的实施细则及配套文件全部“亮相”，自1994年分税制改革以来最重要的一项税制改革全面铺开。

全面实施营改增，是落实中共十八届三中全会决定的一项重要举措，也是推动供给侧结构性改革的一项重要举措。过去，增值税主要以第二产业为征收对象，营业税则主要以第三产业为征收对象。税制不统一，助推了产业发展的不平衡，同时也加剧了税收不公平。而且，营业税重复征税的现象尤其突出，且缺乏明晰的抵扣机制设计。因而，尽快实施以营改增为主的税制改革，是创造公平竞争环境、推动经济结构优化转型、生成新的经济增长点的迫切要求。在此背景下，全面实施营改增为主的税制改革，是创造公平竞争环境、推动经济结构优化转型、生成新的经济增长点的迫切要求。据统计，营改增试点以后，第三产业投资规模明显扩大，占全社会固定资产投资比重由2012年的52.6%提高到2015年的56.6%；第三产业增加值占GDP的比重也逐步提高，由2012年的45.5%逐年提高到2015年的50.5%，首次过半。

2016年5月1日开始的全面推开营改增试点，其主要内容为

“双扩”，即：一是将试点范围扩到建筑业、房地产业、金融业和生活服务业，实现增值税对货物和服务的全覆盖，试点完成后营业税将退出历史舞台；二是将所有企业新增不动产所含增值税纳入抵扣范围，比较完整地实现了规范的消费型增值税制度。通过统一税制，贯通服务业内部和二、三产业之间抵扣链条，从制度上消除重复征税；同时，将不动产纳入抵扣范围，比较完整地实现向消费型增值税的转型。此次新增试点的建筑业、房地产业、金融业和生活服务业等四大行业涉及纳税人1100多万户，营业税占原营业税总收入的比例约80%，改革涉及面也更广。全面推进营改增改革，有利于给企业增加活力，给经济增加动力，用政府收入的“减法”，换取企业效益的“加法”和市场活力的“乘法”。同时，可以有力促进产业分工优化，拉长产业链，带动制造业升级。可以说，营改增是创新驱动的“信号源”，也是经济转型升级的强大“助推器”。

截至2017年5月，全面推开营改增试点一年后，超过98%的试点纳税人实现了税负的下降或持平，越来越多的纳税人享受到改革带来的减税红利。这项改革在促进经济结构调整、激发企业创新活力等方面，发挥了多重积极效应，为世界税制改革提供了“中国样本”。

雄安新区

清风吹拂，碧波荡漾，春夏之交的白洋淀，到处是生机勃发的景象。2016年3月24日，中共中央政治局常委会会议听取关于北京城市副中心和疏解北京非首都功能集中承载地有关情况的汇报，确定疏解北京非首都功能集中承载地新区规划选址并同意定名为“雄安新区”。5月27日，中共中央政治局会议审议《关于规划建设北京城市副中心和研究设立河北雄安新区的有关情况的汇报》，“雄安新区”首次出现在汇报稿的标题之中。习近平总书记在会上指出：建设北京城市副中心和雄安新区两个新城，形成北京新的“两翼”，是千年大计、国家大事。他强调：“雄安新区是党中央批准的首都功能拓展区，同上海浦东、广东深圳那样具有全国意义，这个定位一定要把握好。”

2017年2月，早春的燕赵大地迎来一位特殊的客人，习近平总书记从中南海出发，驱车100多千米，实地考察河北省安新县和白洋淀生态保护区，了解有关情况，亲自主持会议听取汇报，并就雄安新区规划建设工作发表重要讲话。他强调指出，雄安新区定位首先是疏解北京非首都功能集中承载地，重点是承接北京非首都功能疏解和人口转移，要用最先进的理念和国际一流的水

⊙河北雄安新区：白洋淀景色

准设计建设，坚持“世界眼光、国际标准、中国特色、高点定位”的理念，努力将雄安新区打造成为贯彻新发展理念的创新发展示范区。

2017 年 3 月 28 日，中共中央、国务院发出通知，决定设立河北雄安新区。雄安新区是中共十八大后中央抓的一个新区建设，是继深圳经济特区和上海浦东新区之后又一具有全国意义的新区，也是继规划建设北京城市副中心后又一京津冀协同发展的历史性战略选择。设立雄安新区，是以习近平同志为核心的党中央深入推进京津冀协同发展作出的一项重大决策部署，对于集中疏解北京非首都功能，探索人口经济密集地区优化开发新模式，调整优化京津冀城市布局和空间结构，培育创新驱动发展新引擎，具有重大现实意义和深远历史意义。

规划建设河北雄安新区，是尊重城市建设规律、解决北京“大城市病”问题的关键一招，是创新区域发展路径、打造新的经济增长极的点睛之笔。从国际经验看，解决“大城市病”问题，许多国家都采用“跳出去”建新城的方法。从我国经验看，改革开放以来，我们通过建设深圳经济特区和浦东新区，有力推动了珠三角、长三角地区发展。设立雄安新区，既贯彻了协同发展、创新发展的时代思考，也吸收借鉴了国内外有益经验，为拓展区域发展新空间铺就一条新路。雄安新区不同于一般意义上的新区，其定位首先是疏解北京非首都功能集中承载地。

雄安新区规划范围涉及河北省雄县、容城、安新 3 县及周边部分区域，地处北京、天津、保定腹地，区位优势明显、交通便捷通畅、生态环境优良、资源环境承载能力较强，现有开发程度较低，发展空间充裕，具备高起点高标准开发建设的基本条件。规划建设雄安新区突出了七个方面的重点任务：一是建设绿色智慧新城，建成国际一流、绿色、现代、智慧城市；二是打造优美生态环境，构建蓝绿交织、清新明亮、水城共融的生态城市；三是发展高端高新产业，积极吸纳和集聚创新要素资源，培育新动能；四是提供优质公共服务，建设优质公共设施，创建城市管理新样板；五是构建快捷高效交通网，打造绿色交通体系；六是推进体制机制改革，发挥市场在资源配置中的决定性作用和更好发挥政府作用，激发市场活力；七是扩大全方位对外开放，打造扩大开放新高地和对外合作新平台。

匠心独运丹青手，万里山河起宏图。如今，雄安新区建设正稳扎稳打推进，京津冀协同发展必将蒸蒸日上。

增强“四个意识”

增强“四个意识”，即增强政治意识、大局意识、核心意识、看齐意识。

习近平总书记在许多重要场合对增强“四个意识”作过全面系统深入的论述，特别是2015年在全国党校工作会议上关于“党校姓党”“增强看齐意识”，在庆祝中国共产党成立95周年大会上关于“全党同志要增强政治意识、大局意识、核心意识、看齐意识，切实做到对党忠诚、为党分忧、为党担责、为党尽责”。在2016年12月的中共中央政治局民主生活会上关于“要牢固树立政治意识、大局意识、核心意识、看齐意识，坚持以党的旗帜为旗帜、以党的方向为方向、以党的意志为意志，当政治上的明白人”，在中共十八届中央纪委七次全会上关于“增强政治意识、大局意识、核心意识、看齐意识，最终要落脚在看齐上”等重要论述，对于我们深刻理解和把握增强“四个意识”的科学内涵和精神实质，具有重要指导意义。

增强"四个意识"，作为对广大党员、干部和各级党组织政治上的一项基本要求，归结到一句话，就是要自觉在思想上政治上行动上同以习近平同志为核心的党中央保持高度一致，坚决维护习近平总书记党中央的核心、全党的核心地位，坚决维护党中央权威和集中统一领导。增强"四个意识"、坚定"四个自信"、做到"两个维护"是相辅相成的整体，"四个意识"不牢固、"四个自信"没底气，"两个维护"就不会自觉坚定。

增强政治意识，关键是要始终坚持正确的政治方向，严守政治纪律和政治规矩，维护党的团结统一，做政治上的明白人；增强大局意识，关键是要自觉从大局看问题，把工作放到大局中去思考、定位、摆布，更好地服从和服务于党和国家工作大局，坚决维护大局；增强核心意识，关键是要更加紧密地团结在以习近平同志为核心的党中央周围，更加坚定地维护以习近平同志为核心的党中央权威，自觉同党中央保持高度一致；增强看齐意识，关键是要自觉向以习近平同志为核心的党中央看齐，向党中央的路线方针政策看齐，向党中央各项决策部署看齐。

增强"四个意识"、坚定"四个自信"、做到"两个维护"，是具体的不是抽象的，领导干部特别是高级干部必须从知行合一的角度审视自己、要求自己、检查自己；对党中央决策部署，必须坚定坚决、不折不扣、落实落细；要严守政治纪律，在重大原则问题和大是大非面前，必须立场坚定、旗帜鲜明。

庆祝中国共产党成立 95 周年

2016 年 7 月 1 日，庆祝中国共产党成立 95 周年大会在北京人民大会堂隆重举行。中共中央总书记、国家主席、中央军委主席习近平在大会上发表重要讲话。

讲话指出，我们党已经走过了95年的历程，但我们要永远保持建党时中国共产党人的奋斗精神，永远保持对人民的赤子之心。面向未来，面对挑战，全党同志一定要不忘初心、继续前进。坚持不忘初心、继续前进，就要坚持马克思主义的指导地位，坚持把马克思主义基本原理同当代中国实际和时代特点紧密结合起来，推进理论创新、实践创新，不断把马克思主义中国化推向前进；就要牢记我们党从成立起就把为共产主义、社会主义而奋斗确定为自己的纲领，坚定共产主义远大理想和中国特色社会主义共同理想，不断把为崇高理想奋斗的伟大实践推向前进；就要坚持中国特色社会主义道路自信、理论自信、制度自信、文化自信，坚持党的基本路线不动摇，不断把中国特色社会主义伟大事业推向前进；就要统筹推进“五位一体”总体布局，协调推进“四个全面”战略布局，全力推进全面建成小康社会进程，不断把实现“两个一百年”奋斗目标推向前进；就要坚定不移高举改革开放旗帜，勇于全面深化改革，进一步解放思想、解放和发展社会生产力、解放和增强社会活力，不断把改革开放推向前进；就要坚信党的根基在人民、党的力量在人民，坚持一切为了人民、一切依靠人民，充分

⊙湖北武汉：剧场点亮华灯迎接中国共产党成立95周年

⊙上海：巨幅党旗为党庆生

发挥广大人民群众积极性、主动性、创造性，不断把为人民造福事业推向前进；就要始终不渝走和平发展道路，始终不渝奉行互利共赢的开放战略，加强同各国的友好往来，同各国人民一道，不断把人类和平与发展的崇高事业推向前进；就要保持党的先进性和纯洁性，着力提高执政能力和领导水平，着力增强抵御风险和拒腐防变能力，不断把党的建设新的伟大工程推向前进。

讲话强调，中国特色社会主义最本质的特征是中国共产党领导，中国特色社会主义制度的最大优势是中国共产党领导。一切向前走，都不能忘记走过的路；走得再远、走到再光辉的未来，也不能忘记走过的过去，不能忘记为什么出发。面向未来，面对挑战，全党同志一定要不忘初心、继续前进。

讲话站在历史和全局的战略高度，全面系统回顾总结中国共产党团结带领中国人民不懈奋斗的光辉历程、作出的伟大贡献，深刻阐明中国共产党的原则立场、执政理念和执政方略，鲜明宣示面向未来不忘初心、继续前进的高度自信和坚定决心，是全党全国在新的历史条件下进行具有许多新的历史特点伟大斗争的政治宣言，是指引中国特色社会主义伟大事业不断发展的纲领性文献。

坚定"四个自信"

2016 年 7 月 1 日，习近平总书记在庆祝中国共产党成立 95 周年大会上的讲话中提出："坚持不忘初心、继续前进，就要坚持中国特色社会主义道路自信、理论自信、制度自信、文化自信，坚持党的基本路线不动摇，不断把中国特色社会主义伟大事业推向前进。"将中国特色社会主义文化同中国特色社会主义道路、理论、制度一道，作为中国特色社会主义的重要组成部分，把“三个自信”提升为“四个自信”，凸显了文化在中国特色社会主义事业全局中的重要地位，也标志着中国共产党对中国特色社会主义认识的进一步深化。

“四个自信”是一个有机统一体，相辅相成、彼此互动。

中国特色社会主义道路是实现社会主义现代化、创造人民美好生活的必由之路。道路自信是对中国特色社会主义道路发展方向和未来命运的自信。中国共产党依靠人民，推进改革开放和社会主义现代化建设，走出一条中国特色社会主义道路。中国人民用自己的辛劳和汗水，一砖一瓦建造起中国现代化的高楼大厦，实现了当代人类社会最伟大的经济和社会转型。实践证明，中国特色社会主义道路走得通、走得对、走得好，是一条既符合中国国情，又适合时代发展要求并取得巨大成功的唯一正确道路。只有这条道路而没有别的道路，能够引领中国进步、增进人民福祉、实现民族复兴。

中国特色社会主义理论体系是指导党和人民实现中华民族伟大复兴的正确理论。理论自信是对中国特色社会主义理论科学性、真理性、正确性的自信。坚定理论自信，是因为中国特色社会主义理论体系是指导党和人民实现中华民族伟大复兴的正确理论，是立于时代前沿、与时俱进的科学理论。这一理论体系是科学的，它体现了马克思主义的根本立场，贯穿了辩证唯物主义和历史唯物主义的世界观方法论，具有无可比拟的真理力量。

中国特色社会主义制度是当代中国发展进步的根本制度保障。制度自信是对中国特色社会主义制度先进性和优越性的自信。中国共产党领导是中国特色社会主义最本质的特征，是中国特色社会主义制度的最大优势。中国特色社会主义制度具有强大生命力和巨大优越性，是一套行得通、真管用、有效率的制度体系。必须始终坚定制度自信，坚持好、巩固好、完善好我国国家制度和国家治理体系，不断把制度优势更好转化为治理效能。

中国特色社会主义文化是激励全党全国各族人民奋勇前进的强大精神力量。文化自信是对中国特色社会主义文化生命力的信念。坚定中国特色社会主义道路自信、理论自信、制度自信，说到底是要坚定文化自信。中国特色社会主义文化源自于中华民族5000多年文明历史所孕育的中华优秀传统文化，熔铸于中国共产党领导人民在革命、建设、改革中创造的革命文化和社会主义先进文化，植根于中国特色社会主义伟大实践。文化自信从历史传承中来、从革命奋斗中来、从改革创新中来。坚定文化自信，是事关国运兴衰、事关文化安全、事关民族精神独立性的大问题。

要不断推进中国特色社会主义伟大事业、创造新的伟大奇迹，必须始终坚定"四个自信"。习近平总书记豪迈地宣示："当今世界，要说哪个政党、哪个国家、哪个民族能够自信的话，那中国共产党、中华人民共和国、中华民族是最有理由自信的。"这个自信就是中国特色社会主义道路自信、理论自信、制度自信、文化自信。在全面建设社会主义现代化国家新征程上，坚定"四个自信"，我们就能毫无畏惧战胜一切困难和挑战，就能坚定不移开辟新天地、创造新奇迹。

洪荒之力

2016年8月8日，第三十一届奥林匹克运动会在巴西里约热内卢举行。在女子100米仰泳比赛中，20岁的泳坛小将傅园慧刚刚结束一轮比赛，气喘吁吁地接受央视记者采访。当她得知自己刚才游出了58秒95的好成绩，顿时瞪大了眼睛，笑容满面地赞扬自己：我游这么快?! 很满意很满意！记者追问：觉得今天这个状态有所保留吗？傅园慧乐呵呵地说：没有保留！我已经用了洪荒之力了！这段简短、轻松的采访至今依然是被人们津津乐道的采访“名场面”，“洪荒之力”由此也成为傅园慧的代名词，一夜之间红遍大江南北。有人说，“洪荒之力”让人看到激烈的竞争也可以放松下来，运动可以充满乐趣。

⊙巴西里约热内卢：2016里约奥运会游泳比赛女子100米仰泳决赛——傅园慧摘铜

此届奥运会，中国代表团以26枚金牌、18枚银牌、26枚铜牌，位列奖牌榜第三，并创下多项世界纪录。傅园慧本人也以并列第三的好成绩，为中国赢得了一枚铜牌，打破了中国在奥运会仰泳项目无奖牌的纪录。开朗、自信、直率的傅园慧成为本届奥运会给国人留下的最深刻印象的运动员。她放下精神负担、享受体育之美的率真和真诚，引起了人们的强烈共鸣。“不按套路出牌”的傅园慧赞扬自己时表露的坦率、自信以及新鲜活泼，都让在她作为一个顶尖运动员之外的个人形象格外立体，是释放了个性范儿的另一种赛场之美。

这是我国经济社会文化发展状况的一个反映。近年来，随着生活水平的提高，我国的许多专业运动员能够在多元选择中，出于兴趣和天赋走上竞技之路，他们的心态更为轻松、阳光。赛前刻苦训练、赛时认真投入，赛后释放自己。傅园慧正是这种运动员新形象与新心态的代表。

这更是我们国家民众心理的一大折射。我国逐渐迈向体育强国，亿万观众也逐渐不再"唯金牌论英雄"，单纯享受观看世界级体育竞技带来的快乐本身也成为人们自然而然的选择。场上场下，前方后方，选手观众，人们共同沉醉于比赛的力与美，享受参与的激情与乐趣。平和、理性的社会心态更是源于国家整体实力的增强。因为国家实力增强带来的自信，国人也不再斤斤计较于一时的奖牌得失，而是释放出更多的包容、鼓励与善意。

杭州 G20 峰会

西湖苏堤上，有玉带桥拱如朗月，长虹卧波，人称"玉带晴虹"，是著名的西湖十八景之一，是典型的小桥流水的江南风光。2016 年 9 月，随着杭州牵手二十国集团（G20）领导人峰会，玉带桥也作为原型，绘成峰会会标，从江南一景走入世界视野。

二十国集团领导人第十一次峰会于 2016 年 9 月在中国杭州举行，由阿根廷、澳大利亚、巴西、加拿大、中国、法国、德国、印度、印度尼西亚、意大利、日本、韩国、墨西哥、俄罗斯、沙特阿拉伯、南非、土耳其、英国、美国、欧盟等 20 方组成的世界主要经济体领导人聚首于此，讨论全球经济金融治理的重大议题。

G20 由七国集团财长会议于 1999 年倡议成立，2005 年时任加拿大总理马丁曾经倡议将 G20 提升为领导人峰会，因美国态度不积极而未果。国际金融危机爆发后，在美国倡议下，G20 提升为领导人峰会。2009 年 9 月举行的匹兹堡峰会将 G20 确定为国际经济合作主要论坛，标志着全球经济治理改革取得重要进展。此后，G20 机制形成以峰会为引领、协调人和财金"双轨"沟通为支撑、部长级会议和工作组为辅助的架构。

⊙浙江杭州：钱江新城爆红成热门景点

中国是2016年G20轮值主席国。9月4日至5日，以“构建创新、活力、联动、包容的世界经济”为主题的二十国集团领导人第十一次峰会在中国杭州召开，中国国家主席习近平全程主持会议。峰会上，习近平主席以历史的眼光和宏阔的视野，回顾中国改革开放的伟大征程，系统介绍中国在新的历史起点上的发展理念，提出共同构建创新型、开放型、联动型和包容型世界经济的主张，首次全面阐述中方的全球经济治理观，为达成“杭州共识”贡献了重要的中国理念和中国智慧。《构建创新、活力、联动、包容的世界经济》的开幕辞着眼于G20的发展机制，为世界经济开出一剂标本兼治、综合施策的药方，让世界经济走上强劲、可持续、平衡、包容增长之路。指出：面对当前挑战，二十国集团要与时俱进、知行合一、共建共享、同舟共济，为世界经济繁荣稳定把握好大方向，让世界经济走上强劲、可持续、平衡、包容增长之路。这个倡议首次全面阐述中方的全球经济治理观，贡献了重要的中国理念和中国智慧，展现了一个负责任大国的胸怀和担当。

2016年的G20峰会通过了《二十国集团领导人杭州峰会公报》和28份具体成果文件，形成了推动世界经济强劲、可持续、平衡、包容增长的“杭州共识”。在中国政府的努力下，杭州峰会成为发展中国家参加最多的一次G20峰会，充分体现了全球经济的新格局。

天宫二号

2016年9月15日是中秋节。在这个月圆人团圆的特殊日子里，搭载天宫二号空间实验室的长征二号F T2运载火箭，在我国酒泉卫星发射中心点火发射。

大漠戈壁，皓月当空，22时04分，火箭托举着天宫二号拔地而起，如利剑出鞘，直刺苍穹，照亮夜空。这一刻，酒泉发射中心现场的人们、北京航天飞控中心的工作人员，守在电视机前观看直播的中华儿女们，以及全球关心关注中国航天事业的人们，都凝神屏息，注视着腾飞的火箭，飞向深邃浩渺的太空。随着“飞行正常、遥测正常！”“助推器分离！”“火箭一二级分离！”“抛整流罩！”“器箭分离！”等报告声接连响起，人们的心情紧张而激动。火箭升空约575秒后，天宫二号与火箭成功分离，进入预定轨道，“太阳帆板展开，工况正常！”的报告声终于传来，发射取得圆满成功，掌声雷鸣、欢呼雷鸣，响彻祖国的四面八方！

天宫二号是一个独立飞行、长期在轨、短期有人照料的载人飞行器，是我国第一个真正意义上的空间实验室。它是在天宫一号目标飞行器备份产品的基础上改进研制而成，全长10.4米，最大直径3.35米，太阳翼展宽约18.4米，重8.6吨，采用实验舱和资源舱两舱构型，重8.6吨，设计在轨寿命不小于2年；为满足中

⊙广东深圳：天宫二号模拟舱

期驻留需要，对载人宜居环境进行了重大改善，具备支持两名航天员在轨工作、生活30天的能力，其主要任务是接受载人飞船和货运飞船访问，开展空间科学实验和相关技术试验，验证空间站建造和运营相关关键技术。英国知名学术杂志《自然》在其网站发表《中国发射第二个空间实验室》的文章，认为天宫二号的成功发射意味着中国朝未来建立国际空间站的目标又成功迈进了一大步。中国在空间科学领域近年来进展十分迅速，中国正变成全球科研人员测试空间科学理论的“激动人心之地”。

10月17日7时49分，执行与天宫二号交会对接任务的神舟十一号载人飞船，在酒泉卫星发射中心发射升空后准确进入预定轨道，顺利将两名航天员送上太空。10月19日3时31分，神舟十一号载人飞船与天宫二号空间实验室成功实现自动交会对接，这是天宫二号自9月15日发射入轨以来，与神舟飞船开展的首次交会对接。6时32分，两名航天员以飘浮姿态先后进入天宫二号空间实验室，顺利实现入驻。在轨飞行期间，两名航天员在天宫二号与神舟十一号组合体内开展了为期30天的驻留，完成一系列空间科学实验和技术试验。11月17日12时41分，神舟十一号飞船与天宫二号空间实验室成功实施分离，两名航天员踏上返回之旅。18 日 13 时 59 分，神舟十一号飞船返回舱在内蒙古中部预定区域成功着陆。

天宫二号和神舟十一号载人飞行任务圆满成功，首次实现了我国航天员中期在轨驻留，并开展一批体现国际科学前沿和高新技术发展方向的空间科学与应用任务，标志着我国载人航天工程取得了新的重大进展。

河长制

保护江河湖泊，事关人民群众福祉，事关中华民族长远发展。2016 年 10 月 11 日，习近平总书记主持召开中央全面深化改革领导小组第二十八次会议，审议通过《关于全面推行河长制的意见》。11 月 28 日 ，中共中央办公厅、国务院办公厅印发《关于全面推行河长制的意见》，对加强河湖管理工作，落实属地责任，健全长效机制，全面推行河长制提出了明确要求。在 2017 年的新年贺词中，习近平总书记特别强调："每条河流要有'河长'了。"

⊙福建厦门：福建河湖长制，绘就水清岸绿"幸福图"

河湖管理保护是一项复杂的系统工程，涉及上下游、左右岸、不同行政区域和行业。这一制度的诞生，源于无锡太湖蓝藻暴发事件的问责督办，成型于江苏太湖流域的推广。2007 年"太湖蓝藻事件"，给无锡敲响警钟。河道常年淤积、企业非法排污、农业面源污染，治水千头万绪，从哪里下手？“有责任，才能有压力、有动力。”无锡首创河长管水，党政负责人担任起64条河流的河长，变“多头治水”为“一龙治水”。河长制实行一年，辖区主要河流考核断面达标率从53.2%提高到71.1%。到2013年，13条主要入太湖河流全部消除劣五类水。实践证明，全面推行河长制是落实绿色发展理念、推进生态文明建设的内在要求，是解决我国复杂水问题、维护河湖健康生命的有效举措，是完善水治理体系、保障国家水安全的制度创新。

河长制是我国着力打好碧水保卫战、践行“绿水青山就是金山银山”发展理念的重要行动。全面推行河长制核心是实行党政领导特别是主要领导负责制，是党政领导担当精神和责任意识的直接体现。山水林田湖是一个生命共同体，江河湖泊是

⊙江苏南京：全面推行河长制专职人员进行河道日常清理

⊙江苏南通：春早河长勤，巡河治河忙

⊙重庆：跟着基层女河长去巡河

流动的生命系统。河湖之病表现在水里，根子在岸上。解决河湖管理保护这个难题，必须实行"一把手"工程，真正做到守河有责、守河担责、守河尽责。截至 2018 年 6 月底，31 个省（区、市）全部建立河长制，比中央要求的时间提前了半年。从大江大河到家乡的小河，百万河长上岗，每条河流都有了"健康守护人"。全国省、市、县、乡四级 30 多万名河长中，省级河长有 402 人，其中 59 位省级党政主要负责人担任总河长。29 个省（区、市）将河长体系延伸至村，设立 76 万多名村级河长，打通河长制"最后一公里"，实现"每条河流都有河长"的目标。

在全面推行河长制等有力举措的推动下，我国水污染防治成果显著，水环境质量得到改善。2019 年，899 个县级水源地 3626 个问题已整治完成 3624 个；全面完成长江入海、渤海入海排污口排查，长江经济带 95% 的省级及以上工业园区建成污水处理设施并安装在线监测装置；长江、黄河、珠江、松花江、淮河、海河、辽河七大流域和浙闽片河流、西北诸河、西南诸河监测的 1610 个水质断面中，I 至 III 类水质断面占 79.1%，同比上升 4.8 个百分点，劣 V 类占 3.0%，同比下降 3.9 个百分点……

"绿水青山就是金山银山"，河湖生命得到永续健康，美丽中国的图景渐行渐近。

"健康中国 2030"

2016 年 10 月 17 日，中共中央、国务院印发《"健康中国 2030"规划纲要》（以下简称《纲要》），提出到 2030 年我国主要健康指标进入高收入国家行列，人均预期寿命较 2015 年的 76.34 岁继续增长，达到 79 岁。《纲要》与人们的生活紧密相关，引发热议。

《纲要》提出健康中国建设“三步走”的战略目标：到2020年，建立覆盖城乡居民的中国特色基本医疗卫生制度，健康素养水平持续提高，健康服务体系完善高效，人人享有基本医疗卫生服务和基本体育健身服务，基本形成内涵丰富、结构合理的健康产业体系，主要健康指标居于中高收入国家前列；到2030年，促进全民健康的制度体系更加完善，健康领域发展更加协调，健康生活方式得到普及，健康服务质量和健康保障水平不断提高，健康产业繁荣发展，基本实现健康公平，主要健康指标进入高收入国家行列；到2050年，建成与社会主义现代化国家相适应的健康国家。

《纲要》是中共中央满足人民对健康的期盼、推进健康中国建设的重大战略。中共十八大以来，以习近平同志为核心的党中央高度重视人民群众健康，中共十八届五中全会明确提出推进健康中国建设，从“五位一体”总体布局和“四个全面”战略布局出发，对当前和今后一个时期更好保障人民健康作出了制度性安排。2016年8月，习近平总书记在全国卫生与健康大会上强调，要把人民健康放在优先发展的战略地位，加快推进健康中国建设，努力全方位、全周期保障人民健康。8月26日，习近平总书记主持召开中共中央政治局会议，审议《纲要》。会议强调，编制和实施《“健康中国2030”规划纲要》是贯彻落实党的十八届五中全会精神、保障人民健康的重大举措，对全面建成小康社会、加快推进社会主义现代化具有重大意义；要坚持以人民为中心的发展思想，全方位、全周期保障人民健康，大幅提高健康水平，显著改善健康公平。

健康是促进人的全面发展的必然要求，是经济社会发展的基础条件，是民族昌盛和国家富强的重要标志，也是广大人民群众的共同追求。《纲要》是推进健康中国建设的宏伟蓝图和行动纲领。它的印发实施，为保障人民健康作出制度性安排，为未来十五年推进健康中国建设提供了行动指南。

热河
2014年
2015年
2016年
2017年
2018年

撸起袖子加油干

“撸起袖子加油干”是习近平总书记2017年新年贺词中的话。习近平总书记指出：“上下同欲者胜。只要我们13亿多人民和衷共济，只要我们党永远同人民站在一起，大家撸起袖子加油干，我们就一定能够走好我们这一代人的长征路。”在中共中央、国务院举行的2017年春节团拜会上，习近平总书记强调，“全党全军全国各族人民要在中国共产党领导下，闻鸡起舞，登高望远，撸起袖子加油干，继续向着全面建成小康社会的奋斗目标进发，继续向着中华民族伟大复兴的中国梦进发，继续向着构建人类命运共同体的美好前景进发，在我们广袤的国土上，书写13亿多中国人民伟大奋斗的历史新篇章！这句“撸起袖子加油干”形象生动、温暖人心、催人奋进，一经发表就迅速成为媒体平台和社会

⊙北京：“撸起袖子加油干”花坛亮相西三环

流行语。

撸起袖子加油干的实质是实干精神。这是中华民族优秀品质的生动体现，也是中国共产党优良传统和作风的生动展现。古人曰："道虽迩，不行不至；事虽小，不为不成"，"为政贵在行，以实则治，以文则不治"。战国时期的赵括，只会"纸上谈兵"，以致40万赵军全军覆没，赵国从此一蹶不振直至灭亡。此类误国之鉴，发人深省。毛泽东要求共产党员一定要有"认真实干"的精神，强调"一件事不做则已，做则必做到底，做到最后胜利"，"什么东西只有抓得很紧，毫不放松，才能抓住。抓而不紧，等于不抓"。邓小平强调"多做实事，少说空话"，凡事都"要落在实处"，"开会、讲话都要解决问题"。

空谈误国，实干兴邦。实现中华民族伟大复兴中国梦，光有想法是不行的，还要立足实践、付诸行动。我们每个人都应该在逐梦之路上，撸起袖子，在实践中培养能力，在奋斗中锤炼品质，用实干成就梦想。

共促全球发展

2017年1月17日，习近平主席出席达沃斯世界经济论坛2017年年会开幕式并发表主旨演讲，强调要坚定不移推进经济全球化，引导好经济全球化走向，打造富有活力的增长模式、开放共赢的合作模式、公正合理的治理模式、平衡普惠的发展模式，牢固树立人类命运共同体意识，共同担当，同舟共济，共促全球发展。

习近平主席指出，当世界经济处于下行期的时候，全球经济蛋糕不容易做大，甚至变小了，增长和分配、资本和劳动、效率和公平的矛盾就会更加突出，发达国家和发展中国家都会感受到压力和冲击。反全球化的呼声，反映了经济全球化进程的不足。但我们不能就此把经济全球化一棍子打死。我们要主动作为、适度管理，让经济全球化的正面效应更多释放出来，实现经济全球化进程再平衡。

具体来说，一是坚持创新驱动，打造富有活力的增长模式。世界经济面临的根本问题是增长动力不足。创新是引领发展的第一动力。与以往历次工业革命相比，第四次工业革命是以指数级而非线性速度展开。我们必须在创新中寻找出路。只有敢于创新、勇于变革，才能突破世界经济增长和发展的瓶颈。二是坚持协同联动，打造开放共赢的合作模式。人类已经成为你中有我、我中有你的命运共同体，利益高度融合，彼此相互依存。每个国家都有发展权利，同时都应该在更加广阔的层面考虑自身利益，不能以损害其他国家利益为代价。三是坚持与时俱进，打造公正合理的治理模式。全球经济治理体系变革紧迫性越来越突出，国际社会呼声越来越高。全球治理体系只有适应国际经济格局新要求，才能为全球经济提供有力保障。四是坚持公平包容，打造平衡普惠的发展模式。发展的目的是造福人民。要让发展更加平衡，让发展机会更加均等、发展成果人人共享，就要完善发展理念和模式，提升发展公平性、有效性、协同性。

数字经济发展的新篇章

如今，很多人的一天可能是这样度过的：在手机上一键下单点早餐外卖，扫二维码骑共享单车上班；工作时，打开在线办公软件进行远程会议，休息时在电商平台购置生活所需；回家后，语音呼叫打开电视，进行影视点播……一大批数字技术应用已经走进现实。

日益便捷的数字化生活背后，是我国数字经济的蓬勃发展。2017 年 1 月 17 日，习近平主席在瑞士达沃斯举行的世界经济论坛 2017 年年会开幕式上指出："我们要创新增长方式，把握好新一轮产业革命、数字经济等带来的机遇，既应对好气候变化、人口老龄化等带来的挑战，也化解掉信息化、自动化等给就业带来的冲击，在培育新产业新业态新模式过程中注意创造新的就业机会，让各国人民重拾信心和希望。"2017 年 3 月，数字经济首次写入《政府工作报告》。数字经济发展开启新篇章。

数字经济是一个内涵比较宽泛的概念，凡是直接或间接利用数据来引导资源发挥作用，推动生产力发展的经济形态都可以纳入其范畴。在技术层面，包括大数据、云计算、物联网、区块链、人工智能、5G 通信等新兴技术；在应用层面，"新零售""新制造"等都是其典型代表。数字经济是随着信息技术革命发展而产生的一种新的经济形态，增长非常迅速，并推动了产业界和全社会的数字转型。当前和今后一段时期，全球数字经济将继续迎来快速发展。在这股浪潮之中，新兴产业发展、传统产业转型都将面临前所未有的新机遇。数字经济不仅是中国经济提质增效的新变量，还会成为中国经济转型增长的新蓝海。可以预期，数字经济将为我国经济发展培育新优势、注入新动能，提升我国产业链竞争力和现代化水平，让我们在数字经济时代的国际竞争中赢得主动。

天舟一号

2017 年 4 月 20 日，我国自主研制的首艘货运飞船天舟一号成功发射。至 9 月 22 日，天舟一号顺利完成了 5 个月的"太空快递"

⊙海南文昌：中国太空“快递小哥”——天舟一号飞船升空

使命，进入大气层烧毁。在轨期间，先后顺利完成空间站货物补给、推进剂在轨补加、自主快速交会对接等多项拓展应用和相关试验。作为空间实验室阶段任务收官之战，天舟一号飞行任务的完成标志着我国载人航天工程“三步走”规划“第二步”的实现，也将中国载人航天推进至“空间站时代”。

20世纪90年代，我国载人航天工程确立了“三步走”发展战略：第一步，发射载人飞船，建成初步配套的试验性载人飞船工程，开展空间应用实验；第二步，突破航天员出舱活动技术、空间飞行器的交会对接技术，发射空间实验室，解决有一定规模的、短期有人照料的空间应用问题；第三步，建造空间站，解决有较大规模的、长期有人照料的空间应用问题。

2017年，载人航天工程实施25周年。从无人飞行到载人飞行，从一人一天到多人多天，从舱内实验到出舱活动，从单船飞行到组合体稳定运行……我国先后突破掌握天地往返、空间出舱、交会对接等核心技术，短短二十多年就跨越发达国家近半个世纪的发展历程。

航天事业被形容为“千人一枚箭”“万人一杆枪”。据统计，直接参与载人航天工程研制的研究所、基地一级单位有110多个，配合单位多达上千家，涉及数十万科研工作者。仅航天员搜救一项便涉及外交、交通等多个部门，以及五大战区和陆海空等军种部队，上万人参与其中。可喜的是，“80后”“90后”已成为这项崇高事业的中坚力量，45岁以下担任各系统主任设计师以上的技术骨干已经超过80%，队伍平均年龄仅30多岁。

习近平总书记指出“探索浩瀚宇宙，发展航天事业，建设航天强国，是我们不懈追求的航天梦。”中国航天将继续砥砺奋进，不断创造新成就，实现新跨越。

C919大型客机首飞成功

3000米高度，78分钟。2017年5月5日下午，我国自主研制的喷气式大型客机C919在上海浦东国际机场成功完成首次蓝天之旅。飞行记录仪上跳动的每一格里程，都在刷新着中国航空事业的新纪录。C919首飞成功标志着我国大型客机项目取得重大突破，我国成为世界上少数几个拥有研制大型客机能力的国家。

让大飞机早日翱翔蓝天，是几代中国人的梦想。C919是我国首款完全按照国际适航标准和主流市场需求研制的干线飞机，被认为有望在全球民用干线飞机制造领域打破波音和空客垄断的局面。作为我国首次按照国际适航标准研制的150座级干线客机，C919突破了包括飞机发动机一体化设计、电传飞控系统控制律、主动控制技术等在内的100多项核心关键技术。即使比起在大飞机制造上有深厚的积累的空客和波音，也有自己的竞争力。比如，C919采用了先进气动布局，空气阻力比同类现役机型减少5%，外场噪声比国际民用航空组织第四阶段要求低10分贝以上，二氧化碳排放低12%至15%，直接运营成本降低10%……此外，相

⊙上海：国产大飞机 C919 起飞升空，执行首飞任务

比波音和空客的同等机型，C919 中间座位特别加宽，坐起来也更舒适。

飞机制造被称为现代工业“皇冠”，其研发和制造能力是一个国家航空水平的重要标志，也是一个国家整体实力的重要体现。全球合作程度极高的民机行业，更需要牢牢把握自主创新和核心竞争力。C919 首飞，不单是一架飞机的起飞，也并非一个飞机型号研制成功那么简单，更是中国航空工业和民机事业的起飞——中国由此实现了民机技术集群式突破，形成了大型客机发展核心能力。C919 首飞让中国向实现航空强国梦更近一步，是“中国新的天空骄傲”。

可燃冰试采成功

2017 年，国土资源部中国地质调查局从我国南海神狐海域水深 1266 米海底以下 203—277 米的可燃冰矿藏开采出天然气。自 5 月 10 日试气点火至 7 月 9 日正式实施关井作业，连续试开采 60 天，累计产气超过 30 万立方米，取得了持续产气时间最长、产气总量最大、气流稳定、环境安全等多项重大突破性成果，创造了产气时长和总量的世界纪录。这是我国首次海域可燃冰试采成功，这一成果对促进我国能源安全保障、优化能源结构，甚至对改变世界能源供应格局，都具有里程碑意义。

可燃冰，又称天然气水合物，它是一种甲烷和水分子在低温高压的情况下结合在一起的化合物，因形似冰块却能燃烧而得名，是一种燃烧值高、清洁无污染的新型能源，被看作今后替代石油、煤等传统能源的首选。全球可燃冰研发活跃的国家主要有中国、美国、日本、加拿大、韩国和印度等。其中，美国、加拿大在陆地上进行过试采，但效果不理想。日本于 2013 年在其南海海槽进行了海上试采，但因出砂等技术问题失败。2017 年 4 月日本在同一海域进行第二次试采，第一口试采井累计产气 3.5 万立方米，5 月 15 日再次因出砂问题而中止产气。

经过近 20 年不懈努力，我国取得了天然气水合物勘查开发理论、技术、工程、装备的自主创新，实现了历史性突破。此次

⊙ 广东珠海：南海试采可燃冰

试开采成功是世界首次成功实现资源量占全球90%以上、开发难度最大的泥质粉砂型天然气水合物安全可控开采。在试采作业中，大量国产化装备成功投入应用，充分表明“中国造”已走在世界的前列。

“一带一路”国际合作高峰论坛

2017年5月14日至15日，首届“一带一路”国际合作高峰论坛在北京举行。29个国家的元首和政府首脑，140多个国家、80多个国际组织的1600多名代表聚集一堂，共襄盛举、共商大计。

这次论坛是中国召开的高规格国际会议，也是各方共商、共建“一带一路”，加强国际合作，对接彼此发展战略的重要合作平台。论坛的主题是“加强国际合作，共建‘一带一路’，实现共赢发展”。习近平主席出席“一带一路”国际合作高峰论坛开幕式，并发表《携手推进“一带一路”建设》的主旨演讲，强调坚持以和平合作、开放包容、互学互鉴、互利共赢为核心的丝路精神，携手推动“一带一路”建设行稳致远，将“一带一路”建成和平、繁荣、开放、创新、文明之路，迈向更加美好的明天。

高峰论坛期间及前夕，各国政府、地方、企业等达成一系列合作共识、重要举措及务实成果。论坛成果清单主要涵盖政策沟通、设施联通、贸易畅通、资金融通、民心相通5大类，共76大项、270多项具体成果。这些成果在两年内全部落实。“一带一路”建设从总体布局的“大写意”，步入精谨细腻的“工笔画”。

2019年4月25日至27日，第二届“一带一路”国际合作高峰论坛在北京举行。2020年6月18日，“一带一路”国际合作高

⊙北京：雁栖湖“一带一路”高峰论坛国际会议中心

级别视频会议在北京举行。“一带一路”建设沿着高质量发展方向不断前进，一部沿线国家协同联动发展的恢宏史诗正在不断谱写新篇章。

“一带一路”建设为世界经济增长开辟了新空间，为国际贸易和投资搭建了新平台，为完善全球经济治理拓展了新实践，为增进各国民生福祉作出了新贡献，成为共同的机遇之路、繁荣之路。

复兴号

2017 年 6 月 26 日，由中国中车制造的具有完全自主知识产权的中国标准动车组“复兴号”在京沪高铁正式双向首发。中国标准动车组研制成功，标志着我国铁路建立了基于自主知识产权的高速动车组技术平台，拥有了参与国际铁路市场竞争的拳头产品。

与在线运行的“和谐号”动车组相比，从外观到内饰，从车体到性能，“复兴号”都更胜一筹。一是寿命更长，“复兴号”的设计寿命达到了 30 年，而“和谐号”是 20 年。二是“身材”更好。“复兴号”采用全新低阻力流线型头型和车体平顺化设计，车型看起来线条更优雅，跑起来也更节能。三是容量更大。列车高度增加，座位间距更宽敞。四是舒适度更高。为满足移动互联时代的上网需要，车厢内还实现了无线网络全覆盖。五是“警惕性”更强。“复兴号”设置智能化感知系统，建立强大的安全监测系统，可以采集各种车辆状态信息 1500 余项，为全方位、多维度故障诊断、维修提供支持。

2003 年，中国高铁走上了“坚持引进先进技术与自主创新紧密结合”的研发路径，使中国铁路机车车辆制造业的面貌焕然一新。然而，“弯道超车”如同一把双刃剑，在争取时间优势的同时，也留下了兼容性难题。在中国铁路总公司主导下，2012 年，中国铁道科学研究院技术牵头，联合中车集团和多家科研企事业单位，开展了中国标准动车组设计研制工作。中国标准动车组的“中国”，意味着高铁从最早的“洋基因”“混血”，发展为由内而外的“纯中国血统”，特别是软件全部是自主开发。在高速动车组

⊙ 北京：“复兴号”在北京南站首发

254项重要标准中，中国标准占84%。中国标准动车组整体设计以及车体、转向架、牵引、制动、网络等关键技术都是我国自主研发的，具有完全自主知识产权。

"复兴号"极大增强了我国高铁的国际话语权和核心竞争力，跑出了创新中国的时代节奏。

统揽"四个伟大"

"四个伟大"是指进行伟大斗争、建设伟大工程、推进伟大事业、实现伟大梦想。由习近平总书记于2017年7月在省部级主要领导干部"学习习近平总书记重要讲话精神，迎接党的十九大"专题研讨班开班式上发表重要讲话提出。这是第一次把"伟大斗争、伟大工程、伟大事业"这"三个伟大"同实现中华民族伟大复兴中国梦的"伟大梦想"联为一体。在中共十九大上，习近平总书记又对"四个伟大"的重要内涵进行了详细论述，使其成为一个具有紧密内在联系的重要思想理论。

进行伟大斗争。社会是在矛盾运动中前进的，有矛盾就会有斗争。中国共产党要团结带领人民有效应对重大挑战、抵御重大风险、克服重大阻力、解决重大矛盾，必须进行具有许多新的历史特点的伟大斗争，任何贪图享受、消极懈怠、回避矛盾的思想和行为都是错误的。

建设伟大工程。这个伟大工程就是中国共产党正在深入推进的党的建设新的伟大工程。历史已经并将继续证明，没有中国共产党的领导，民族复兴必然是空想。中国共产党要始终成为时代先锋、民族脊梁，始终成为马克思主义执政党，自身必须始终过硬。

推进伟大事业。中国特色社会主义是改革开放以来党的全部理论和实践的主题，是中国共产党和人民历尽千辛万苦、付出巨大代价取得的根本成就。全党必须高举中国特色社会主义伟大旗帜，牢固树立中国特色社会主义道路自信、理论自信、制度自信、文化自信，确保党和国家事业始终沿着正确方向胜利前进。

实现伟大梦想。实现中华民族伟大复兴是近代以来中华民族最伟大的梦想。这个梦想凝聚和寄托了几代人的夙愿，体现了中国人民的整体利益，是每一个中华儿女的共同期盼。我们要接过历史的接力棒，继续为实现中华民族伟大复兴的伟大梦想而奋斗。

伟大斗争，伟大工程，伟大事业，伟大梦想，紧密联系、相互贯通、相互作用，其中起决定性作用的是党的建设新的伟大工程。而进行伟大斗争、建设伟大工程、推进伟大事业，归根结底是要实现伟大梦想。这“四个伟大”已经形成一个有机整体，贯穿于中共中央治国理政新理念新思想新战略之中，具有重要的理论指导价值和实践指导意义。

朱日和阅兵

盛夏的草原极目青天，火热的沙场鼓角铮鸣。2017 年 7 月 30 日上午，庆祝中国人民解放军建军 90 周年阅兵在朱日和联合训练基地隆重举行。中共中央总书记、国家主席、中央军委主席习近平检阅部队并发表重要讲话。12000 名受阅官兵、600 多台受阅车辆装备集结列阵，犹如钢铁长城巍然屹立。这是中国人民解放军首次以庆祝建军节为主题的盛大阅兵，是野战化、实战化的沙场点兵，是人民军队整体性、革命性变革后的全新亮相。

这次阅兵以回顾建军历史、传承红色基因、坚定维护核心、

⊙ 内蒙古朱日和：庆祝中国人民解放军建军 90 周年阅兵

彰显辉煌成就为主题，采取群队式编组，从实战出发，根据战斗需求编组，打破了原有阅兵单一兵种编组的限制，体现出信息化联合作战。在党旗、国旗、军旗的庄严引领下，陆上作战群、信息作战群、特种作战群、防空反导作战群、海上作战群、空中作战群、综合保障群、反恐维稳群、战略打击群 9 个作战群，空地一体受阅，反映深化国防和军队改革、部队战斗力建设取得的巨大成就。其中，歼-20、运-20、歼-16 和东风系列核常兼备导弹等近一半新装备亮相，展示了改革强军后的部队战斗力，体现了中国军队向世界一流军队迈进的气势。

习近平主席发表重要讲话指出，安享和平是人民之福，保卫和平是人民军队之责。天下并不太平，和平需要保卫。今天，我们比历史上任何时期都更接近中华民族伟大复兴的目标，比历史上任何时期都更需要建设一支强大的人民军队。我们要深入贯彻党的强军思想，坚定不移走中国特色强军之路，努力实现党在新形势下的强军目标，把我们这支英雄的人民军队建设成为世界一流军队。习近平主席要求全军将士们，坚定不移坚持党对军队绝对领导的根本原则和制度，永远听党的话、跟党走，党指向哪里、就打到哪里；坚定不移坚持全心全意为人民服务的根本宗旨，始终同人民站在一起，时刻把人民放在心头，永远做人民子弟兵；坚定不移坚持战斗力这个唯一的根本的标准，聚焦备战打仗，锻造召之即来、来之能战、战之必胜的精兵劲旅；坚定不移坚持政治建军、改革强军、科技兴军、依法治军，全面提高国防和军队现代化建设水平。

新时代

"新时代"是标志着中国共产党和社会主义现代化建设事业发展到一个新的阶段使用的一个概念。2017 年 10 月 18 日，习近平总书记在中国共产党第十九次全国代表大会上郑重提出："经过长期努力，中国特色社会主义进入了新时代，这是我国发展新的历史方位。"这是从中国共产党和国家事业发展的全局视野、从改革开放 40 年历程和十八大以来五年取得的历史性成就和发生的历史性变革的方位上，所作出的科学判断。

2017 年 10 月中旬，一部名为《中国：习近平时代》的电视纪录片在海外许多国家火了。这部由英国子午线公司制作、美国探索频道出品的纪录片，通过讲述一个个生动真实的故事，反映了中国各方面的变化。中国和世界都在关心：新时代到底新在哪里？

一是续写新篇章。新时代是继续夺取中国特色社会主义伟大胜利的时代。中国特色社会主义是一篇大文章，在新的历史条件下，夺取中国特色社会主义伟大胜利，谱写新的伟大篇章，已经成为这一代中国共产党人义不容辞的责任。二是战略新安排。新时代是全面建设社会主义现代化强国的时代。中共十九大在深刻把握现实条件和未来趋势的基础上，作出了从决胜全面建成小康社会到基本实现现代化、再到全面建成社会主义现代化强国的新的战略安排。三是生活新向往。新时代是满足人民美好生活需要的时代。中共十九大提出了一系列惠民利民的重大举措，更加注重增进民生福祉，更加关注社会公平正义，不断增强人民群众的获得感、幸福感和安全感。四是梦想新征程。新时代是奋力实现中华民族伟大复兴中国梦的时代。实现中华民族伟大复兴，是近代以来中华民族最伟大的梦想。经过长期以来特别是中共十八大以来的历史性变革，今天我们比历史上任何一个时期都更接近、更有信心和能力实现这个梦想。五是国际新地位。新时代是不断为人类作出更大贡献的时代。在中国特色社会主义新时代，中国将顺应国际影响力不断扩大的趋势，不断开创新时代大国外交新格局，积极发出中国声音，承担更多国际责任，为推动构建人类命运共同体，为世界和平发展、人类繁荣进步作出新的更大贡献。

中共十九大

2017 年 10 月 18 日至 24 日，中国共产党第十九次全国代表大会在北京举行。大会正式代表 2280 人，特邀代表 74 人，代表全国 8900 多万党员。习近平总书记代表十八届中央委员会向大会作《决胜全面建成小康社会，夺取新时代中国特色社会主义伟大胜利》的报告。大会的主题是：不忘初心，牢记使命，高举中国特色社会主义伟大旗帜，决胜全面建成小康社会，夺取新时代中国特色社会主义伟大胜利，为实现中华民族伟大复兴的中国梦不懈奋斗。

大会高度评价中共十八大以来党和国家事业取得的历史性成就、发生的历史性变革，指出五年来的成就是全方位的、开创性的，五年来的变革是深层次的、根本性的。大会科学界定了我国发展所处的新的历史方位，作出中国特色社会主义进入新时代、我国社会主要矛盾已经转化为人民日益增长的美好生活需要和不平衡不充分的发展之间的矛盾等重大政治论断，确立习近平新时

⊙北京：中国共产党第十九次全国代表大会

代中国特色社会主义思想的历史地位，提出新时代坚持和发展中国特色社会主义的基本方略，确定决胜全面建成小康社会、开启全面建设社会主义现代化国家新征程的目标。大会通过《中国共产党章程（修正案）》，把习近平新时代中国特色社会主义思想同马克思列宁主义、毛泽东思想、邓小平理论、"三个代表"重要思想、科学发展观一道确立为党的指导思想并载入党章。大会还选举产生了第十九届中央委员会和中央纪律检查委员会。

中共十九大是在全面建成小康社会决胜阶段、中国特色社会主义发展关键时期召开的一次十分重要的大会。大会进一步指明了党和国家事业的前进方向，是中国共产党团结带领全国人民在新时代坚持和发展中国特色社会主义的政治宣言和行动纲领，所起的影响是全面的、长远的，也是深刻的。

"三大攻坚战"

"三大攻坚战"，是指要防范化解重大风险、精准脱贫、污染防治的攻坚战。中共十九大明确指出，要按照党的十六大、十七大、十八大提出的全面建成小康社会各项要求，突出抓重点、补短板、强弱项，特别是要坚决打好防范化解重大风险、精准脱贫、污染防治的攻坚战，使全面建成小康社会得到人民认可、经得起历史检验。

到中国共产党成立一百周年的时候，全面建成惠及十几亿人口的更高水平的小康社会，是中国共产党进入 21 世纪后，在基本建成小康社会基础上提出的奋斗目标，是向人民、向历史作出的庄严承诺。打好三大攻坚战，是破解制约全面小康社会的重点难点问题，一鼓作气向百年目标冲刺的现实需要。其一，我们越是发展壮大，面临的阻力和压力就会越大，遇到的风险和挑战就会越多。如果重大风险隐患不能得到有效化解，甚至在特定环境下由隐性转为显性，就有可能影响全面建成小康社会进程。其二，全面建成小康社会，最艰巨最繁重的任务在农村，特别是贫困地区。全面建成小康社会，农村人口全部脱贫是一个标志性指标。打赢脱贫攻坚战，是保障全体人民共享改革发展成果、实现共同富裕的重大举措，是体现中国特色社会主义优越性的重要标志。其三，生态环境保护仍任重道远，大气、水、土壤等污染问题存在，人民群众对蓝天绿水、清新空气、优美环境等的要求越来越强，污染治理的短板需要补齐。

经过全党全国各族人民持续奋斗，在庆祝中国共产党成立100周年大会上，习近平总书记代表党和人民庄严宣告:“我们实现了第一个百年奋斗目标，在中华大地上全面建成了小康社会，历史性地解决了绝对贫困问题，正在意气风发向着全面建成社会主义现代化强国的第二个百年奋斗目标迈进。”民亦劳止，汔可小康。千年夙愿，百年奋斗，今朝梦圆。

“八个执政本领”

“八个执政本领”指中共十九大报告中提出的学习本领、政治领导本领、改革创新本领、科学发展本领、依法执政本领、群众工作本领、狠抓落实本领、驾驭风险本领。

中共十九大报告指出:中国特色社会主义进入新时代，这是我国发展新的历史方位。增强执政本领是进入新时代应对新挑战的必然要求。改革开放以来，我国社会主义现代化建设取得了历史性的伟大成就，人民生活总体上达到了小康水平。我国社会的主要矛盾也已经转化为人民日益增长的美好生活需要和不平衡不充分的发展之间的矛盾。我国社会主要矛盾的变化是关系全局的历史性变化，对中国共产党的执政本领也提出了更高的要求。领导十三亿多人的社会主义大国，中国共产党既要政治过硬，也要本领高强。

增强学习本领，就要在中国共产党全党营造善于学习、勇于实践的浓厚氛围，建设马克思主义学习型政党，推动建设学习大国。增强政治领导本领，就要坚持战略思维、创新思维、辩证思维、法治思维、底线思维，科学制定和坚决执行党的路线方针政策，把中国共产党总揽全局、协调各方落到实处。增强改革创新本领，就要保持锐意进取的精神风貌，善于结合实际创造性推动工作，善于运用互联网技术和信息化手段开展工作。增强科学发展本领，就要善于贯彻新发展理念，不断开创发展新局面。增强依法执政本领，就要加快形成覆盖党的领导和党的建设各方面的党内法规制度体系，加强和改善对国家政权机关的领导。增强群众工作本领，就要创新群众工作体制机制和方式方法，推动工会、共青团、妇联等群团组织增强政治性、先进性、群众性，发挥联系群众的桥梁纽带作用，组织动员广大人民群众坚定不移跟党走。增强狠抓落实本领，就要坚持说实话、谋实事、出实招、求实效，把雷厉风行和久久为功有机结合起来，勇于攻坚克难，以钉钉子精神做实做细做好各项工作。增强驾驭风险本领，就要健全各方面风险防控机制，善于处理各种复杂矛盾，勇于战胜前进道路上的各种艰难险阻，牢牢把握工作主动权。

新时代要有新气象。增强执政本领是新时代继续提高中国共产党执政能力和执政水平的重要方面，是深入推进党的建设新的伟大工程的重要内容，为夺取新时代中国特色社会主义伟大胜利提供了重要保证。

北斗全球组网

2017 年 11 月 5 日，北斗三号第一、第二颗组网卫星以“一箭双星”方式成功发射，标志着北斗卫星导航系统全球组网的开始。这是和美国全球定位系统（GPS）、俄罗斯格洛纳斯系统、欧洲伽利略系统并列的全球卫星导航系统。

将我国自主建造的卫星导航系统命名为“北斗”，饱含着近代以来中国历经劫难的清醒、走向复兴的企盼：中国命运必须自己掌控，大国重器必须自己打造。20 世纪 90 年代，在海湾战争中，装载 GPS 的精确打击武器首次大规模使用，作战效能令全球震惊，显示出卫星导航系统对一个国家的重要意义。1994 年，在国家经济实力、技术基础仍非常薄弱的情况下，中共中央、国务院和中央军委毅然决定启动北斗一号工程，进行卫星导航试验探索。紧迫的是，此时美国 GPS、俄罗斯格洛纳斯各发射了 20 多颗卫星，

⊙ 北斗卫星导航系统模型

已完成了全球组网。建设中国北斗，在中国这个发展中国家，在受到技术严密封锁情况下，不可能循着别人的路走，必须砥砺前行、换道超车。北斗人创造性提出了“双星定位”建设方案，以最小的星座、最少的投入、最短的周期，实现卫星导航系统建设的自主可控；创造性提出了“分步走”战略，先试验后建设，先国内后周边，先区域后全球；开创性地设计了混合星座构型，实现了全天时全天候为亚太大部分地区提供定位导航授时服务……2016年，北斗二号卫星工程以4个国际首创、10大技术创新、128项发明专利和其他72项知识产权，获得国家科技进步特等奖。

此次北斗三号全球组网卫星首次发射，稳步推动了北斗三号系统建设。北斗三号卫星增加了性能更优的互操作信号，在进一步提高基本导航服务能力基础上，按照国际标准提供星基增强服务及搜索救援服务。同时，还在北斗二号性能的基础上，进一步提升1—2倍的定位精度，达到2.5—5米的水平。2018年12月27日，北斗三号基本系统宣告建成，并开始提供全球服务。2020年6月23日，北斗三号最后一颗全球组网卫星在西昌卫星发射中心点火升空，发射成功。北斗，已成为当代中国一张耀眼的“国家名片”。

新型政党关系

2017年12月1日，中共中央总书记、国家主席习近平在中国共产党与世界政党高层对话会上的主旨讲话中指出：“不同国家的政党应该增进互信、加强沟通、密切协作，探索在新型国际关系的基础上建立求同存异、相互尊重、互学互鉴的新型政党关系，搭建多种形式、多种层次的国际政党交流合作网络，汇聚构建人类命运共同体的强大力量。”其中，新型政党关系这一概念具有深刻内涵和鲜明时代特色，充分展现了中国共产党的大党气派和习近平总书记大国大党领导人的远见卓识。

当今世界正处于大发展大变革大调整时期，国际力量对比此消彼长，全球性问题越来越突出，各国人民前途命运前所未有地紧密联系在一起。与此同时，世界政党格局也在发生深刻变化，极端政党上升势头强劲，加速西方政治碎片化。面对这些新变化，各国政党应担负起自己的责任，有效应对挑战，把各国人民对美好生活的向往变成现实。建立求同存异、相互尊重、互学互鉴的新型政党关系，就是适应世界发展的现实需要提出的重要主张。

建立新型政党关系强调政党交往不是拉帮结派搞对抗，政党对话不是搞“小圈子”、谋私利，而是为了通过对话交流建立平等、友好、紧密的伙伴关系，共同解决问题，谋求合作共赢。这就超越了国别、党派和社会制度的差异，深刻反映了当前世界各国人民对持久和平、普遍安全、共同繁荣、开放包容、清洁美丽世界的普遍期待，符合各国人民的共同利益，得到大多数国家政党的赞成和支持。

建立新型政党关系，有助于深化各国政党之间的交流合作和理念互鉴，从而汇聚构建人类命运共同体的强大力量。外国政党代表也普遍认为，建立新型政党关系可以将各国政党的力量凝聚起来，推动政党扛起历史责任，携手建设更加美好的世界。

《人民的名义》

《人民的名义》是由李路执导、周梅森编剧的电视剧。电视剧取材于中共十八大以来反腐败斗争的生动实践，基于真实案例进行艺术加工，讲述了检察官群体在某省查办贪腐案件、维护公平正义的故事。2017 年播出后，获得了口碑、收视的双丰收，作为“现象级”作品，展示了国产电视剧的创作实力。除了跌宕的剧情、精彩的表演，更重要的原因还在于，它反映着当前中国反腐败斗争的实践，回应着反腐败的民心所愿。电视剧中惊心动魄的反腐画面，和现实中持续推进的反腐败斗争相互呼应，让观众产生了强烈的情感共鸣。

文艺当与时代同行，中共十八大以来，以习近平同志为核心的党中央紧紧围绕实现“两个一百年”的奋斗目标和中华民族伟大复兴中国梦，直面“四大考验”“四种危险”，鲜明提出有腐必反、有贪必惩，反复告诫党风廉政建设和反腐败斗争永远在路上，把全面从严治党提升到了“四个全面”战略布局新高度。一批腐败分子被绳之以党纪国法，反腐败斗争取得了令人瞩目的成绩。将这一伟大实践搬上荧屏，进行艺术的再现，把握的是时代脉动，紧扣的是人民心声。

人民群众最痛恨各种腐败现象，最痛恨各种特权现象。政治生态环境优劣、从政行为规范与否，关系到人民群众的切身利益，关系到社会精神风貌，关系到百姓对政府的信任度和支持度，关系到社会主义事业的成败，关系到政权和民族的存亡。《人民的名义》塑造了一批鲜活的正面人物形象：侯亮平、沙瑞金、陈岩石、赵东来、李达康，他们个性鲜明，血肉丰满，更重要的是，在他们身上，我们看到正义必胜、人民必胜的真理。电视剧还生动展示了高育良、祁同伟、丁义珍、刘新建等一批腐败分子堕落的过程，提醒我们诱惑就在我们身边，党员干部必须时时提高警惕，坚守初心，把廉洁作为立身之本。

今天，我们身处一个伟大的历史变革时代，中华民族奋发图强，经济社会不断进步，文化生活不断丰富。社会主义文艺的使

⊙江苏苏州：第 22 届华鼎奖，《人民的名义》剧组后台合影

命就是以人民为中心，一切得民心的人和事都要歌颂，一切危害人民利益的行径都要揭露、鞭笞。揭出病苦，进行救治，我们党的肌体会更加健壮，将更加朝气蓬勃地领导人民在实现中华民族伟大复兴中国梦的征程中轻装前进。

百年未有之大变局

2017 年 12 月 28 日，习近平总书记在驻外使节工作会议上提出“放眼世界，我们面对的是百年未有之大变局”。之后 2018 年 6 月中央外事工作会议上，习近平总书记又进一步指出，“当前，我国处于近代以来最好的发展时期，世界处于百年未有之大变局，两者同步交织、相互激荡”。

“百年未有之大变局”是习近平总书记对当前国际局势和其发展态势作出的一个重大论断。

世界正处于大发展大变革大调整时期，和平与发展仍然是时代主题。世界多极化、经济全球化、社会信息化、文化多样化深入发展，全球治理体系和国际秩序变革加速推进，各国相互联系和依存日益加深，国际力量对比更趋平衡，和平发展大势不可逆转。同时，世界面临的不稳定性不确定性突出，世界经济增长动能不足，贫富分化日益严重，地区热点问题此起彼伏，恐怖主义、网络安全、重大传染性疾病、气候变化等非传统安全威胁持续蔓延，人类面临许多共同挑战。

大变局之“变”体现在：一是国际力量对比深刻变化。近几十年来，一大批新兴市场国家和发展中国家走上发展的快车道，十几亿、几十亿人口正在加速走向现代化，多个发展中心在世界各地区逐渐形成。新兴市场国家和发展中国家自身实力、自主发展能力、国际影响力不断增强。二是国际体系和国际秩序深度调整。随着世界多极化和经济全球化深入发展，全球挑战日益增多，第二次世界大战后建立的国际秩序和全球治理体系不适应的地方越来越多。新兴市场国家和发展中国家推动国际秩序朝着更加公正合理的方向发展的呼声越来越高，国际关系民主化不可阻挡。三是新一轮科技革命和产业变革深入发展。新一轮科技革命和产业变革正处在实现重大突破的历史关口。人工智能、大数据、量子技术、基因工程等前沿科技不断取得突破，催生大量新产业、新业态、新模式，科学技术从来没有像今天这样深刻影响着经济和社会。四是国际政治和社会思潮深刻演变。西方制度、理念、发展和安全陷入多重困境，而中国特色社会主义进入新时代，科学社会主义在二十一世纪的中国焕发出强大生机活力。

习近平总书记关于百年未有之大变局的重要论述，为我们制定对外战略、开展对外工作提供了重要的理论依据。

热词
2015年
2016年
2017年
2018年
2019年

“幸福都是奋斗出来的”

习近平总书记在2018年新年贺词中指出：“广大人民群众坚持爱国奉献，无怨无悔，让我感到千千万万普通人最伟大，同时让我感到幸福都是奋斗出来的。”2018年3月，在第十三届全国人民代表大会第一次会议上，习近平总书记再次指出：“中华民族迎来了从站起来、富起来到强起来的伟大飞跃是中国人民奋斗出来的”，“中国人民是具有伟大奋斗精神的人民”，“世界上没有坐享其成的好事，要幸福就要奋斗”。“幸福都是奋斗出来的”，既平实质朴，饱含人民情怀，又催人奋进，激荡光荣与梦想，点燃了亿万人民在新时代奋发向前的激情。

2018年是全面贯彻中共十九大精神的开局之年，也是庆祝改革开放40周年的重要时间节点，强调奋斗精神，以“幸福都是奋斗出来的”勉励每一个中国人追求梦想正当其时。

奋斗是中华民族发展的动力，是中华文明兴盛的源泉。在几千年历史长河中，中国人民始终革故鼎新、自强不息，开发和建设了祖国辽阔秀丽的大好河山，开拓了波涛万顷的辽阔海疆，开垦了物产丰富的广袤粮田，治理了桀骜不驯的千百条大江大河，战胜了数不清的自然灾害，建设了星罗棋布的城镇乡村，发展了门类齐全的产业，形成了多姿多彩的生活。

新时代是奋斗者的时代。进入新时代，人民美好生活需要日益广泛，不仅对物质文化生活提出更高要求，而且在民主、法治、公平、正义、安全、环境等方面的要求日益增长。只有奋斗，才能创造更多更好的物质财富和精神财富，不断丰富幸福的内涵、提升幸福的层次；只有奋斗，才能不断增强成就感、尊严感、自豪感，在创造美好生活的过程中感受幸福。必须不驰于空想、不骛于虚声，以永不懈怠的精神状态和一往无前的奋斗姿态把美好愿景和幸福生活变成现实。只有沉下心来干事创业，幸福才会在前方等着我们。

三个“一以贯之”

三个“一以贯之”是指坚持和发展中国特色社会主义要一以贯之，推进党的建设新的伟大工程要一以贯之，增强忧患意识、防范风险挑战要一以贯之。2018 年 1 月 5 日，习近平总书记在新进中央委员会的委员、候补委员和省部级主要领导干部学习贯彻习近平新时代中国特色社会主义思想和党的十九大精神研讨班开班式上提出三个“一以贯之”并进行了具体阐释。

关于坚持和发展中国特色社会主义要一以贯之，习近平总书记指出：中国特色社会主义不是从天上掉下来的，而是在改革开放 40 年的伟大实践中得来的，是在中华人民共和国成立近 70 年的持续探索中得来的，是在我们党领导人民进行伟大社会革命 97 年的实践中得来的，是在近代以来中华民族由衰到盛 170 多年的历史进程中得来的，是对中华文明 5000 多年的传承发展中得来的，是党和人民历经千辛万苦、付出各种代价取得的宝贵成果。得到这个成果极不容易。党要在新的历史方位上实现新时代党的历史使命，最根本的就是要高举中国特色社会主义伟大旗帜。

关于推进党的建设新的伟大工程要一以贯之，习近平总书记指出：在统揽伟大斗争、伟大工程、伟大事业、伟大梦想中，起决定性作用的是新时代党的建设新的伟大工程。在新时代，我们党必须以党的自我革命来推动党领导人民进行的伟大社会革命，把党建设成为始终走在时代前列、人民衷心拥护、勇于自我革命、经得起各种风浪考验、朝气蓬勃的马克思主义执政党，这既是我们党领导人民进行伟大社会革命的客观要求，也是我们党作为马克思主义政党建设和发展的内在需要。

关于增强忧患意识、防范风险挑战要一以贯之，习近平总书记指出：当前，我国正处于一个大有可为的历史机遇期，发展形势总的是好的，但前进道路不可能一帆风顺，越是取得成绩的时候，越是要有如履薄冰的谨慎，越是要有居安思危的忧患，绝不能犯战略性、颠覆性错误。面对波谲云诡的国际形势、复杂敏感的周边环境、艰巨繁重的改革发展稳定任务，我们既要有防范风险的先手，也要有应对和化解风险挑战的高招；既要打好防范和抵御风险的有准备之战，也要打好化险为夷、转危为机的战略主动战。我们要继续进行具有许多新的历史特点的伟大斗争，准备战胜一切艰难险阻，朝着我们党确立的伟大目标奋勇前进。

三个“一以贯之”对我们深入理解和贯彻落实中共十九大精神，深入理解和把握习近平新时代中国特色社会主义思想，深入理解和贯彻党中央推进全面从严治党的决策部署，进一步增强新时代坚持和发展中国特色社会主义、实现中华民族伟大复兴中国梦的信心和定力，具有十分重大的指导意义。

扫黑除恶

全国开展扫黑除恶专项斗争，是以习近平同志为核心的党中央作出的重大决策，事关社会大局稳定和国家长治久安，事关人心向背和基层政权巩固，事关进行伟大斗争、建设伟大工程、推进伟大事业、实现伟大梦想。2018 年 1 月 11 日，中共中央、国务院发出《关于开展扫黑除恶专项斗争的通知》。

根据中共中央决策部署和通知要求，各级党委和政府将扫黑除恶专项斗争作为一项重大政治任务，聚焦涉黑涉恶问题突出的重点地区、重点行业、重点领域，把打击锋芒始终对准群众反映最强烈、最深恶痛绝的各类黑恶势力违法犯罪。坚持依法严惩、打早打小、除恶务尽，始终保持对各类黑恶势力违法犯罪的严打高压态势。特别是把扫黑除恶与反腐败斗争和基层"拍蝇"结合起来，对扫黑除恶专项斗争中发现的"保护伞"问题线索优先处置，发现一起、查处一起，不管涉及谁，都要一查到底、绝不姑息。

到 2020 年 12 月底，全国共打掉涉黑组织 3644 个、涉恶犯罪集团 11675 个，打掉的涉黑组织是前 10 年总和的 1.28 倍，查处涉黑涉恶腐败和保护伞问题 8.97 万起、立案处理 11.59 万人，排查整顿软弱涣散村党组织 5.47 万个，排查清理存在"村霸"、涉黑涉恶等问题的村干部 4.27 万名。2021 年 3 月 29 日，全国扫黑除恶专项斗争总结表彰大会召开。此后，中共中央办公厅、国务院办公厅又印发《关于常态化开展扫黑除恶斗争巩固专项斗争成果的意见》，对常态化开展扫黑除恶斗争作出安排部署。通过这场专项斗争，黑恶犯罪得到根本遏制，营商环境持续优化，基层基础全面夯实，党风政风社会风气明显好转，这在中国乃至世界反有组织犯罪历史上都是不寻常的成就。社会各界普遍认为，扫黑除恶专项斗争是中共十九大以来最得人心的大事之一。

"六个相统一"

"六个相统一"是习近平总书记在 2018 年 1 月召开的十九届中央纪委二次全会上对中共十八大以来全面从严治党经验的概括。

即：坚持思想建党和制度治党相统一，坚持使命引领和问题导向相统一，坚持抓“关键少数”和管“绝大多数”相统一，坚持行使权力和担当责任相统一，坚持严格管理和关心信任相统一，坚持党内监督和群众监督相统一。“六个相统一”具有丰富的内涵。

坚持思想建党和制度治党相统一。要求既要解决思想问题，也要解决制度问题。要把思想建设作为党的基础性建设牢牢抓在手里，把坚定理想信念作为根本任务，教育全党牢记党的宗旨，引导党员、干部坚守入党誓言，经受住各种诱惑和考验。要尊崇党章、依规治党，把制度建设贯穿到党的各项建设之中，不断扎紧制度笼子。

坚持使命引领和问题导向相统一。要求既要立足当前、直面问题，在解决人民群众最不满意的问题上下功夫；又要着眼未来、登高望远，在加强统筹谋划、强化顶层设计上着力。要坚持人民群众反对什么、痛恨什么，我们就坚决防范和纠正什么，树立并用好“靶向治疗”思维，把准问题的关节点、要害处，从现实问题寻找破解难题的办法。

坚持抓“关键少数”和管“绝大多数”相统一。要求既对广大党员提出普遍性要求，用严格教育、严明纪律管住大多数，同时又对“关键少数”特别是高级干部提出更高更严的标准，进行更严的管理和监督，严肃查处其中违纪违法的极少数人，坚决减存量、遏增量。

坚持行使权力和担当责任相统一。要求牢牢抓住管党治党责任的“牛鼻子”，层层传导压力，把主体责任和监督责任一贯到底。真正把落实管党治党政治责任作为最根本的政治担当，紧紧咬住“责任”二字，抓住“问责”这个要害。

坚持严格管理和关心信任相统一。要求坚持真管真严、敢管敢严、长管长严，坚持把纪律挺在前面，坚持纪严于法、纪在法前，运用监督执纪“四种形态”，以高压态势作为坚强后盾，在用好第一种形态上下功夫，强化日常管理监督，发现问题及时谈话函询、提醒纠正。抓早抓小、防微杜渐，最大限度防止干部出问题，最大限度激发干部积极性。

坚持党内监督和群众监督相统一。要求以党内监督带动其他监督，深化国家监察体制改革，积极畅通人民群众建言献策和批评监督渠道，充分发挥群众监督、舆论监督作用。形成发现问题、及时纠偏的有效机制，不断增强党自我净化、自我完善、自我革新、自我提高的能力。

深化党和国家机构改革

深化党和国家机构改革是2018年2月26日至28日召开的中共十九届三中全会重点研究的问题。这次全会审议通过了《中共中央关于深化党和国家机构改革的决定》和《深化党和国家机构改革方案》。

党和国家机构职能体系是中国特色社会主义制度的重要组成部分，是中国共产党治国理政的重要保障。深化党和国家机构改革是推进国家治理体系和治理能力现代化的一场深刻变革。面对新时代新任务提出的新要求，必须下决心解决党和国家机构职能体系中存在的障碍和弊端，加快推进国家治理体系和治理能力现代化，更好发挥我国社会主义制度优越性。

深化党和国家机构改革的目标是，构建系统完备、科学规范、运行高效的党和国家机构职能体系，形成总揽全局、协调各方的党的领导体系，职责明确、依法行政的政府治理体系，中国特色、世界一流的武装力量体系，联系广泛、服务群众的群团工作体系，推动人大、政府、政协、监察机关、审判机关、检察机关、人民团体、企事业单位、社会组织等在党的统一领导下协调行动、增强合力，全面提高国家治理能力和治理水平。具体来说，一是要完善坚持党的全面领导的制度，加强党对各领域各方面工作领导，确保党的领导全覆盖，确保党的领导更加坚强有力；二是要转变政府职能，优化政府机构设置和职能配置；三是要统筹党政军群机构改革，使各类机构有机衔接、相互协调；四是要理顺中央和地方职责关系，更好发挥中央和地方两个积极性；五是要完善党和国家机构法规制度，依法管理各类组织机构，加快推进机构、职能、权限、程序、责任法定化。

中共十九届三中全会闭幕后，各地区各部门坚决贯彻中共中央决策部署，加大统的力度、明确改的章法、做好人的工作、执行严的纪律。短短一年多时间，中共十九届三中全会部署的改革任务总体完成，取得一系列重要理论成果、制度成果、实践成果。加强中国共产党的全面领导得到有效落实，维护党的集中统一领导的机构职能体系更加健全；党和国家机构履职更加顺畅高效，各类机构设置和职能配置更加适应统筹推进“五位一体”总体布局和协调推进“四个全面”战略布局需要；省市县主要机构设置和职能配置同中央保持基本对应，构建起从中央到地方运行顺畅、充满活力的工作体系；跨军地改革顺利推进；同步推进相关各类机构改革，改革整体效应进一步增强。

海南自由贸易港

在海南全岛建设自由贸易试验区和中国特色自由贸易港，是以习近平同志为核心的党中央着眼于国际国内发展大局，深入研究、统筹考虑、科学谋划作出的重大决策，是彰显我国扩大对外开放、积极推动经济全球化决心的重大举措。

海南是我国最大的经济特区，具有实施全面深化改革和试验最高水平开放政策的独特优势。2018 年 4 月 13 日下午，习近平总书记在庆祝海南建省办经济特区 30 周年大会上的讲话中宣布，党中央决定支持海南全岛建设自由贸易试验区，支持海南逐步探索、稳步推进中国特色自由贸易港建设，分步骤、分阶段建立自由贸易港政策和制度体系。2020 年 6 月 1 日，中共中央、国务院印发《海南自由贸易港建设总体方案》，为海南自由贸易港建设提供了具体指导。

海南自由贸易港建设以借鉴国际经验、体现中国特色、符合海南定位、突出改革创新、坚持底线思维为基本原则，实施范围为海南岛全岛。在制度设计上，以贸易投资自由化便利化为重点，

⊙海南海口：秀英港集装箱码头一片繁忙

以各类生产要素跨境自由有序安全便捷流动和现代产业体系为支撑，以特殊的税收制度安排、高效的社会治理体系和完备的法治体系为保障。发展目标为到2025年初步建立以贸易自由便利和投资自由便利为重点的自由贸易港政策制度体系，到2035年成为我国开放型经济新高地，到本世纪中叶全面建成具有较强国际影响力的高水平自由贸易港。

自由贸易港是当今世界最高水平的开放形态。当今世界正在经历新一轮大发展大变革大调整，保护主义、单边主义抬头，经济全球化遭遇更大的逆风和回头浪。在海南建设自由贸易港，是推进高水平开放，建立开放型经济新体制的根本要求；是深化市场化改革，打造法治化、国际化、便利化营商环境的迫切需要；是贯彻新发展理念，推动高质量发展，建设现代化经济体系的战略选择；是支持经济全球化，构建人类命运共同体的实际行动。

《中华人民共和国英雄烈士保护法》

《中华人民共和国英雄烈士保护法》是为了加强对英雄烈士的保护，维护社会公共利益，传承和弘扬英雄烈士精神、爱国主义精神，培育和践行社会主义核心价值观，激发实现中华民族伟大复兴中国梦的强大精神力量，根据宪法制定的法律，于2018年4月27日第十三届全国人民代表大会常务委员会第二次会议通过，2018年5月1日正式施行。

英雄烈士的事迹和精神是中华民族共同的历史记忆和宝贵的精神财富，是中国共产党领导中国各族人民不懈奋斗伟大历程、可歌可泣英雄史诗的缩影和代表，是实现中华民族伟大复兴的强大精神动力。然而一段时期以来，社会上历史虚无主义错误思潮和观点不断出现，有些人以“学术自由”“还原历史”“探究细节”等为名，通过网络、书刊等媒体歪曲历史特别是近现代历史，丑化、诋毁、贬损、质疑英雄烈士，造成恶劣社会影响，引起社会各界愤慨谴责。有必要及时回应社会关切，回击丑化、诋毁英雄烈士的恶劣行为，加强英雄烈士保护立法。

《中华人民共和国英雄烈士保护法》有以下几个特点：一是突出重点，旗帜鲜明讲政治。坚决维护中国共产党、人民军队、人民共和国历史上的英雄烈士代表性人物和集体形象。近些年，一些人丑化、诋毁、贬损、质疑我党我军历史上的英雄烈士，其实质是动摇中国共产党的执政根基和中国特色社会主义制度，对这些行为必须在法律上明确予以禁止。二是弘扬英烈精神，传承红色基因。无论时间过去多么久远，先烈的英名和功绩都将永世长存。突出加强宣传教育，在全社会营造缅怀、崇尚、学习英雄烈士的正气和浓厚氛围，弘扬传承英雄烈士精神。针对现行褒扬制度存在侧重物质保障、对弘扬英雄烈士精神规定不够的情况，通过完善纪念形式，强化鲜明价值导向。三是坚持问题导向，完善制度措施。整合现行法律、烈士褒扬条例等有关英雄烈士保护的规定，与相关法律、行政法规相衔接，并根据实际需要予以提炼和完善，进一步加强英雄烈士保护工作。

《中华人民共和国英雄烈士保护法》在实施过程中，得到了社会各界的广泛支持，全国已有多例运用法律保护英烈的典型案例，对那些歪曲、丑化、诋毁英雄烈士的行为形成了有力震慑，“崇尚英雄、捍卫英雄、学习英雄、关爱英雄”成为全社会共识。

马克思诞辰200周年

2018年是马克思诞辰200周年。5月4日，北京人民大会堂隆重举行了纪念马克思诞辰200周年大会。习近平总书记在会上发表重要讲话指出，马克思主义始终是我们党和国家的指导思想，是我们认识世界、把握规律、追求真理、改造世界的强大思想武器。新时代，中国共产党人仍然要学习马克思，学习和实践马克思主义，继续高扬马克思主义伟大旗帜，坚持和发展中国特色社会主义，让马克思、恩格斯设想的人类社会美好前景不断在中国大地上生动展现出来。

习近平总书记指出，马克思是全世界无产阶级和劳动人民的革命导师，是马克思主义的主要创始人，是马克思主义政党的缔造者和国际共产主义的开创者，是近代以来最伟大的思想家。马克思给我们留下的最有价值、最具影响力的精神财富，就是以他名字命名的科学理论——马克思主义。马克思主义是科学的理论、人民的理论、实践的理论、不断发展的开放的理论。学习马克思，就要学习和实践马克思主义关于人类社会发展规律的思想、关于坚守人民立场的思想、关于生产力和生产关系的思想、关于人民民主的思想、关于文化建设的思想、关于社会建设的思想、关于人与自然关系的思想、关于世界历史的思想、关于马克思主义政党建设的思想。我们要

⊙卡尔·马克思

坚持用马克思主义观察时代、解读时代、引领时代，用鲜活丰富的当代中国实践来推动马克思主义发展，用宽广视野吸收人类创造的一切优秀文明成果，坚持在改革中守正出新、不断超越自己，在开放中博采众长、不断完善自己，不断深化对共产党执政规律、社会主义建设规律、人类社会发展规律的认识，不断开辟当代中国马克思主义、21世纪马克思主义新境界。

生态文明体系

2018年5月18日至19日，全国生态环境保护大会在北京召开。习近平总书记在大会讲话中提出新时代推进生态文明建设的原则，强调要加快构建生态文明体系。

生态文明建设是关系中华民族永续发展的根本大计。加快构建生态文明体系是打好污染防治攻坚战，抓重点、补短板、强弱项的有效政策举措。中共十八大以来，我国加快推进生态文明顶层设计和制度体系建设，相继出台《关于加快推进生态文明建设

⊙江西吉安：夏日大东山蓊郁苍翠，朝霞映照天空

的意见》《生态文明体制改革总体方案》等，对生态文明建设进行全面系统部署安排。推动绿色发展，深入实施大气、水、土壤污染防治三大行动计划，率先发布《中国落实2030年可持续发展议程国别方案》，实施《国家应对气候变化规划（2014—2020年）》，向联合国交存《巴黎协定》批准文书等，在这方面取得了历史性成就。但同时，我国生态文明建设挑战重重、压力巨大、矛盾突出，推进生态文明建设还有不少难关要过，还有不少硬骨头要啃，还有不少顽瘴痼疾要治，必须不断推进体制机制创新和政策体系完善。

⊙西藏山南：经济社会发展迅速，人民生活水平大幅提升

⊙江苏海安：中国天楹总部园区

习近平总书记指出：加快解决历史交汇期的生态环境问题，必须加快建立健全以生态价值观念为准则的生态文化体系，以产业生态化和生态产业化为主体的生态经济体系，以改善生态环境质量为核心的目标责任体系，以治理体系和治理能力现代化为保障的生态文明制度体系，以生态系统良性循环和环境风险有效防控为重点的生态安全体系。要通过加快构建生态文明体系，使我国经济发展质量和效益显著提升，确保到2035年节约资源和保护环境的空间格局、产业结构、生产方式、生活方式总体形成，生态环境质量实现根本好转，生态环境领域国家治理体系和治理能力

⊙重庆：航拍山川郁郁葱葱，绘就生态画卷

现代化基本实现，美丽中国目标基本实现。到本世纪中叶，建成富强民主文明和谐美丽的社会主义现代化强国，物质文明、政治文明、精神文明、社会文明、生态文明全面提升，绿色发展方式和生活方式全面形成，人与自然和谐共生，生态环境领域国家治理体系和治理能力现代化全面实现，建成美丽中国。

历史观·大局观·角色观

2018 年 6 月，中央外事工作会议召开。习近平总书记发表重要讲话指出，把握国际形势要树立正确的历史观、大局观、角色观。

所谓正确历史观，就是不仅要看现在国际形势什么样，而且要端起历史望远镜回顾过去、总结历史规律，展望未来、把握历史前进大势。

所谓正确大局观，就是不仅要看到现象和细节怎么样，而且要把握本质和全局，抓住主要矛盾和矛盾的主要方面，避免在林林总总、纷纭多变的国际乱象中迷失方向、舍本逐末。

所谓正确角色观，就是不仅要冷静分析各种国际现象，而且要把自己摆进去，在我国同世界的关系中看问题，弄清楚在世界格局演变中我国的地位和作用，科学制定我国对外方针政策。

当前，世界正在经历百年未有之大变局并加速演变，国际环境日趋复杂，不稳定性不确定性明显增强，世界进入新的动荡变革期。

我们要以正确的历史观、大局观、角色观把握世界发展大势。不仅透过显微镜看清当前国际形势，更拿起望远镜回顾历史、研判未来；不仅看国际形势的表象与细节，更把握其本质和全局；不仅分析外部世界风云如何变幻，更把自己摆进去，在中国与世界关系中看问题。这是做好党的对外工作的重要方法论。

新时代党的组织路线

新时代党的组织路线是习近平总书记在 2018 年 7 月 3 日至 4 日召开的全国组织工作会议上提出的。习近平总书记指出：新时代党的组织路线是全面贯彻新时代中国特色社会主义思想，以组织体系建设为重点，着力培养忠诚干净担当的高素质干部，着力集聚爱国奉献的各方面优秀人才，坚持德才兼备、以德为先、任人唯贤，为坚持和加强党的全面领导、坚持和发展中国特色社会主义提供坚强组织保证。

中国共产党的力量来自组织。党的全面领导、党的全部工作都要靠党的坚强组织体系去实现。组织路线对坚持党的领导、加强党的建设、做好党的组织工作具有十分重要的意义。坚持新时代党的组织路线，首要的是坚持和加强党的全面领导，坚持党中央权威和集中统一领导。要旗帜鲜明讲政治，坚决维护习近平总书记党中央的核心、全党的核心地位，坚决维护党中央权威和集中统一领导，教育引导党员干部增强"四个意识"、坚定"四个自信"，严明党的政治纪律和政治规矩，严肃党内政治生活，发展积极健康的党内政治文化，确保全党在思想上政治上行动上同以习近平同志为核心的党中央保持高度一致。要坚持用习近平新时代中国特色社会主义思想武装头脑，持之以恒推动党员干部真正学懂、弄通、做实，筑牢理想信念、增强执政本领、提升品行作风。要坚持把政治建设贯穿党的建设和组织工作的全过程各方面，一切工作都要朝着坚持和加强党的全面领导，坚持党中央权威和集中统一领导来推进、来检验。要全面推动组织工作各项任务落实落地，着力加强党的组织体系建设，锻造忠诚干净担当的高素质干部队伍，建设矢志爱国奉献、勇于创新创造的优秀人才队伍，不断提高党的建设和组织工作质量。

"举旗帜、聚民心、育新人、兴文化、展形象"

2018 年 8 月 21 日至 22 日，全国宣传思想工作会议召开。习近平总书记在讲话中强调，中国特色社会主义进入新时代，必须把统一思想、凝聚力量作为宣传思想工作的中心环节。做好新形势下宣传思想工作，必须自觉承担起举旗帜、聚民心、育新人、兴文化、展形象的使命任务。

举旗帜，就是要高举马克思主义、中国特色社会主义的旗帜，坚持不懈用习近平新时代中国特色社会主义思想武装全党、教育人民、推动工作，在学懂弄通做实上下功夫，推动当代中国马克思主义、21世纪马克思主义深入人心、落地生根。

聚民心，就是要牢牢把握正确舆论导向，唱响主旋律，壮大正能量，做大做强主流思想舆论，把全党全国人民士气鼓舞起来、精神振奋起来，朝着党中央确定的宏伟目标团结一心向前进。

育新人，就是要坚持立德树人、以文化人，建设社会主义精神文明、培育和践行社会主义核心价值观，提高人民思想觉悟、道德水准、文明素养，培养能够担当民族复兴大任的时代新人。

兴文化，就是要坚持中国特色社会主义文化发展道路，推动中华优秀传统文化创造性转化、创新性发展，继承革命文化，发展社会主义先进文化，激发全民族文化创新创造活力，建设社会主义文化强国。

展形象，就是要推进国际传播能力建设，讲好中国故事、传播好中国声音，向世界展现真实、立体、全面的中国，提高国家文化软实力和中华文化影响力。

“举旗帜、聚民心、育新人、兴文化、展形象”，是新形势下宣传思想战线的光荣职责，要从中国共产党和国家工作的大局去把握，从中华民族伟大复兴的进程去审视，从我国社会主要矛盾变化、人民群众新期待的角度去认识，深刻理解其历史必然性和极端重要性。要看到五个方面不是简单并列关系，而是相辅相成、相互促进的有机整体，在实践中不能顾此失彼、只抓其一不顾其他，而要注重协同性、关联性、整体性，从而贯通起来把握，结合起来推进。

中国农民丰收节

中国农民丰收节是第一个在国家层面专门为农民设立的节日，节日时间是每年秋分。设立"中国农民丰收节"是中共中央、国务院于2018年作出的一项重大决策，充分体现了以习近平同志为核心的党中央对"三农"工作的高度重视和对广大农民的亲切关怀。

⊙广西南宁：青秀山景区举办丰收节，游客观赏丰收场景

⊙广西柳州：苗寨举办丰收节主题活动

我国是农业大国，中华农耕文化历史悠久、源远流长。我国古代就有庆五谷丰登的习俗。改革开放以来，特别是中共十八大以来，我国农业农村发生深刻变化，取得历史性成就。农业连年丰收，农村居民人均可支配收入不断增长。农村改革、农业供给侧结构性改革、绿色发展、农业现代化、乡村治理等都取得显著成效，农村社会保持长期稳定。2018年是中国改革开放40周年，中国的改革是从农村发端，举办"中国农民丰收节"，既有助于宣传展示农耕文化的悠久厚重，弘扬中华优秀传统文化，推动传统文化和现代文明有机融合，增强文化自信心和民族自豪感；又可以充分展示农村改革发展的巨大成就，展示中国农民的伟大创造，展

现乡村振兴的美好前景，增强加快建设社会主义现代化农业强国的决心和信心。

⊙湖北荆门：农民丰收节稻谷金黄，小学生走进田间体验农耕过程

中国农民丰收节由农业农村部和有关部门组织实施。以“庆祝丰收、弘扬文化、振兴乡村”为宗旨，遵循“务实、开放、共享、简约”的原则，坚持农民主体、政府引导、因地制宜、突出特色，开展喜闻乐见的活动，展示科技强农新成果、产业发展新成就、乡村振兴新面貌。截至2021年底，已经成功举办四年。2018年首届中国农民丰收节由“1+6+N”的庆祝活动组成，“1”是在北京有一个主会场，“6”个分会场立足体现中国农耕文明的区域特点，“N”就是策划了100多个系列活动。从2019年起，中国农民丰收节进一步将活动中心下沉到县、乡、村，提高农民的参与度和基层覆盖率。

如今，中国农民丰收节已经成为了一个鲜明的文化符号，成为有特色、有人气、有影响的农民节日。

港珠澳大桥

港珠澳大桥跨越伶仃洋，东接香港特别行政区，西接广东省珠海市和澳门特别行政区，总长约55千米，是“一国两制”下粤港澳三地首次合作共建的超大型跨海交通工程，也是中国桥梁建设史上技术最为复杂、环保要求最高、建设标准最高的“超级工程”。2018年10月23日，港珠澳大桥开通仪式在广东珠海举行。

⊙香港：从大屿山向西拍摄的港珠澳大桥雄姿

一桥飞架伶仃洋，从此天堑变通途。

港珠澳大桥历经十余年研究论证与施工建设，创下多项世界之最，比如总体跨度最长、钢结构桥体最长、海底沉管隧道最长，等等。虽为"桥"，实际却是一项集桥、岛、隧为一体的庞大工程。为保证伶仃洋水域30万吨级通航能力，需在海中筑起两座人工岛，两座岛间以长达6.7千米的隧道连接。沉管隧道内，车辆可畅行无阻；隧道上方，30万吨油轮可满载通航。建设难度本就不低，施工条件更为复杂。在国家科技支撑计划引领下，中国科研人员攻克了大量技术难题，港珠澳大桥在建设管理、工程技术、施工安全和环境保护等领域，填补了诸多"中国空白"乃至"世界空白"，形成了一系列"中国标准"，体现了一个国家逢山开路、遇水架桥的奋斗精神，体现了我国综合国力、自主创新能力，体现了勇创世界一流的民族志气。

港珠澳大桥是一座圆梦桥、同心桥、自信桥、复兴桥。建设港珠澳大桥是中央支持香港、澳门和珠三角区域更好发展的一项重大举措。港珠澳大桥建成开通，有利于三地人员交流和经贸往来，有利于促进粤港澳大湾区发展，有利于提升珠三角地区综合竞争力，对于支持香港、澳门融入国家发展大局，全面推进内地、香港、澳门互利合作具有重大意义。

进博会

中国国际进口博览会，简称“进博会”，由商务部和上海市人民政府主办，中国国际进口博览局、国家会展中心（上海）承办，是世界上第一个以进口为主题的国家级展会。

举办中国国际进口博览会由习近平总书记亲自谋划、亲自提出、亲自部署、亲自推动，是我国着眼新一轮高水平对外开放作出的一项重大决策，是我国主动向世界开放市场的重大举措。首届中国国际进口博览会于2018年11月5日至10日在上海举行，

⊙ 中国国际进口博览会会馆上海国家会展中心

习近平总书记在开幕式主题演讲中指出：中国国际进口博览会不仅要年年办下去，而且要办出水平、办出成效、越办越好。还宣布增设中国上海自由贸易试验区的新片区、在上海证券交易所设立科创板并试点注册制、支持长江三角洲区域一体化发展并上升为国家战略。

首届中国国际进口博览会以"新时代·共享未来"为主题，吸引 172 个国家、地区和国际组织参会，3600 多家企业参展，超过 40 万名境内外采购商到会洽谈采购，展览总面积达 30 万平方米。有三大亮点：第一个亮点是理念的推广，进一步向世界宣告中国开放市场的决心，既契合国内发展需求，也符合在当今国际形势下的大国形象。亮点之二是新技术、新项目、新服务的出现，让人们大开眼界，共同分享世界文明的成果。亮点之三是实现了参展商和采购商的交流，为他们积累了很多订单、客户群，为今后的发展奠定很好的基础。此次交易采购成果丰硕，按一年计，累计意向成交 578.3 亿美元。截至 2021 年 12 月，中国国际进口博览会已经连续四届成功举办。进博会让展品变商品、让展商变投资商，交流创意和理念，联通中国和世界，成为国际采购、投资促进、人文交流、开放合作的四大平台，成为全球共享的国际公共产品。

庆祝改革开放 40 周年

2018 年是中国改革开放 40 周年。1978 年 12 月 18 日，中国共产党召开十一届三中全会，实现新中国成立以来中国共产党的历史上具有深远意义的伟大转折，开启了改革开放和社会主义现代化的伟大征程。

⊙广东深圳：改革开放40周年灯光秀

2018年，全国上下隆重庆祝改革开放40周年这一重要节点。11月13日，“伟大的变革——庆祝改革开放40周年大型展览”在国家博物馆开幕。12月2日起，《我们一起走过——致敬改革开放40周年》在央视综合频道播出。12月14日，庆祝改革开放40周年文艺晚会《我们的四十年》在北京人民大会堂举行。12月18日，庆祝改革开放40周年大会在人民大会堂召开，会上隆重表彰了100名改革先锋和10名中国改革友谊奖章获得者，习近平总书记发表重要讲话指出：40年的实践充分证明，党的十一届三中全会以来我们党团结带领全国各族人民开辟的中国特色社会主义道路、理论、制度、文化是完全正确的，形成的党的基本理论、基本路线、基本方略是完全正确的。40年的实践充分证明，中国发展为广大发展中国家走向现代化提供了成功经验、展现了光明前景，是促进世界和平与发展的强大力量，是中华民族对人类文明进步作出的重大贡献。40年的实践充分证明，改革开放是党和人民大踏步赶上时代的重要法宝，是坚持和发展中国特色社会主义的必由之路，是决定当代中国命运的关键一招，也是决定实现"两个一百年"奋斗目标、实现中华民族伟大复兴的关键一招。改革开放40年积累的宝贵经验是党和人民弥足珍贵的精神财富，对新时代坚持和发展中国特色社会主义有着极为重要的指导意义，必须倍加珍惜、长期坚持，在实践中不断丰富和发展。

习近平总书记的重要讲话和改革开放40周年的庆祝活动，对于充分展现改革开放40年来的伟大成就，继承和发展改革开放40年的宝贵经验，大力弘扬以改革创新为核心的时代精神，在新时代新起点上，汇聚改革开放再出发的磅礴伟力，坚定不移将改革开放进行到底，具有重要意义。

"锦鲤"

在汉语盘点2018活动中，锦鲤被评为"2018年度十大网络用语"之一。锦鲤象征着转运、祈愿、保佑、吉祥，表达人们对美好生活的向往。互联网上一些青年网民通过转发"锦鲤"进行流动许愿，使转发"锦鲤"成为一种网络社交现象。

互联网是当今社会最鲜活的汉语应用场景，"锦鲤"的走红一定程度上体现了青年人的心理状态。这一代青年见证了中国经济社会的飞速发展与变迁，以及媒介技术带来的深刻变革，拥有越来越丰富的社会生活和多元的人生选择，但也面临日益复杂的考量。面对一些压力和挑战，一部分年轻人产生了一些焦虑情绪。

⊙辽宁沈阳：一高校现35米长锦鲤墙，成校园风景

在这种情况下，转发“锦鲤”能够使他们在社交圈层内共享情绪，让个人的社会焦虑在公共讨论和社交情境中转换为情感反馈，起到了心理暗示的抚慰作用，成为缓冲、稀释甚至消解焦虑的“润滑剂”。

但同时，随着转发“锦鲤”而衍生出“躺赢”论调则是需要警惕的。有的转发“锦鲤”希望自己逃学翘课从不复习，也能够压分飘过；有的转发“锦鲤”希望“钱多事少离家近，位高权重责任轻”。然而，这些都是不劳而获的“天方夜谭”。我国古代传说中那些逆流搏击、不断奋斗、百折不挠“跳龙门”的鲤鱼才是真正的“锦鲤”；终日无所事事食来张口的饲养鲤鱼，一般最终都难逃砧板和油锅的噩运。青年有自己的天性，学习、工作累了放松放松无可厚非，但要学会正确辨别网络上充斥的多元价值观。

一代人有一代人的长征，一代人有一代人的担当。习近平总书记指出：“当代青年遇到了很多我们过去从未遇到过的困难”，但“压力是青年成长的动力”。奋斗的道路不会一帆风顺，往往荆棘丛生、充满坎坷。强者，总是从挫折中不断奋起、永不气馁。广

⊙山东济南：创意"锦鲤"爬墙激活"老胡同"

大青年要树立高远志向，培养勇于奋斗的精神状态、乐观向上的人生态度，在劈波斩浪中开拓前进，在披荆斩棘中开辟天地，在攻坚克难中创造业绩。用青春和汗水成就自己的人生理想，担当时代的神圣使命的人，才是最值得学习、提倡的"锦鲤"。

热词
2016年
2017年
2018年
2019年
2020年

中美建交40周年

2019年是中美建交40周年。从1949年8月5日美国政府发表《美国与中国的关系》白皮书，掩盖美国侵华政策的实质，并坚持同中国人民为敌的政策，毛泽东为新华社撰写《丢掉幻想，准备斗争》等五篇评论揭露美国对华政策的帝国主义本质开始，中美关系进入二十余年的“冰封期”。1971年，美国总统国家安全事务助理基辛格经巴基斯坦秘密访华，中美关系从此迈进新的历史时期。同年，中华人民共和国恢复了联合国合法席位与安理会常任理事国席位，为中国发展提供了良好的外部环境。1979年1月1日，中美正式互相承认并建立外交关系。中美建交，不仅改

⊙ 美国亚特兰大：当地时间2019年1月18日，时任中国驻美大使崔天凯出席纪念中美建交40周年国际研讨会，并发表讲话

善了两国的外部环境，也改变了亚太及世界的政治经济格局，对国际关系发展产生了深远影响。

从试探之旅的"乒乓外交"到基辛格秘密访华，再到破冰之旅的尼克松访华，直至中美正式建交，中美关系如同航行在浩荡洋面上的巨轮，速度时缓时快，却始终向前，取得了当年人们难以想象的巨大成就，不仅给两国人民带来了巨大福祉，也有力促进了世界的和平、稳定、繁荣。

建交时，中美双边贸易不足 25 亿美元，相互投资几乎为零；2017 年，双边贸易超过 5800 亿美元，各类投资累计超过 2300 亿美元。

建交时，中美人员往来每年仅几千人次；2017 年，两国人员往来超过 530 万人次，中国在美留学生总数超过 40 万人，美在华留学生也增加到 2 万人。两国已建立 50 对友好省州和 227 对姐妹城市。

40 年来，两国在双边、地区、全球层面各领域开展了富有成果的交流合作。从处理地区热点问题到反恐、防扩散，从应对国际金融危机、环境保护、疾病防控到月球探测，双方合作清单越来越长。

在这一过程中，中国始终秉持着相互尊重、求同存异的原则理念。中美三个联合公报和两国领导人达成的重要共识，为双方正确处理两国关系提供了根本遵循，也是 40 年来中美关系历久弥新、不断向前的动力所在。

2019 年 1 月 1 日，国家主席习近平与美国总统特朗普互致贺信，热烈祝贺两国建交 40 周年。习近平主席强调："历史充分证明，合作是双方最好的选择。""让两国关系发展更好造福两国人民和世界各国人民。"

学习强国

2019年新年第一天，“学习强国”学习平台上线仪式在北京举行。

建设“学习强国”学习平台，是贯彻落实习近平总书记关于加强学习、建设学习大国重要指示精神、推动全党大学习的有力抓手，是新形势下强化理论武装和思想教育的创新探索，是推动习近平新时代中国特色社会主义思想学习宣传贯彻不断深入的重要举措。

“学习强国”由PC端（网站）、手机客户端两大终端组成。PC端共有“学习新思想”“习近平文汇”“学习文化”“环球视野”“学习慕课”等17个版块180多个一级栏目，内容极为丰富，聚合了大量可免费阅读的新闻、期刊、古籍、公开课、歌曲、戏曲、电影、图书等资料。手机客户端，由“学习”“视频学习”两大版块38个频道构成。其中“学习”版块包括推荐、要闻、新思想、时政综合、发布、实践、订阅、经济、人物、科技、文化、图片、党史、人事、法纪、国际、纪实、用典、时评、思考、军事等频道。“视频学习”版块，则有第一视频、短视频、联播频道、理论、党史、慕课、人物、文化、文艺、科学、自然、电视剧、电影、法治、军事等频道。其中“第一视频”主要是有关习近平总书记相关活动的视频报道。“联播频道”顾名思义就是央视新闻联播视频。慕课则是免费的公开视频课程，种类丰富。

“学习强国”不仅开设了“新思想”这样的重磅栏目，还有中央主要新闻单位等“强国号”提供的原创优质内容。海量、免费的图文和音视频学习资源，让“学习强国”成为习近平新时代中国特色社会主义思想最权威、最全面的信息平台之一，打造出一个干事创业的理论宝库、强魄铸魂的精神家园。"学习强国"还首次实现了"有组织、有管理、有指导、有服务"的学习，极大地满足了互联网条件下广大党员干部和人民群众多样化、自主化、便捷化的学习需求。在手机端上，"学习强国"支持创建学习组织，设有"学习积分""在线答题""日程提醒"等管理和激励机制。"学习强国"甫一上线，就引起了强烈反响，亮相后仅 3 个月注册用户就突破了 1 亿人，迅速成为广大干部群众理论学习的"资源库""掌中宝"。

习近平总书记说过："梦想从学习开始，事业从实践起步。"建设新时代的学习型政党、学习型国家，需要每一名中国共产党员的努力。只有不断学习、不断提高，积小力成大力，才能把中国建设得更强大。

"基层减负年"

2019 年岁末，在中共中央政治局专题民主生活会上，一份重要报告通过审议——《关于解决形式主义突出问题为基层减负工作情况的报告》。

"从领导机关和领导干部做起，解决形式主义突出问题为基层减负成为思想自觉、政治自觉和行动自觉""精文简会、规范督查检查考核等硬杠杠硬措施得到较好落实，基层有了实实在在的获得感""采取切实措施激励干部担当作为，干部队伍的精神状态发生了很大变化"……一系列扎扎实实的显著变化，彰显出以习近平同志为核心的中共中央解决形式主义突出问题为基层减负的累累硕果。

欲筑室者，先治其基。中国共产党的根基在基层，基层各项工作不仅关乎群众的切身利益，也关系党的形象和执政基础的巩固。习近平总书记始终心系基层、关爱干部。对基层面临的形式主义困扰，习近平总书记见微知著、明察秋毫，时时牵挂于心。在2019年新年贺词中，习近平总书记关切地表示：“要倾听基层干部心声，让敢担当有作为的干部有干劲、有奔头。”在2019年年初召开的中共十九届中央纪委三次全会上他又强调：要把力戒形式主义、官僚主义作为重要任务，拿出有效管用的整治措施。为贯彻落实习近平总书记重要指示批示精神，更好为基层干部松绑减负，2019年3月，中共中央办公厅印发《关于解决形式主义突出问题为基层减负的通知》（以下简称《通知》）。《通知》提出将2019年作为“基层减负年”，围绕为基层减负，聚焦“四个着力”，从以党的政治建设为统领加强思想教育、整治文山会海、改变督查检查考核过多过频过度留痕现象、完善问责制度和激励关怀机制等方面，提出了务实管用的举措。

2019年4月1日，中央层面整治形式主义为基层减负专项工作机制举行第一次会议。中央层面整治形式主义为基层减负专项工作机制，是中国共产党历史上第一次为克服形式主义、官僚主义问题而成立的专项工作机制。解决长期以来存在的形式主义问题，必须有切切实实、持之以恒的坚定意志和坚决行动。在中共中央集中统一领导下，由中央办公厅牵头，中央纪委国家监委机关、中央组织部、中央宣传部等有关部门参加，全力推进基层减负各项决策部署落地见效。各省区市普遍建立了相应的工作机制，按照中央部署细化落实举措，拿出了为基层松绑减负的“干货”，营造出上下联动为基层真减负、减真负的浓厚氛围。

2019年，中共中央、国务院发文数量都比上年减少30%以上，文风会风进一步改善。省区市文件和会议平均压缩39%、37%，中央和国家机关分别压缩39%、33%。中央和国家机关督查检查考核事项从近900项大幅压缩至96项，实际开展88项。国家统计局开展的实地民意调查结果显示，86.6%的干部群众认为中央为基层减负政策的实施效果好，95.1%的干部群众对克服形式主义、官僚主义方面的情况表示满意，98.3%的干部群众对中央为基层减负政策长期执行有信心。

作风建设永远在路上。在以习近平同志为核心的中共中央坚强领导下，坚持标准不降、力度不减，持续解决形式主义突出问题，深化拓展为基层减负工作，一定能把减负工作的良好态势巩固为更大胜势，进一步凝聚起广大党员干部决战决胜的磅礴力量，以优良作风向着伟大事业奋勇前进。

外商投资法

2019年3月15日，十三届全国人大二次会议表决通过了《中华人民共和国外商投资法》，自2020年1月1日起施行。12月26日，国务院公布《中华人民共和国外商投资法实施条例》。外商投资法共设有6章，包括总则、投资促进、投资保护、投资管理、法律责任、附则，共42条，对新的外商投资法律制度作出了基本的、明确的规定。作为新时代中国利用外资的基础性法律，外商投资法的出台充分彰显了新时期我国进一步扩大对外开放、积极促进外商投资的决心和信心，这部被寄予厚望的重要法律对中国经济产生重大影响。

积极吸引和利用外商投资，是我国扩大对外开放和构建开放型经济新体制的重要内容，必须有健全的法治保障。改革开放以来，我国的外商主要是指在中国境内投资的中外合资经营企业、中外合作经营企业、外商独资经营企业，俗称为"三资企业"。

1979 年，我国颁布实施首部外商投资法——《中华人民共和国中外合资经营企业法》，该法对有关外商直接投资的一系列重大问题作出简明扼要规定，为外商来华投资敞开大门。1986 年和 1988 年，又相继出台《中华人民共和国外资企业法》和《中华人民共和国中外合作经营企业法》。这三部法律被统称为“外资三法”。中共十八大以来，中国特色社会主义进入新时代，我国经济已由高速增长阶段转向高质量发展阶段，“外资三法”已难以适应新时代改革开放实践的需要。新形势下全面加强对外商投资的促进和保护、进一步规范外商投资管理的要求，大大超出了“外资三法”的调整范围。为此，迫切需要在总结我国吸引外商投资实践经验的基础上，制定一部新的外商投资基础性法律取代“外资三法”。

制定外商投资法，是促进社会主义市场经济健康发展、实现经济高质量发展的客观要求。外商投资法的通过，向世界传递了中国进一步扩大开放的坚定决心。海外媒体用“至关重要”“最大亮点”等评述十三届全国人大二次会议表决通过该法，认为外商投资法的通过展示了中国进一步拥抱世界的自信姿态以及与世界开放融通、合作共赢的真诚愿望。

值得关注的是，此次出台的外商投资法明确提出，“国家对外商投资实行准入前国民待遇加负面清单管理制度”。准入前国民待遇，是指在投资准入阶段给予外国投资者及其投资不低于本国投资者及其投资的待遇。负面清单，是指国家规定在特定领域对外商投资实施的准入特别管理措施。国家对负面清单之外的外商投资，给予国民待遇。这是我国外商投资管理体制的根本性变革，既大幅简化了外资准入规定，又明确了遵守负面清单规定和信息报告等外国投资义务，顺应了我国利用外资的放管结合现实需求，符合国际通行的高标准外资准入规则和管理规则，将让中国的外资管理模式与国际开放程度较高的国家接轨，实现高水平投资自由化与便利化。同时，这也有助于为中国营造更加公平、透明、便利的外商投资环境，推动形成全面开放新格局，努力保持我国作为全球外商投资主要目的地地位。

外商投资法的出台，将我国对外开放水平提高到一个新的高度，进一步提升了投资环境的开放度、透明度和可预期性，为推动形成全面开放新格局提供更加有力的法律保障。

人民海军成立 70 周年

2019 年 4 月 21 日，庆祝人民海军成立 70 周年大会在北京举行。大会回顾了 70 年来人民海军从无到有、从小到大、从弱到强的奋斗历程，总结在战斗、建设、改革、转型和军事斗争准备实践中形成的历史经验，展望在新时代新征程上全面建成世界一流海军的光明前景，并对 70 年间为海军建设发展作出突出贡献的单位和个人进行表彰。

强于天下者必强于海，弱于天下者必弱于海。血一般的历史教训反复证明着一条铁律：海权是影响大国兴衰沉浮的重要因素。从 19 世纪中叶到新中国成立的百余年间，中国遭外敌从海上入侵 470 多次。几乎所有的岛屿、港湾都遭到过列强践踏，数千年文明古国一次次蒙羞受辱。

中国共产党人让中国有海无防的历史永远画上了句号。1949 年 1 月，在西柏坡指挥全国解放战争的毛泽东作出应当组成一支保卫沿海沿江的海军的历史性决定。1949 年 4 月 23 日，伴随着百万雄师横渡长江的凯歌，人民海军在江苏泰州白马庙宣告诞生，中华民族开启了向海图强的新篇章。在中共中央、中央军委的正确领导下，几乎从零起步的人民海军走上了建设发展的快车道：

⊙南昌舰参加中国人民解放军海军成立70周年海上阅兵活动

1949年8月15日，华东军区海军在南京成立海军学校；1949年10月1日，在开国大典上，第一支海军受阅部队接受检阅；1949年11月8日，第一期3500余名学员结业后上舰，成为海军第一批骨干力量；1950年春节，已修复、改装大小舰艇近百艘，海军有官兵无舰艇的局面初步扭转；1950年4月23日，华东军区海军成立一周年暨军舰命名授旗典礼，为134艘舰艇命名、授旗；1955年1月，海军配合陆军、空军解放一江山岛，这是我军第一次陆海空三军联合作战。在战火中成长壮大的人民海军，已经成为一支捍卫国家主权和安全、维护国家海洋权益、应对多种安全威胁、完成多样化军事任务的海上钢铁长城。

中共十八大以来，海军建设发展进入了“黄金时期”。人民海军聚焦新时代使命任务，核心军事能力大幅提升，主战武器装备更新换代，现代后勤建设不断深化，国际交流合作务实高效，向着建设世界一流海军的目标大踏步前进。从2009年到2019年的短短10年间，人民海军新型主战舰艇数量，已从十位数向百位数递增。国际军事观察家评价，这10年，人民海军装备的发展变化，超过了以前半个世纪。强军之要在胜战。面对大量新型装备的列装，海军加快提升水面舰艇、潜艇、航空兵、陆战队和岸防部队等多兵种的联合作战能力，带有实战化背景、突出全要素合成的海空联合演练成为一种常态。从东海、南海再到太平洋，从空中、水面再到水下，人民海军的舰艇编队、航空兵一次次突破岛链，一系列实战化课题在远海大洋轮番上演。

舟大者任重，马骏者远驰。随着中国的不断发展，"努力把人民海军全面建成世界一流海军"的伟大号召，必将激励站上强军兴军新征程的人民海军，创造新的伟大奇迹。

从"大写意"到"工笔画"

2019 年 4 月 25 日至 27 日，第二届"一带一路"国际合作高峰论坛在北京举行。国家主席习近平出席开幕式并发表主旨演讲，来自 150 多个国家和 90 多个国际组织的近 5000 名外宾参加。

这次高峰论坛的主题是"共建'一带一路'、开创美好未来"。其间，陆续举行了一场企业家大会、12 场分论坛、高峰论坛开幕式、高级别会议、领导人圆桌峰会等系列活动。与会领导人和国际组织负责人围绕"推进互联互通，挖掘增长新动力""加强政策对接，打造更紧密伙伴关系""推动绿色和可持续发展，落实联合国 2030 年议程"等议题进行深入讨论，完善了合作理念，明确了合作重点，强化了合作机制，就高质量共建"一带一路"达成了广泛共识。

领导人圆桌峰会一致通过的联合公报，成为今后共建"一带一路"国际合作的行动指南，奏响了构建开放型世界经济主旋律。公报明确提出要推动贸易和投资自由化便利化，支持开放、包容、

⊙北京：雁栖湖“一带一路”高峰论坛国际会议中心之会议厅

以规则为基础的多边贸易体制。各方在论坛期间建立的“一带一路”多边对话合作平台，正是以构建开放型世界经济的实际行动，努力践行多边主义的理念。这些充分表明，共建“一带一路”为世界经济增长开辟了新空间，为国际贸易和投资搭建了新平台，为完善全球经济治理拓展了新实践，为增进各国民生福祉作出了新贡献。论坛期间，与会各方围绕绘制精谨细腻的“一带一路”工笔画，开展全方位对接合作，进一步明确了合作重点和路径。

习近平主席在高峰论坛开幕式上宣布，中国将采取一系列重大改革开放举措，包括在更广领域扩大外资市场准入、更大力度加强知识产权保护国际合作、更大规模增加商品和服务进口、更加有效实施国际宏观经济政策协调、更加重视对外开放政策贯彻落实等。这些开放举措，是根据中国改革开放需要作出的自主选择，同时也将为共建“一带一路”和各国共同繁荣提供更多、更大的机遇。

同首届论坛相比，本届论坛规模更大、内容更丰富、参与国家更多、成果更丰硕。作为中国当年度最重要的主场外交，这届论坛达成6大类283项务实成果，成为推动“一带一路”建设从“大写意”迈向“工笔画”的里程碑，为全球经济增长开辟更多空间，为构建人类命运共同体作出新贡献。

北京世界园艺博览会

2019年4月28日，国家主席习近平在北京延庆出席2019年中国北京世界园艺博览会开幕式，并发表题为《共谋绿色生活，共建美丽家园》的重要讲话。北京世界园艺博览会是经国际园艺生产者协会批准，由中国政府主办、北京市政府承办的最高级别的世界园艺博览会，是2019年我国主场外交和新中国成立70周年庆祝活动的主要组成部分。

北京世园会园区设在北京市延庆区，以“绿色生活，美丽家园”为主题，规划总面积960公顷，举办时间为2019年4月29日至10月7日，共有约110个国家和国际组织参展。主要场馆有国际馆、中国馆、植物馆、生活体验馆、演艺中心等。中国馆是世园会的主要场馆之一，中国馆按照“生生不息，锦绣中华”的展陈理念，以园艺为载体聚焦中国生态文化，汇聚中国31个省区市园艺产业、生态文明建设成果以及科研院校探索的前沿成果，展示中国非物质文化遗产插花艺术。植物是北京世园会的最大看点，100多个各具特色的国家和国际组织展园、省区市展园、企业展园、百果园、百蔬园、百草园等，集中展示了国内外珍稀特色花卉、乡土花卉、自育新优花卉等多个花卉品种和果树、蔬菜、中药植物、茶、咖啡等众多内容。

北京世园会会期文化活动除开幕式、开园活动、中国馆日、闭幕式等规模较大的活动之外，也有“国家日”“荣誉日”“省区市日”、花车巡游、世界民族民间文化荟萃演出等特色活动，还有论坛、国际竞赛等园艺专业活动，基本上做到了“月月有主题、周周有活动、天天有展示、时时有互动”。

北京世园会引入物联网、5G、大数据和人工智能等技术手段，将世园会从传统园林艺术展示转变成人、自然、科技和文化交融的园艺盛会诠释了绿色发展理念，加强了各国文明互鉴，在推动构建人类命运共同体方面发挥了积极作用。

国际展览局负责人给予了北京世园会高度评价：北京世园会

⊙北京：探访景美如画的世园会园区

精彩绝伦，取得巨大成功，是园艺博览会历史上最好的一届盛会。通过举办世园会，我们看到中国人民为保护环境作出的巨大努力，也让全世界感受到保持绿色、健康生活的重要性。北京世园会对未来的园艺博览会举办有着巨大的示范作用。

"最美奋斗者"

庆祝中华人民共和国成立 70 周年是党和国家政治生活的一件大事。2019 年 5 月，中共中央办公厅、国务院办公厅印发了《关于隆重庆祝中华人民共和国成立 70 周年广泛组织开展"我和我的祖国"群众性主题宣传教育活动的通知》，对庆祝中华人民共和国成立 70 周年群众性主题宣传教育活动作出安排部署，提出评选表彰"新中国最美奋斗者"，组织干部群众深入走访慰问。

70 年来，在中国共产党的坚强领导下，中华民族迎来了从站起来、富起来到强起来的伟大飞跃，涌现出无数感天动地、可歌可泣的英雄模范，他们用鲜血和生命、智慧和汗水，为国家富强、民族振兴、人民幸福谱写了名垂青史、彪炳千秋的壮丽篇章。各个历史时期的英雄模范都是国家的脊梁、民族的英雄、时代的楷模，值得党和人民永远铭记，值得共和国永远铭记。使用"最美奋斗者"名称主题鲜明、内涵深刻，简练生动、易于传颂，充分体现了中共中央对一代又一代奋斗者的深切关怀，体现了中国共产党始终为人民不懈奋斗、同人民一起奋斗的初心使命，体现了广大干部群众奋斗新时代、共筑中国梦的非凡勇气和昂扬姿态。在新中国成立 70 周年之际，组织开展"最美奋斗者"学习宣传活动，评选表彰新中国成立以来涌现的英雄模范，对学习英雄事迹、培育时代新人、走好新时代长征路具有十分重要的意义。

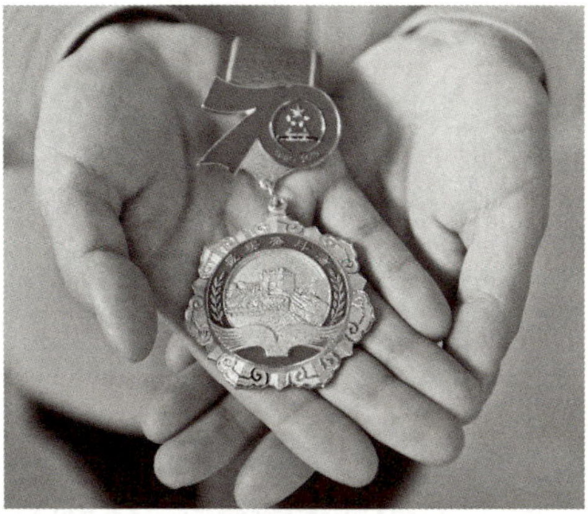

⊙“最美奋斗者”奖章

最美奋斗者的评选标准是：坚持用党的科学理论武装头脑，坚定贯彻执行党的基本理论、基本路线、基本方略，牢牢站稳党的政治立场，坚决维护党中央权威和集中统一领导，信念坚定、为民服务、勤政务实、敢于担当、清正廉洁的基层优秀党员干部；在经济建设、政治建设、文化建设、社会建设、生态文明建设和党的建设以及国防和军队、外交等方面不懈奋斗，为国家富强、民族振兴、人民幸福作出重要贡献的各行各业代表人士；长期奋战在基层一线，在平凡的岗位上作出不平凡业绩的工人、农民、知识分子、干部和各界人士，以及人民解放军指战员、武警部队官兵、公安干警、消防救援队伍指战员等。

2019 年 9 月 25 日，“最美奋斗者”表彰大会在北京举行。张富清等 278 名个人、西安交通大学“西迁人”爱国奋斗先进群体等 22 个集体被授予“最美奋斗者”称号。

这次受表彰的个人和集体，是新中国成立 70 年来各个时期的先进分子、各行各业的杰出代表，涵盖了社会主义建设、改革的各个历史时期涌现出的英雄人物。既有保家卫国的战士，也有勇于实践的改革先锋；既有三尺讲台上的老师，也有扎根基层致富百姓的干部。还有贡献突出的科学家、体育运动员、文物保护工作者……他们忠诚于党、报效祖国，扎根基层、奉献人民，在各自岗位上做出了非凡业绩，赢得了人民广泛赞誉。

经中共中央批准，中央宣传部等部门决定在全国范围广泛开展“最美奋斗者”学习宣传活动，热情讴歌中华人民共和国成立以来各地区、各行业、各领域涌现出来的先进人物，激励广大干部群众以“最美奋斗者”为榜样，自觉把自身的前途命运同国家和民族的前途命运紧密联系在一起，在实现个人理想价值的过程中，为决胜全面建成小康社会、夺取新时代中国特色社会主义伟大胜利、实现中华民族伟大复兴的中国梦贡献力量。

“不忘初心、牢记使命”主题教育

2019 年 5 月 13 日，中共中央政治局召开会议，决定从 2019 年 6 月开始，在全党自上而下分两批开展“不忘初心、牢记使命”主题教育。5 月 31 日，“不忘初心、牢记使命”主题教育工作会议召开，习近平总书记出席会议并发表重要讲话。习近平总书记指出，开展“不忘初心、牢记使命”主题教育，要牢牢把握“守初心、担使命，找差距、抓落实”的总要求，牢牢把握深入学习贯彻新时代中国特色社会主义思想、锤炼忠诚干净担当的政治品格、团结带领全国各族人民为实现伟大梦想共同奋斗的根本任务，努力实现理论学习有收获、思想政治受洗礼、干事创业敢担当、为民服务解难题、清正廉洁作表率的具体目标，确保这次主题教育取得扎扎实实的成效。

主题教育自上而下分两批进行，总体安排 6 个月时间，第一批包括中央和国家机关及其直属单位，省（自治区、直辖市）和副省级城市机关及其直属单位，中管金融企业、中管企业，从 2019 年 6 月开始，8 月底基本结束；第二批包括省以下各级机关及其直属单位、高等学校和其他基层组织，从 2019 年 9 月开始，11 月底基本结束。具体到每个单位，开展集中教育时间不少于 3 个月。这次主题教育不划阶段，不分环节，要把学习教育、调查研究，检视问题、整改落实贯穿主题教育全过程。

⊙上海："不忘初心 牢记使命"铜制艺术品

主题教育启动后，从中央到地方，从党政机关到人民团体、企业单位，各地区各部门各单位党组织高度重视，以强烈的责任感和紧迫感，迅速组织学习习近平总书记重要讲话精神，认真贯彻落实中央要求，对主题教育进行具体部署。截至2019年底，各级党组织有力推动，广大党员、干部积极投入，人民群众热情支持，整个主题教育特点鲜明、扎实紧凑，达到了预期目的，取得了重大成果。通过"不忘初心、牢记使命"主题教育，各级党组织和广大党员、干部深入学习实践新时代中国特色社会主义思想，提高了知信行合一能力；思想政治受到洗礼和锤炼，增强了守初心、担使命的思想自觉和行动自觉；干事创业、担当作为的精气神得到提振，推动了改革发展稳定各项工作；积极解决群众最急最忧最盼的问题，强化了宗旨意识和为民情怀；深入进行清正廉洁教育，涵养了风清气正的政治生态；重点抓突出问题专项整治，消除了一些可能动摇党的根基、阻碍党的事业的因素。

"不忘初心、牢记使命"主题教育，是新时代深化党的自我革命、推动全面从严治党向纵深发展的生动实践，促进了全党思想上的统一、政治上的团结、行动上的一致，为中国共产党统揽“四个伟大”、实现“两个一百年”奋斗目标作了思想上政治上组织上作风上的有力动员，具有重大现实意义和深远历史影响。中共十九届四中全会提出建立不忘初心、牢记使命的制度，强调要把不忘初心、牢记使命作为加强党的建设的永恒课题和全体党员、干部的终身课题，形成长效机制，坚持不懈锤炼党员、干部忠诚干净担当的政治品格，体现了中国共产党对不忘初心、牢记使命这一重大命题的极端重视和深刻把握。

五四运动 100 周年

北京，五四大街，北大红楼肃然矗立。1919 年 5 月 4 日，历史从这里转折。五四运动如闪电惊雷，劈开旧中国如磐铁幕，唤醒暗夜中沉睡的灵魂，以磅礴之力鼓动了中国人民和中华民族实现民族复兴的志向和信心。

2019 年 4 月 30 日，习近平总书记在纪念五四运动 100 周年大会上深刻指出，五四运动以来的 100 年，是中国青年一代又一代接续奋斗、凯歌前行的 100 年，是中国青年用青春之我创造青春之中国、青春之民族的 100 年。……新时代中国青年要积极拥抱新时代、奋进新时代，让青春在为祖国、为人民、为民族、为人类的奉献中焕发出更加绚丽的光彩！

时间回溯到 1919 年，中华民族走到了生死存亡的悬崖边缘。第一次世界大战后召开的巴黎和会不顾中国的反对和抗议，将德国在山东的“权益”交给日本。消息传回国内，愤怒于丧权辱国、彷徨于山河破碎、苦闷于报国无门的青年们，终于爆发！他们走上街头振臂高呼：“外争国权，内惩国贼！”一场彻底反帝反封建的伟大爱国革命运动就此开启。在拯救民族危亡的求索中，马克思主义在中国广泛传播，工人阶级开始作为独立政治力量登上历史舞台，中国共产党应运而生。这是开天辟地的大事变，深刻改变了近代以后中华民族发展的方向和进程，深刻改变了中国人民和中华民族的前途和命运，深刻改变了世界发展的趋势和格局。

回眸百年，五四运动对当代中国发展进步产生了深远影响。从山河破碎、风雨飘摇，到团结统一、繁荣昌盛；从在蒙昧和困惑中彷徨，到坚定道路自信、理论自信、制度自信、文化自信；从求自身合法权益而不得，到为全人类福祉鼓与呼……这些都深刻表明，有了马克思主义，有了中国共产党领导，有了中国人民和中华民族的伟大觉醒，中国人民和中华民族追求真理、追求进步的潮流就是任何人都阻挡不了的！只要中国人民和中华民族勇于为改变自己的命运而奋斗牺牲，我们的国家就一定能够走向富强，我们的民族就一定能够实现伟大复兴！

⊙ 北京：纪念五四运动 100 周年大会举行

五四运动以全民族的力量高举起爱国主义的伟大旗帜。五四运动，孕育了以爱国、进步、民主、科学为主要内容的伟大五四精神，其核心是爱国主义精神。爱国主义是我们民族精神的核心，是中华民族团结奋斗、自强不息的精神纽带。历经革命年代、建设年代、改革年代，这一精神代代传承、历久弥新；实现民族独立、人民解放和国家富强，这一精神点燃信仰的火炬指引未来。

今天，新时代中国青年正处在中华民族发展的最好时期，百年前就已经觉醒了的中国青年，当有所作为、也必定大有作为！

中国人民政治协商会议成立 70 周年

风雨同舟写历史，团结奋进著华章。2019 年 9 月 20 日，中央政协工作会议暨庆祝中国人民政治协商会议成立 70 周年大会召开。中共中央总书记、国家主席、中央军委主席习近平出席大会并发表重要讲话。他强调，新时代加强和改进人民政协工作，要把坚持和发展中国特色社会主义作为巩固共同思想政治基础的主轴，把服务实现“两个一百年”奋斗目标作为工作主线，把加强思想政治引领、广泛凝聚共识作为中心环节，坚持团结和民主两大主题，提高政治协商、民主监督、参政议政水平，更好凝聚共识，把人民政协制度坚持好、把人民政协事业发展好，担负起把党中央决策部署和对人民政协工作要求落实下去、把海内外中华儿女智慧和力量凝聚起来的政治责任，为决胜全面建成小康社会、进而全面建设社会主义现代化强国作出贡献。

1949 年 9 月，在中国人民争取民族独立和人民解放运动取得历史性伟大胜利之际，中国人民政治协商会议第一届全体会议隆重召开，宣告中华人民共和国的成立。70 年来，人民政协积极投身建立新中国、建设新中国、探索改革路、实现中国梦的伟大实践，同共和国一道成长、一道奋进。特别是中共十八大以来，在以习近平同志为核心的党中央坚强领导下，人民政协坚持团结和民主两大主题，充分发挥作为社会主义协商民主的重要渠道和专门协商机构作用，在继承中发展、在发展中创新，认真履行职能，建言资政、凝聚共识、汇集力量、服务大局，为党和国家各项事业发展作出了新的积极贡献。

中国共产党领导的多党合作和政治协商制度作为我国一项基本政治制度，是中国共产党、中国人民和各民主党派、无党派人士的伟大政治创造，是从中国土壤中生长出来的新型政党制度。这一制度既强调中国共产党的领导，也强调发扬社会主义民主，不仅符合当代中国实际，而且符合中华民族一贯倡导的天下为公、兼容并蓄、求同存异等优秀传统文化，是对人类政治文明的重大贡献。70年来，人民政协的丰富实践积累了宝贵经验，为我们做好人民政协工作确立了重要原则。做好新时代人民政协工作，就要坚持中国共产党的领导，牢记中国共产党的领导是中国特色社会主义最本质的特征，也是人民政协事业发展进步的根本保证；就要坚持人民政协的性质定位，在依照宪法法律和政协章程准确定位的基础上，大力推进自身各项工作和各项事业不断向前发展；就要坚持大团结大联合，最大限度调动一切积极因素，团结一切可以团结的人，汇聚起共襄伟业的强大力量；就要坚持以人民为中心履职尽责，发扬社会主义民主，丰富民主形式，畅通民主渠道，有效组织各党派、各团体、各民族、各阶层、各界人士共商国是，推动实现广泛有效的人民民主。

奋进新时代，需要更好发挥人民政协在国家治理体系中的重要作用，把协商民主贯穿政协履职全过程，在建言资政和凝聚共识上双向发力，担负起把中共中央决策部署和对人民政协工作的要求落实下去、把海内外中华儿女实现中华民族伟大复兴中国梦的智慧和力量凝聚起来的政治责任，努力寻求全社会意愿和要求的最大公约数、画出民心民愿的最大同心圆，广泛凝聚实现中华民族伟大复兴的正能量。

70年砥砺奋进，70年春华秋实。在同心共筑中国梦、共创美好新时代的新长征路上，坚持以习近平新时代中国特色社会主义思想为指导，切实增强“四个意识”、坚定“四个自信”、做到“两个维护”，铸就了辉煌历史的人民政协，必将创造更加璀璨的未来。

“十冠王”

2019年9月29日，中国女排在日本大阪市中央体育馆以3∶0完胜最后一个对手阿根廷队，最终以十一连胜成功卫冕女排世界杯冠军，第十次夺得女排世界三大赛冠军（奥运会3次、世锦赛2次、世界杯5次），成为世界女排三大赛的“十冠王”。”这一刻举国沸腾，亿万国民欢呼呐喊。

中共中央总书记、国家主席、中央军委主席习近平致电中国女排全体队员、教练员，表示热烈的祝贺和诚挚的问候。习近平总书记指出，在2019年女排世界杯比赛中，你们以十一连胜的骄人成绩夺得了冠军，成功卫冕，为祖国和人民赢得了荣誉。你们在比赛中不畏强手、敢打敢拼，打出了风格、赛出了水平，充分展现了团结协作、顽强拼搏的女排精神。我向你们表示热烈的祝贺和诚挚的问候！

中国女排再夺世界杯冠军，让人忆起曾经的光辉岁月。1981年的冬日，中国女排姑娘首次荣获世界冠军。咚咚的“铁榔头”，

⊙日本大阪：2019 女排世界杯颁奖仪式，中国女排 11 连胜夺冠

敲响了“团结起来，振兴中华”的战鼓，提振了中国人的精气神。这支光荣的队伍不仅是竞技舞台上一张亮丽的国家名片，更成为无数中国人的励志榜样。“三连冠”“五连冠”，在那个国门“初开”、人民呼唤精神力量的时代，中国女排以她们无畏的拼搏精神跨上巅峰，向世界证明了“中国人能行”。在那个改革开放大幕初启、中国奋力追赶世界的时代，女排精神如同一面旗帜，让世人看到中国的集体主义、爱国精神、自强意志，能达到怎样的高度、能创造怎样的奇迹。祖国至上、团结协作、顽强拼搏、永不言败的女排精神，是民族精神与时代精神的完美结合，是一个时代的集体记忆和价值标签。

时光流转，世事沧桑。女排姑娘有过成功登顶的荣耀与辉煌，也有过跌入低谷的徘徊和迷茫。但“跌的有多深，反弹就有多强”，坚守为国争光的梦想，永葆求新求变的精气神，不忘初心，与时俱进，用专业素养提升实力，以开放包容博采众长，靠苦干巧干赢得竞争，这是新时代女排精神的丰富内涵所在、持久魅力所在、深刻启迪所在，也正是新长征路上的中国人不畏艰险、奋力追上时代的底气所在、力量所在。

今天的中国，时代正打开一幅全新的场景，冲顶更需要坚强的意志、精神的伟力。面对决胜全面小康的艰巨挑战，面对困难众多的经济新常态，我们依然要发扬历久弥新的女排精神，去解决众多"发展起来以后的问题"，去化解"为山九仞、功亏一篑"的风险，把困难踩在脚下，把责任扛在肩上，把梦想化作风帆。为民族复兴提供凝心聚气的强大精神动力。

"国之大典"

2019 年 10 月 1 日，是一个注定被历史铭记的伟大时刻。铁甲雄师滚滚向前、排山倒海，受阅官兵步履铿锵、军威雄壮，游行群众群情振奋、喜悦自豪……20 余万军民满怀喜悦和豪情，以盛大的阅兵仪式和群众游行欢庆共和国 70 华诞，共享伟大祖国 70 年荣光。

"这次庆祝活动是国之大典"，习近平总书记强调，中华人民共和国成立 70 周年庆祝活动，"是在实现中华民族伟大复兴中国梦的征程上，全体中华儿女对共同理想所作的一次豪迈宣示"。在全面建成小康社会决胜期、"两个一百年"奋斗目标的历史交汇期，庆祝活动所展现的信仰、信念、信心，所汇聚的爱国主义豪情，激励着全体中华儿女勇往直前再出发、同心共筑中国梦。

新中国成立 70 年来，中国大地沧海桑田，我们伟大祖国的面貌、伟大人民的面貌、中华民族的面貌发生了前所未有的大变化。

中国共产党带领人民开启筚路蓝缕的创业征程，掀起气壮山河的建设浪潮，闯出波澜壮阔的改革之路，张开拥抱世界的开放胸怀，创造了世所罕见的经济快速发展奇迹和社会长期稳定奇迹。经过长期努力，中国特色社会主义进入新时代，中华民族迎来了从站起来、富起来到强起来的伟大飞跃。正如习近平总书记豪迈宣示的："历史充分证明，中国共产党和中国人民不仅善于打破一个旧世界，而且善于建设一个新世界。展望未来，中国的发展前景无限美好。"

新中国成立 70 年来，中国成功走出了一条现代化的新路。多年来，中国对世界经济增长贡献率超过 30%，已连续多年成为世界经济增长的"第一引擎"，更以推动"一带一路"建设、构建人类命运共同体展现出一个大国担当、开放的胸怀。中国特色社会主义道路、理论、制度、文化不断发展，拓展了发展中国家走向

⊙北京：庆祝中华人民共和国成立 70 周年大会在京隆重举行

现代化的途径，给世界上那些既希望加快发展又希望保持自身独立性的国家和民族提供了全新选择，为解决人类问题贡献了中国智慧和中国方案。中国人民愿同各国人民一道，推动人类命运共同体建设，共同创造人类的美好未来。

实现伟大理想，从来没有平坦的大道，新中国走过了千山万水，还要继续跋山涉水。只要坚持，梦想总可以实现；只要奋斗，未来总能够抵达。从 70 华诞这个承前启后的时间节点出发，我们掌好舵、加满油、划好桨，中华民族伟大复兴的中国梦一定会如期实现。待到梦圆时，中华更壮美。

"区块链"

2019 年 10 月 24 日下午，中共十九届中央政治局就区块链技术发展现状和趋势举行第十八次集体学习。中共中央总书记习近平在主持学习时强调，区块链技术的集成应用在新的技术革新和产业变革中起着重要作用。我们要把区块链作为核心技术自主创新的重要突破口，明确主攻方向，加大投入力度，着力攻克一批关键核心技术，加快推动区块链技术和产业创新发展。

区块链是一个信息技术领域的术语，按类型可以分为公有区块链、联合（行业）区块链、私有区块链。从本质上讲，区块链是一个共享数据库，存储于其中的数据或信息，具有"不可伪造""全程留痕""可以追溯""公开透明""集体维护"等特征。基于这些特征，区块链技术奠定了坚实的"信任"基础，创造了可靠的"合作"机制，具有广阔的运用前景。目前，区块链技术应用已延伸到数字金融、物联网、智能制造、供应链管理、数字资产交易等多个领域。全球主要国家都在加快布局区块链技术发展。

我国在区块链领域拥有良好基础，在加快推动区块链技术和产业创新发展、积极推进区块链和经济社会融合发展等方面取得了积极成效。浙江省在移动政务服务平台“浙里办”试水区块链技术，解决纸质票据凭证保管难、数据提取不方便等问题，实现票据从生成、传送、储存到使用的全过程留痕且不可篡改，保证票据的真实性和唯一性，有效提高了政务服务效能。

随着区块链技术的发展，对其进行引导和规范，加强安全风险的研究和分析日益受到关注。需要我们密切跟踪发展动态，积极探索发展规律，建立适应区块链技术机制的安全保障体系，引导和推动区块链开发者、平台运营者加强行业自律、落实安全责任，把依法治网落实到区块链管理中，推动区块链安全有序发展。

区块链的“未来已来”，无论对于国家、企业还是个人而言，既是挑战又是机遇。既要注意区块链技术发展现状和趋势，提高运用和管理区块链技术能力，又要使区块链技术在建设网络强国、发展数字经济、助力经济社会发展等方面发挥更大作用。

“中国之治”新蓝图

2019年10月28日至31日，中共十九届四中全会在北京召开。这是在新中国成立70周年之际，在“两个一百年”奋斗目标历史交汇点上，召开的一次具有开创性、里程碑意义的重要会议。全会聚焦坚持和完善中国特色社会主义制度、推进国家治理体系和治理能力现代化这一主题，审议通过《中共中央关于坚持和完善中国特色社会主义制度、推进国家治理体系和治理能力现代化若干重大问题的决定》（以下简称《决定》），擘画了“中国之治”新蓝图。

制度是治国之重器，良制是善治之前提。新中国成立 70 年来，中国特色社会主义制度不断发展和完善，中国特色社会主义已经成为一种稳定的、科学的、规范的现代制度体系。新时代，坚持和完善中国特色社会主义制度、推进国家治理体系和治理能力现代化已成为开辟“中国之治”新境界的破题之钥、奠基之石。《决定》全面总结了中国特色社会主义制度建设的历史性成就，集中概括了中国特色社会主义制度和国家治理体系的 13 个显著优势，系统描绘出中国特色社会主义的制度谱系，意义重大而深远。这 13 个显著优势涵盖政治制度、经济制度、文化制度、民生制度、人才制度、军事制度、外交制度等多个领域，这些制度的形成凝聚了全党智慧，经受了历史和时代的检验，是支撑“中国之治”的基础性制度安排，也是中华民族伟大复兴的基本制度支撑。中国共产党要团结带领人民群众完成中共十九大确立的各项目标，实现国家治理体系和治理能力现代化，必须毫不动摇把这 13 个方面的制度优势坚持好、发展好、完善好。

全会提出的坚持和完善中国特色社会主义制度、推进国家治理体系和治理能力现代化的总体目标与中共十九大报告相呼应，实际上是中共十九大提出的“两步走”发展战略的进一步细化和拓展，既清晰指出了我国国家制度和治理体系未来 30 年的发展阶段，同时又清晰表明了我国国家制度和治理体系所要达到的水平和层次。全会还明确了“中国之治”的时间表和路径图：到中国共产党成立一百年时，在各方面制度更加成熟更加定型上取得明显成效；到 2035 年，各方面制度更加完善，基本实现国家治理体系和治理能力现代化；到新中国成立一百年时，全面实现国家治理体系和治理能力现代化，使中国特色社会主义制度更加巩固、优越性充分展现。

治世不一道，便国不法古。推进国家治理体系和治理能力现代化，具有重要的理论和实践意义，体现了中国共产党在新时代对社会主义发展规律的新认识，为新时代我国全面深化改革指明了总方向。将国家治理体系和治理能力相结合的“中国之治”，是中国为全球治理作出的重要贡献，也是实现中华民族伟大复兴的重要保障。阔步迈向“中国之治”新境界，蓝图正徐徐展开。

5G 商用

2019 年 10 月 31 日，2019 年中国国际信息通信展览会在北京国家会议中心举行。工信部在会上与中国移动、中国联通、中国电信举行 5G 商用启动仪式。三大运营商正式公布 5G 套餐，并于当年 11 月 1 日正式上线 5G 商用套餐。我国正式进入 5G 商用时代。

从 2018 年底完成 5G 系统验证测试后，我国就开始逐步启动 5G 商用进程。2019 年 1 月，国家发改委等十部门在联合印发的《进一步优化供给推动消费平稳增长 促进形成强大国内市场的实施

⊙北京：2019中国国际信息通信展在北京举行，5G商用成最大看点

方案（2019年）》中提出，加快推出5G商用牌照。同月29日，工信部表示，我国已完成5G技术研发试验第三阶段测试，5G系统设备具备预商用水平。3月5日，工信部主要负责同志在全国两会上表示，很快会发放5G牌照。6月6日，工信部正式向中国电信、中国移动、中国联通、中国广电发放5G商用牌照。6月25日，中国移动发布5G品牌标识，标志着三大运营商均已完成5G品牌标识发布。

5G商用不仅会使信息通信产业进入新一轮发展期，最重要的是将改变人类生活方式，并带动多个规模万亿级别的新兴产业，有力推动我国数字经济发展迈上新台阶，对经济社会将产生前所未有的影响。据中国信息通信研究院发布的《5G经济社会影响白皮书》预测，至2030年，5G将带动的直接总产出将达3.6万亿元，经济增加值2.9万亿元，就业机会将增加800万个。

5G标准是全球产业界共同参与制定的统一国际标准。我国声明的标准必要专利占比超过30%，这是以华为公司为代表的中国科技企业长期坚持投入巨资进行技术研发的成果，极大地提升了中国5G的国际话语权。中国始终坚持自主创新与开放合作相结合的5G发展战略，在全球5G正在进入商用部署的关键期，我国正式启动5G商用，这将极大地推动中国5G的国际化战略，让全球共同分享我国5G的发展模式与成果。

5G商用牌照发放后，北京、上海、广州、深圳等50个城市入选5G首批开通城市名单。截至2019年10月9日，三大运营商5G套餐预约用户数量已超过1000万。正如中国社会科学院信息化研究中心有关人士指出的，5G商用牌照发放，标志着中国网络强国迈出关键性一步，中国5G商用标志着信息技术向信息化市场全面应用的转变，在优势市场的助力下，中国迈向信息社会方向上的步伐，无人能够阻挡。

新个税法

2019 年是人民群众眼里的“减税年”。从个税“起征点”提高至每月 5000 元，到养老、租房、子女教育等 6 项专项附加扣除引入，一年来，诸多减税措施纷纷落地，牵动着大众的切身利益。进入 12 月份，个税纳税人迎来第一次汇算清缴。

中华人民共和国个人所得税法自 1980 年 9 月 10 日第五届全国人民代表大会第三次会议通过后，进行了 7 次修改。最后一次修改，是 2018 年 8 月 31 日第十三届全国人民代表大会常务委员会第五次会议作出的《关于修改〈中华人民共和国个人所得税法〉的决定》。修改后的个人所得税法建立了综合与分类相结合的个人所得税制，对部分劳动性所得实行综合征税，优化调整了税率结构，提高了综合所得基本减除费用标准，设立了专项附加扣除项目，并相应健全了个人所得税征管制度。

新个税法主要作了如下调整：一是起征点确定为每月 5000 元。新个税法规定，居民个人的综合所得，以每一纳税年度的收入额减除费用六万元以及专项扣除、专项附加扣除和依法确定的其他扣除后的余额，为应纳税所得额。二是减税向中低收入倾斜。新个税法规定，历经此次修法，个税的部分税率级距进一步优化调整，扩大 3%、10%、20% 三档低税率的级距，缩小 25% 税率的级距，30%、35%、45% 三档较高税率级距不变。三是多项支出可抵税。之后计算个税，在扣除基本减除费用标准和“三险一金”等专项扣除外，还增加了专项附加扣除项目。新个税法规定：专项附加扣除，包括子女教育、继续教育、大病医疗、住房贷款利息或者住房租金、赡养老人等支出，具体范围、标准和实施步骤由国务院确定，并报全国人大常委会备案。

新个税法于2019年1月1日起施行。新个税法施行后，"工薪族"的钱包更鼓，中低收入者受益，特殊群体感受到温暖。据国家税务总局公布的数据显示，2019年1—4月，我国个税改革新增减税2143亿元，累计人均减税1026元。其中，第一步个税改革，即提高起征点和调整税率翘尾减税1945亿元；第二步个税改革，即专项附加扣除政策减税198亿元，累计有5049万纳税人享受该项政策。两步税改因素叠加，累计有9900万人的工薪所得无需再缴个税。

在2019年1月1日正式实施的《中华人民共和国个人所得税法》实施一周年之际，《经济日报》对其社会效果评价说："2019年，提高'起征点'、调整税率表、增加专项附加扣除、实行累计预扣法等改革举措，让大众切实受益。"并认为："个税改革有利于扩大中等收入者比重，优化收入分配格局，提高劳动者工作及创新、创业的积极性。在推动个税改革过程中，多方协同的税收共治格局不断强化。"

"接诉即办"

全过程人民民主，是中国共产党百年来为实现和保证人民当家作主的宝贵经验。习近平总书记指出，要继续推进全过程人民民主建设，把人民当家作主具体地、现实地体现到党治国理政的政策措施上来，具体地、现实地体现到党和国家机关各个方面各个层级工作上来，具体地、现实地体现到实现人民对美好生活向往的工作上来。

"接诉即办"，就是坚持民主与民生相通、民主与民心相通、民主与民力相通，拓宽全过程人民民主的生动实践。以北京市为例。2018 年 12 月 15 日，北京市合并 68 个服务窗口热线，推出“12345”新市民热线，建立起以 12345 市民服务热线为主渠道的“接诉即办”机制，市民诉求由市政务局直接向 333 个街道乡镇派单，街道、社区完成对接服务，每天生成大数据民情分析，早上送到市、区领导案头。截至 2019 年 12 月 15 日，北京市共受理来电 661.7 万件，办理实事 239.8 万件，件件有记录、有答复、有派单、有服务、有回访、有督办、有考核。“接诉即办”作为特大型城市治理的突破口和着力点，推动首都基层工作方式发生重大转变，成为北京市落实中共十九届四中全会精神的创新实践，为做好新时代群众工作贡献了北京样板。

“接诉即办”，不仅意味着政府治理理念和模式的重大转换，也对党员干部的工作状态和行为模式提出了更高要求。北京市的实践表明，只要党员干部心中装着宗旨信仰，把群众的需求高高举过头顶，心中装着人民群众，与人民群众坐在同一条板凳上，以心交心，真心、诚心、专心排忧解难，就一定能不断刷新民生“幸福高度”。

⊙“接诉即办”是城市治理的突破口和着力点

评价一个国家政治制度是不是民主的、有效的，全体人民能否依法管理国家事务和社会事务、管理经济和文化事业，人民群众能否畅通表达利益要求，社会各方面能否有效参与国家政治生活是重要标准。“接诉即办”为人民搭建了践行全过程人民民主的政治舞台，最大限度激发了各方面积极性主动性创造性，切实提高了基层治理过程中的民主质效。

热词
2017年
2018年
2019年
2020年
2021年

数字人民币

自 2009 年比特币诞生以来，关于数字货币的讨论一直在持续。至 2020 年，数字货币已成为全球金融系统的一部分，新冠肺炎疫情的发生更是促进了数字货币的发展与应用。全球主要经济体纷纷试水央行数字货币，国际清算银行（BIS）发布的报告显示，截至 2020 年，已经有 80%的央行正在探索央行数字货币。

我国的数字人民币计划可以追溯到 2014 年。这一年，中国人民银行启动央行数字货币的前瞻性研究。2016 年，中国人民银行数字货币研究所成立，成为全球最早从事法定央行数字货币研发的官方机构。数字人民币是由中国人民银行发行的具有国家信用背书的法定货币，是数字形式的人民币，和纸钞、硬币等价，主要定位于现金类支付凭证，将与实物人民币长期并存。

我国研发数字人民币体系，旨在创建一种以满足数字经济条件下公众现金需求为目的、数字形式的新型人民币，配以支持零售支付领域可靠稳健、快速高效、持续创新、开放竞争的金融基础设施，支撑中国数字经济发展，提升普惠金融发展水平，提高货币及支付体系运行效率。其意义在于，一是丰富央行向社会公众提供的现金形态，满足公众对数字形态现金的需求，助力普惠金融。二是支持零售支付领域的公平、效率和安全。数

⊙ 数字人民币IP形象“圆圆”

字人民币将为公众提供一种新的通用支付方式，可提高支付工具多样性，有助于提升支付体系效率与安全。三是积极响应国际社会倡议，探索改善跨境支付。

经过近几年的发展，我国数字人民币进程走在了世界的前列。作为较早启动央行数字货币研究的国家之一，中国已先行在深圳、苏州、雄安、成都等地进行数字人民币试点。2020 年下半年，深圳、苏州两地先后推出数字人民币红包测试，吸引了数万人参与其中，数字人民币在国内的推广节奏正不断加快，标志着金融领域的数字化迈出了关键一步。未来，随着各项功能的不断完善，在同步加强金融监管和网络安全管理的前提下，数字人民币将会在更大范围内推广使用，更高效地满足公众在数字经济条件下对法定货币的需求，提高零售支付的便捷性、安全性和防伪水平，助推中国数字经济加快发展。

"健康码"

"请您出示健康码。"也许是 2020 年最常听到的一句话。为了有效应对新冠肺炎疫情给经济社会生活带来的不利影响，中共中央、国务院作出部署，要求各级党委政府统筹抓好疫情防控和经济社会发展重点工作，在精准防控疫情的同时积极有序推进复工复产，稳住和支持市场主体增强经济回升动力。

复工复产的前提，是人员的安全有序流动。为帮助人员跨省安全有序流动，正常复工复产复学，作为数字化防疫措施的"健康码"落地并得到迅速推广。"健康码"是以真实数据为基础，由市民或者返工返岗人员通过自行网上申报，经后台审核后，生成的属于个人的二维码。市民每次扫码，就会显示个人身份信息，例如身份证号、姓名、核酸检测结果、风险等级信息。风险等级信息以不同颜色来标识，红色码为高风险、黄色码为中风险、绿色码为低风险或无风险。

2020年2月7日，“深i您”健康码推出，深圳成为全国首个凭“码”出行的城市。上线半个月后，累计注册用户量超过800万。3月4日，长三角地区在全国率先实现健康码全覆盖。此后，大部分省区市实现了健康码的互认。为了方便个人申领和使用健康码，国家卫健委明确提出了通行时无须申领和出示到访地的健康码、统筹老年人未成年人等特殊人群使用健康码、允许纸质的健康码“绿码”或“无异常”通行、授权工作人员代查健康码、有条件的地区和场所设立“无健康码通道”、加强健康码数据安全管理等便民举措。

疫情防控常态化背景下，对于跨地区流动人员来说，“千地千面”的“健康码”登记查验给出行带来了不便。12月10日，国家卫健委、国家医保局、国家中医药管理局联合发布《关于深入推进“互联网+医疗健康”“五个一”服务行动的通知》。通知明确要求，各地要依托全国一体化政务服务平台，落实“健康码”信息互认机制和规则，明确跨地区流动人员“健康码”信息在各地区可信可用，切实方便人员出行和跨省流动，实现防疫“健康码”统一政策、统一标准、全国互认、一码通行。

在新冠肺炎疫情防控过程中，健康码的运用充分体现了科技手段在国家应急保障中的重要价值。作为城市治理和国家应急保障能力的一个数字化措施，健康码不仅节约城市治理成本，还提升国家治理效率，让人们更有安全感。

"新基建"

2020年全国两会上，"新基建"是备受关注的高频词。新基建是新型基础设施建设的简称，是指以新发展理念为引领，以技术创新为驱动，以信息网络为基础，面向高质量发展需要，提供数字转型、智能升级、融合创新等服务的基础设施体系。

⊙安徽铜陵：实拍长江边清洁能源特高压电网

⊙青海海北：铁路和特高压输电线

2018年12月召开的中央经济工作会议提出，"加大制造业技术改造和设备更新，加快5G商用步伐，加强人工智能、工业互联网、物联网等新型基础设施建设。"随后，"加强新一代信息基础设施建设"被列入2019年政府工作报告。2020年2月14日，中央全面深化改革委员会第十二次会议指出，基础设施是经济社会发展的重要支撑，要以整体优化、协同融合为导向，统筹存量和增量、传统和新型基础设施发展，打造集约高效、经济适用、智能绿色、安全可靠的现代化基础设施体系。3月4日召开的中共中央政治局常务委员会会议进一步强调，要加快5G网络、数据中心等新型基础设施建设进度。

⊙北京：5G信号基站

一时之间，“新基建”备受社会各界关注。在2020年4月20日召开的国家发改委新闻发布会，明确了“新型基础设施”的概念和主要内容。发布会指出，新基建主要包括三方面内容：一是信息基础设施。主要是指基于新一代信息技术演化生成的基础设施，比如以5G、物联网、工业互联网、卫星互联网为代表的通信网络基础设施，以人工智能、云计算、区块链等为代表的新技术基础设施，以数据中心、智能计算中心为代表的算力基础设施等。二是融合基础设施。主要是指深度应用互联网、大数据、人工智能等技术，支撑传统基础设施转型升级，进而形成的融合基础设施，比如智能交通基础设施、智慧能源基础设施等。三是创新基础设施。主要是指支撑科学研究、技术开发、产品研制的具有公益属性的基础设施，比如重大科技基础设施、科教基础设施、产业技术创新基础设施等。

⊙甘肃兰州：甘肃省5G+新基建信息化大会开幕

“新基建”为中国经济注入新动能。从短期看，加快新型基础设施建设能够扩大国内需求、增加就业岗位，有助于消除疫情冲击带来的产出缺口、对冲经济下行压力；从长远看，适度超前的新型基础设施建设能够夯实经济长远发展的基础，显著提高经济社会运行效率，为我国经济长期稳定发展提供有力支撑。可以说，“新基建”是为中国经济恢复打下的一针强心剂，更是未雨绸缪为未来发展铺下的一条路。各地抓住“新基建”契机顺势而为。2020 年 5 月 7 日，上海市发布《上海市推进新型基础设施建设行动方案（2020—2022 年）》，计划未来三年在新基建领域实施第一批 48 个重大项目和工程包，预计总投资约 2700 亿元。5 月 8 日，广州举办“数字基建云聚广州”首批数字新基建重大项目签约及揭牌活动，亮出了数字新基建发展“路线图”：到 2022 年，广州将累计建成 5G 基站 8 万座，总投资超过 300 亿元。江苏省 2020 年计划投资 120 亿元，新建 5G 基站 5.2 万个，实现各市县城区、重点中心镇 5G 网络全覆盖。

中共十八大以来，我国新型基础设施建设取得了明显成效。面对经济下行压力加大、传统基建投资边际效益下降的挑战，我们必须加速推进新基建。这既是应对当前考验的客观需要，也是顺应世界科技与产业变迁趋势、打造未来发展新优势的战略抉择。

“带货”

科技改变生活。移动互联网的发展催生了直播行业，随着直播与电商市场融合在一起，“带货”便成了时髦的新业态。

“带货”是指明星、网红、网络营销师等通过视频直播等途径对商品进行销售。新冠肺炎疫情暴发后，“带货”对拉动消费、精准扶贫、乡村振兴、带动进出口等重要民生事业，都发挥了积极

⊙浙江湖州：长兴县慈善总会开展慈善直播

推动作用。“带货”在很大程度上改变了商业格局，在短视频平台上观看直播且购物的消费者数量有超越传统电商平台的趋势。

2020年4月20日，正在陕西考察的习近平总书记来到柞水县小岭镇金米村。金米村位于秦岭深处，当地群众通过种植木耳实现脱贫。在村培训中心，习近平总书记说：“电商，在农副产品的推销方面是非常重要的，是大有可为的。”被现场点赞的柞水木耳火了。

在央媒的牵线搭桥下，直播带货中出现了很多市长、县长的面孔。同时，电商平台也掀起了“战疫助农”“消费扶贫”新模式。领导带货有助于当地农户搭上数字经济快车，解决农产品滞销问题。同时也推动了地方政府与电商平台、短视频平台之间深度合作，通过大数据分析指导销售思路，建立农产品以销定产模式，打通了上下游产业链，从根本上惠及广大农民。例如，作为某短视频平台上炙手可热的主播之一，四川省甘孜州稻城县赤土乡贡色村的格绒卓姆借助平台，通过收青稞、挖虫草、唱藏歌宣传家乡的风土人情，帮村子脱贫致富。2018年的虫草季，格绒卓姆一个月帮助整个村卖了30多万元的虫草和松茸。她的故事被国内多家

⊙贵州黔南：村党支部书记通过直播帮助村民销售稻花鱼

⊙新疆塔城：服务西部大学生志愿者直播带货助农增收

媒体报道，2020年1月还登上了美国《时代》周刊。带货也带活了乡愁。

然而，带货也亟待规范。某些网红主播在带货过程中还存在夸大宣传、数据造假、未体验就推荐等现象，带来了诱导消费、虚假宣传、质量差、退货维权困难等诸多问题。带货涉及隐私保护、知识产权保护、信息安全等，不是质监盲区、法律盲区，只有走上入法制化、规范化轨道，才能实现行业健康发展并带动社会进步。

垃圾分类

2020年4月29日，十三届全国人大常委会第十七次会议审议通过了修订后的固体废物污染环境防治法，自2020年9月1日起施行。该法明确国家推行生活垃圾分类制度，确立生活垃圾分类的原则。

习近平总书记高度重视此项工作。他指出，实行垃圾分类，关系广大人民群众生活环境，关系节约使用资源，也是社会文明水平的一个重要体现。他强调，要开展广泛的教育引导工作，让广大人民群众认识到实行垃圾分类的重要性和必要性，通过有效的督促引导，让更多人行动起来，培养垃圾分类的好习惯，全社会人人动手，一起来为改善生活环境作努力，一起来为绿色发展、可持续发展作贡献。

⊙安徽合肥：垃圾分类知识宣传进社区

⊙辽宁沈阳：智慧垃圾分类收集房

垃圾主要分为可回收物、厨余垃圾，有害垃圾和其他垃圾四类。可回收物包括废纸、塑料、玻璃、金属和布料五大类；厨余垃圾包括剩菜剩饭、骨头、菜根菜叶、果皮等食品类废物；有害垃圾指含有对人体健康有害的重金属，有毒的物质或者对环境造成危害的废弃物；其他垃圾指除去可回收垃圾、有害垃圾、厨房垃圾之外的所有垃圾的总称。

⊙陕西西安：曲江新区打造垃圾分类主题公园

2019 年 7 月 1 日，上海打响了生活垃圾强制分类的“第一枪”，《上海市生活垃圾管理条例》（以下简称《条例》）正式实施，社会广泛关注，"垃圾分类"成为群众热议的话题。这是上海在全国省级行政区中率先对垃圾分类进行立法。《条例》规定，生活垃圾必须按干垃圾、湿垃圾、可回收物和有害垃圾四类投放。一旦被发现混投，个人和企业将分别面临 50 至 200 元、5000 至 50000 元的罚款。垃圾分类看似举手之劳的小事，但对一座常住人口超过 2400 万的超大城市来说，却是一场城市精细化管理大考。为了胜任这场大考，上海从市政部门到基层社区，都遵循"全生命周期管理、全过程综合治理、全社会普遍参与"理念，全力推进生活垃圾全程分类体系建设。在《条例》实施的半年里，垃圾分类已成为上海市民生活中的一种习惯。12 月初，上海市生活垃圾分类实施市民感受度问卷调查结果公布——近八成市民在没有监督员的情况下会主动遵循垃圾分类。从执行情况来看，上海市人民已然接受了垃圾分类，为促进资源回收利用，改善城市人居环境，提升城市生态文明建设水平而作出了巨大贡献。

修订后的固体废物污染环境防治法规定地方可以结合实际制定生活垃圾具体管理办法，为加强生活垃圾分类管理提供了法治保障。

截至 2019 年 11 月，全国已有 237 个地级及以上城市启动了垃圾分类，其中 46 个垃圾分类重点城市垃圾分类覆盖率已达到 53.9%。垃圾分类作为推进生活垃圾减量化、资源化、无害化的主要手段之一，是防止环境污染的重要举措。从城市管理的角度出发，加强垃圾分类，有效利用固废、降低固废产生、解决历史堆存固废，不光是一种必需的城市管理理念，更是将绿色环保的概念植入人们心中，逐步养成绿色生活、绿色消费的习惯，提升城市生态文明建设水平的客观要求。

最美逆行者

2020年5月12日，湖南省博物馆工作人员向公众展示湖南省支援湖北省武汉市新冠肺炎疫情防控第五批医疗队捐赠的有全体医疗队员签名的防护服。这是湖南省2020年庆祝“5·12”国际护士节暨“致敬最美逆行者”公益活动的一个场景。

新冠肺炎疫情是百年来全球发生的最严重的传染病大流行，是新中国成立以来我国遭遇的传播速度最快、感染范围最广、防控难度最大的重大突发公共卫生事件。面对突如其来的严重疫情，以习近平同志为核心的中共中央坚持把人民生命安全和身体健康放在第一位，第一时间领导组织党政军民学、东西南北中大会战，提出坚定信心、同舟共济、科学防治、精准施策的总要求，明确坚决遏制疫情蔓延势头、坚决打赢疫情防控阻击战的总目标，迅速打响疫情防控的人民战争、总体战、阻击战，用1个多月的时间初步遏制疫情蔓延势头，用2个月左右的时间将本土每日新增

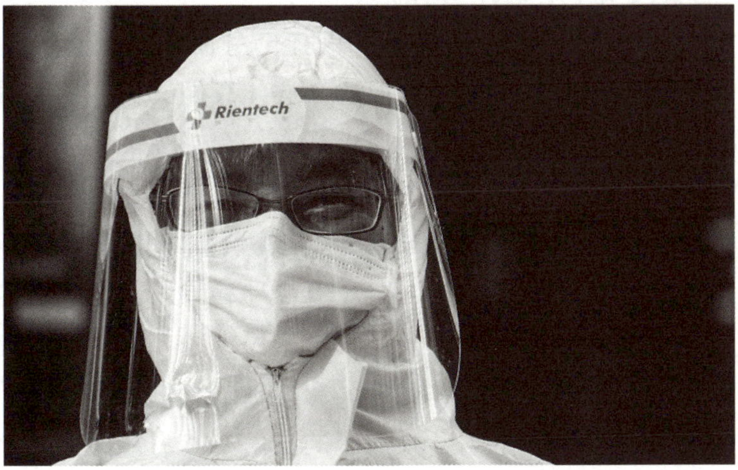

⊙湖北武汉：“最美逆行者”——医务人员

病例控制在个位数以内，用3个月左右的时间取得武汉保卫战、湖北保卫战的决定性成果，进而又接连打了几场局部地区聚集性疫情歼灭战，夺取了全国抗疫斗争重大战略成果。在此基础上，统筹推进疫情防控和经济社会发展工作，抓紧恢复生产生活秩序，取得显著成效，充分展现了中国精神、中国力量、中国担当。

面对凶险的新冠肺炎疫情，广大医务人员白衣为甲、逆行出征，舍生忘死挽救生命。全国数百万名医务人员奋战在抗疫一线，给病毒肆虐的漫漫黑夜带来了光明，生死救援情景感天动地！54万名湖北省和武汉市医务人员同病毒短兵相接，率先打响了疫情防控遭遇战；346支国家医疗队、4万多名医务人员毅然奔赴前线，很多人在万家团圆的除夕之夜踏上征程；人民军队医务人员牢记我军宗旨，视疫情为命令，召之即来，来之能战，战之能胜。广大医务人员以对人民的赤诚和对生命的敬佑，争分夺秒，连续作战，承受着身体和心理的极限压力，很多人脸颊被口罩勒出血痕甚至溃烂，很多人双手因汗水长时间浸泡发白，有的同志甚至以身殉职。白衣天使用血肉之躯筑起阻击病毒的钢铁长城，挽救了一个又一个垂危生命，诠释了医者仁心和大爱无疆！

世上没有从天而降的英雄，只有挺身而出的凡人。这些医务人员的名字我们并不熟识，但这个群体我们又再亲切不过，在2020年这个特殊年份里，她（他）们有一个响亮的名字——最美逆行者。"天使白"和"橄榄绿""守护蓝""志愿红"一道，共同绘就了团结就是力量的时代画卷。抗击新冠肺炎疫情斗争取得重大战略成果，充分展现了中国共产党领导和我国社会主义制度的显著优势，充分展现了中国人民和中华民族的伟大力量，充分展现了中华文明的深厚底蕴，充分展现了中国负责任大国的自觉担当，极大增强了全党全国各族人民的自信心和自豪感、凝聚力和向心力，必将激励我们在新时代新征程上披荆斩棘、奋勇前进。

“六稳”“六保”

2020年5月28日，十三届全国人大三次会议审议通过了李克强总理所作的《政府工作报告》。报告要求加大“六稳”工作力度，并提出保居民就业、保基本民生、保市场主体、保粮食能源安全、保产业链供应链稳定、保基层运转的新任务。

2018年7月，面对严峻复杂的外部环境和国内加大的经济下行压力，中共中央审时度势，提出“要做好稳就业、稳金融、稳外贸、稳外资、稳投资、稳预期工作”，把“六稳”作为实现中国经济稳中求进的基本要求。新冠疫情暴发后，突如其来的疫情严重冲击中国经济。中共中央运筹帷幄，在加大“六稳”工作力度的基础上，提出了“六保”的新任务。

“六稳”和“六保”相互统一、相辅相成，二者都是稳中求进工作总基调的具体体现，是根据不同经济发展形势、不同阶段经济发展面对的突出问题作出的安排，体现了坚持问题导向的工作方法，体现了坚持一切从实际出发的思想路线。“六稳”是大局，“六保”是前提，只有全面落实好“六保”，才能实现“六稳”，也才能稳住中国经济这个大局，实现稳中求进。“六稳”是工作，“六保”是任务，“六稳”的要求是做好，“六保”的要求是全面落实。面对前所未有的挑战，在“六稳”的基础上又提出“六保”，核心就是要稳住经济的基本盘，兜住基本民生的底线。从这个意义上讲，“六保”是底线，“六稳”是高线。要坚持底线思维，守住“六保”，争取更好的“六稳”的结果。

2021年1月18日，国家统计局发布2020年经济运行情况。经初步核算，全年国内生产总值1015986亿元，按可比价格计算，比上年增长2.3%。面对严峻复杂的国内外环境特别是新冠肺炎疫情严重冲击，在以习近平同志为核心的中共中央坚强领导下，各地区各部门坚持稳中求进工作总基调，统筹疫情防控和经济社会发展工作，经济运行稳定恢复，就业民生保障有力，经济社会发展主要目标任务完成情况好于预期。在这一过程中，"六稳""六保"起了关键作用。统筹疫情防控和经济社会发展，统筹发展和安全，继续做好"六稳""六保"工作，将是持续改善民生，着力稳定宏观经济大盘的必然要求。只有这样，才能保持我国经济运行在合理区间，从而保持社会大局稳定。

《民法典》

民有所呼，法有所应。2020 年 5 月 28 日，十三届全国人大三次会议表决通过了《中华人民共和国民法典》(以下简称《民法典》)，自 2021 年 1 月 1 日起施行。婚姻法、继承法、民法通则、收养法、担保法、合同法、物权法、侵权责任法、民法总则同时废止。

《民法典》被称为"社会生活的百科全书"，是新中国第一部以法典命名的法律，在法律体系中居于基础性地位，也是市场经济的基本法。《民法典》共 7 编、1260 条，各编依次为总则、物权、合同、人格权、婚姻家庭、继承、侵权责任，以及附则。通篇贯穿以人民为中心的发展思想，着眼满足人民对美好生活的需要，对公民的人身权、财产权、人格权等作出明确翔实的规定，并规定侵权责任，明确权利受到削弱、减损、侵害时的请求权和救济权等，体现了对人民权利的充分保障，被誉为"新时代人民权利的宣言书"。

民法典起草工作早在 1954 年就已启动，由于历史原因，几度

⊙ 安徽合肥：民法典主题公园

⊙ 湖北武汉：民法典公园“典”亮市民美好生活

⊙ 江苏扬州：《民法典》宣传进校园

搁置。2014 年 11 月，中共十八届四中全会明确提出编纂民法典。2015 年 3 月，全国人大常委会法制工作委员会启动民法典编纂工作，第一步是制定民法总则，第二步是全面整合民事法律。2016 年 6 月，十二届全国人大常委会第二十一次会议初次审议了民法总则草案，标志着民法典编纂工作进入立法程序。2018 年 8 月 27

日，民法典各分编草案提请第十三届全国人大常委会第五次会议审议。2019 年 12 月 28 日上午，十三届全国人大常委会第十五次会议表决通过了全国人大常委会关于提请审议民法典草案的议案，决定将民法典草案提请 2020 年召开的十三届全国人大三次会议审议。2020 年 5 月 28 日，十三届全国人大三次会议表决通过了《民法典》。

《民法典》在中国特色社会主义法律体系中具有重要地位，是一部固根本、稳预期、利长远的基础性法律，对推进全面依法治国、加快建设社会主义法治国家，对发展社会主义市场经济、巩固社会主义基本经济制度，对坚持以人民为中心的发展思想、依法维护人民权益、推动我国人权事业发展，对推进国家治理体系和治理能力现代化，都具有重大意义。

芯片、芯片！

2019 年 5 月，美国商务部以国家安全为由，将华为技术有限公司及其 70 家附属公司列入管制“实体名单”，禁止美国企业向华为出售相关技术和产品。此后，美国政府又陆续出台措施，严格限制华为使用美国技术和软件在美国境外设计和制造的半导体。这些做法严重破坏了全球芯片产业链。

芯片（又称微电路、微芯片、集成电路）是指内含集成电路的硅片。作为智能电器的核心部件，芯片一直充当着“大脑”的角色。从电脑、手机，到汽车、无人机，再到人工智能、脑机接口等，芯片可谓无所不在，彻底改变了我们的生活方式，把人类社会从机械工业时代带入到信息时代。可以说，芯片之于信息科技时代，是类似煤与石油之于工业时代的重要存在。

芯片行业包括一个庞大而复杂的产业链，整体上可以分为设计、制造、封装、测试四大环节。在封装、测试方面，中国已经处于世界领先地位。依托庞大的下游市场，中国近年来在芯片设计领域同样发展迅速。中国芯片遭遇“卡脖子”最为严重的是在制造环节。

2020 年 7 月 27 日，国务院印发《新时期促进集成电路产业和软件产业高质量发展的若干政策》(以下简称《若干政策》)。《若干政策》提出，为进一步优化集成电路产业和软件产业发展环境，深化产业国际合作，提升产业创新能力和发展质量，制定出台财税、投融资、研究开发、进出口、人才、知识产权、市场应用、国际合作等 8 个方面政策措施。强调，凡在中国境内设立的集成电路企业和软件企业，不分所有制性质，均可按规定享受相关政策。鼓励和倡导集成电路产业和软件产业全球合作，积极为各类市场主体在华投资兴业营造市场化、法治化、国际化的营商环境。

在国家不断从财税、研发、人才等各方面大力出台政策予以支持下，中国的集成电路产业面临难得机遇，正在迅速发展。“不停止、不暂停、一起努力！”2020 华为开发者大会上，华为以这样的开场白表达了坚决态度。中国芯片技术和产业的短板最终还是需要中国人通过踏实创新来解决。在芯片产业这场没有硝烟的战争中，中国一定会实现更多的历史性突破。

“十三五”规划收官

2021 年 2 月 28 日，国家统计局发布《中华人民共和国 2020 年国民经济和社会发展统计公报》。该公报显示，经过五年的砥砺前行、接续奋斗，“十三五”规划提出的经济社会发展主要目标较好实现。经济总量突破 100 万亿元大关，人均国内生产总值连续两年超过 1 万美元。

2015 年 10 月 26 日至 29 日，中国共产党第十八届中央委员会第五次全体会议研究通过《中共中央关于制定国民经济和社会发展第十三个五年规划的建议》，明确了 2016—2020 年中国经济社会发展的宏伟蓝图。2016 年 3 月 16 日，经十二届全国人大四次会议审议通过，"十三五"规划正式实施。习近平总书记在中共十八届五中全会上作关于《中共中央关于制定国民经济和社会发展第十三个五年规划的建议》的说明时指出，"新常态下，我国经济发展表现出速度变化、结构优化、动力转换三大特点，增长速度要从高速转向中高速，发展方式要从规模速度型转向质量效率型，经济结构调整要从增量扩能为主转向调整存量、做优增量并举，发展动力要从主要依靠资源和低成本劳动力等要素投入转向创新驱动。这些变化不依人的意志为转移，是我国经济发展阶段性特征的必然要求。"因此，"制定'十三五'时期经济社会发展建议，必须充分考虑这些趋势和要求，按照适应新常态、把握新常态、引领新常态的总要求进行战略谋划。"

"十三五规划"的主要目标是，经济保持中高速增长，在提高发展平衡性、包容性、可持续性的基础上，到 2020 年国内生产总值和城乡居民人均收入比 2010 年翻一番，产业迈向中高端水平，消费对经济增长贡献明显加大，户籍人口城镇化率加快提高，农业现代化取得明显进展。人民生活水平和质量普遍提高，我国现行标准下农村贫困人口实现脱贫，贫困县全部摘帽，解决区域性整体贫困。国民素质和社会文明程度显著提高。生态环境质量总体改善。各方面制度更加成熟更加定型，国家治理体系和治理能力现代化取得重大进展。

在以习近平同志为核心的中共中央坚强领导下，全国各族人民勠力同心、团结奋斗，我国经济社会发展实现历史性跨越，取得决定性成就。数据显示，“十三五”时期，我国国内生产总值年均名义增量达到6.5万亿元，比“十二五”时期多1万亿元，中国经济总量稳居世界第二，人均GDP迈上1万美元台阶，对世界经济增长贡献率达30%左右；全国居民人均可支配收入年均名义增长2045元，比“十二五”时期多增156元；5575万农村贫困人口实现脱贫，年均减贫1115万人。我国重大发展战略稳步实施，重大改革开放举措加快推进，重大工程项目扎实建设，生态文明建设取得重大进展，全面建成小康社会取得伟大历史性成就，全面建设社会主义现代化国家前景光明，中华民族迎来新的历史巨变。

2020年10月22日，中共中央政治局常务委员会召开会议，听取“十三五”规划实施总结评估汇报。习近平总书记指出，“十三五”以来，党中央团结带领全党全军全国各族人民，统筹推进“五位一体”总体布局、协调推进“四个全面”战略布局，坚持稳中求进工作总基调，坚定不移贯彻新发展理念，坚持以供给侧结构性改革为主线，推动高质量发展，有力有序化解发展不平衡不充分的矛盾问题，沉着冷静应对外部挑战明显上升的复杂局

⊙“蛟龙”号载人潜水器模型

⊙“奋斗者”号载人潜水器模型

⊙中国空间站模型

⊙高速磁浮列车

面，坚决果断抗击新冠肺炎疫情的严重冲击，坚定朝着既定目标任务前进，“十三五”规划实施顺利，主要指标总体将如期实现，重大战略任务和165项重大工程项目全面落地见效，规划确定的各项目标任务即将胜利完成。

经过“十三五”时期的发展，我国经济实力、科技实力、综合国力跃上新的台阶，经济运行总体平稳，经济结构持续优化，农业现代化稳步推进，脱贫攻坚成果举世瞩目，污染防治力度空前加大，生态环境明显改善，全面深化改革取得重大突破，对外开放持续扩大，共建“一带一路”成果丰硕，人民生活水平显著提高，国家治理体系和治理能力现代化加快推进。尤为重要的是，在“十三五”的实践中，中国共产党领导和我国社会主义制度的优势进一步彰显，新发展理念更加深入人心，广大党员干部政治品质和斗争精神斗争本领得到锤炼，全国各族人民精神面貌更加奋发昂扬，为开启全面建设社会主义现代化国家新征程提供了有力政治保证和强大奋进力量。

中国人民志愿军抗美援朝出国作战 70 周年

2020 年 10 月 23 日，纪念中国人民志愿军抗美援朝出国作战 70 周年大会在人民大会堂举行。中共中央总书记、国家主席、中央军委主席习近平发表重要讲话。讲话全面回顾总结了抗美援朝战争的伟大胜利和巨大贡献，深刻阐述了抗美援朝精神的历史意义和时代价值，精辟揭示了抗美援朝战争的历史启示，郑重宣示了捍卫国家领土主权和统一、维护地区和世界和平稳定、推动构建人类命运共同体的坚定立场和决心，强调要铭记伟大胜利，敢于斗争、善于斗争，把中国特色社会主义伟大事业不断推向前进。

1950 年 6 月 25 日，朝鲜内战爆发。美国政府从其全球战略和冷战思维出发，作出武装干涉朝鲜内战的决定，并派遣第七舰队侵入台湾海峡。1950 年 10 月初，美军不顾中国政府一再警告，悍然越过三八线，把战火烧到中朝边境。侵朝美军飞机多次轰炸中国东北边境地区，给人民生命财产造成严重损失，我国安全面临严重威胁。

应朝鲜党和政府请求，中国共产党和中央人民政府以非凡气魄和胆略作出抗美援朝、保家卫国的历史性决策，以正义之师行正义之举。1950 年 10 月 19 日，中国人民志愿军在彭德怀司令员兼政治委员率领下进入朝鲜战场，支援朝鲜人民抵抗以美国为首的所谓“联合国军”的武装侵略。

抗美援朝战争是在交战双方力量极其悬殊条件下进行的一场现代化战争。面对国力占据绝对优势的美国，中国人民志愿军同朝鲜军民密切配合，首战两水洞、激战云山城、会战清川江、鏖战长津湖等，连续进行 5 次战役，此后又构筑起铜墙铁壁般的纵深防御阵地，实施多次进攻战役，粉碎“绞杀战”、抵御“细菌

⊙ 中国人民志愿军抗美援朝出国作战70周年纪念章

战”、血战上甘岭，打败了武装到牙齿的对手，打破了美军不可战胜的神话，全国各族人民由衷称赞志愿军将士为“最可爱的人”！1953年7月27日，不可一世的侵略者不得不在停战协定上签字。

经此一战，中国人民粉碎了侵略者陈兵国门、进而将新中国扼杀在摇篮之中的图谋；经此一战，中国人民彻底扫除了近代以来任人宰割、仰人鼻息的百年耻辱，彻底扔掉了“东亚病夫”的帽子；经此一战，中国人民打败了侵略者，震动了全世界，奠定了新中国在亚洲和国际事务中的重要地位，彰显了新中国的大国地位；经此一战，人民军队在战争中学习战争，愈战愈勇，越打越强，取得了重要军事经验，实现了由单一军种向诸军兵种合成军队转变，极大促进了国防和军队现代化；经此一战，第二次世界大战结束后亚洲乃至世界的战略格局得到深刻塑造，全世界被压迫民族和人民争取民族独立和人民解放的正义事业受到极大鼓舞，有力推动了世界和平与人类进步事业。

在波澜壮阔的抗美援朝战争中，英雄的中国人民志愿军始终发扬祖国和人民利益高于一切、为了祖国和民族的尊严而奋不顾身的爱国主义精神，英勇顽强、舍生忘死的革命英雄主义精神，不畏艰难困苦、始终保持高昂士气的革命乐观主义精神，为完成祖国和人民赋予的使命、慷慨奉献自己一切的革命忠诚精神，为了人类和平与正义事业而奋斗的国际主义精神，锻造了伟大抗美援朝精神。伟大抗美援朝精神跨越时空、历久弥新，必须永续传承、世代发扬。

历史雄辩地证明，西方侵略者几百年来只要在东方一个海岸上架起几尊大炮就可霸占一个国家的时代是一去不复返了。一个觉醒得了的、敢于为祖国光荣、独立和安全而奋起战斗的民族是不可战胜的！

推动平台经济规范健康持续发展

近年来，随着互联网技术的普及，我国平台经济迅速发展，新业态、新模式层出不穷，对推动经济高质量发展、满足人民日益增长的美好生活需要发挥了重要作用。但是，由于平台经济商业模式作为新生事物，在其发展过程中也不断出现损害消费者合法权益与社会公共利益的事件，因此加强监管，推动平台经济规范健康持续发展已成为共识。

2019 年 8 月，《关于促进平台经济规范健康发展的指导意见》印发，指出要聚焦平台经济发展面临的突出问题，加大政策引导、支持和保障力度，落实和完善包容审慎监管要求，推动建立健全适应平台经济发展特点的新型监管机制，着力营造公平竞争市场环境。此后，平台经济迎来强监管的“组合拳”。市场监管总局先后出台《规范促销行为暂行规定》《关于加强网络直播营销活动监管的指导意见》等文件，并联合中央网信办、税务总局召集 27 家主要互联网平台企业，举行规范线上经济秩序行政指导会。2020 年 11 月 10 日，国家市场监管总局又发布《关于平台经济领域的反垄断指南（征求意见稿）》。《征求意见稿》提出，要通过反垄断监管维护平台经济领域公平有序竞争，充分发挥平台经济高效匹配供需、降低交易成本、发展潜在市场的作用，推动资源配置优化、技术进步、效率提升，支持和促进实体经济发展。

加强互联网平台经济反垄断的重要意义在于防止资本无序扩张。2020 年底召开的中央经济工作会议将强化反垄断和防止资本无序扩张作为 2021 年经济工作的八项重点任务之一，明确要求健全数字规则，完善平台企业垄断认定等方面的法律规范，加强规制，提升监管能力，坚决反对垄断行为。会议还从两个层面明确了互联网反垄断的实施路径，强调：要依法规范发展，健全数字规则，完善平台企业垄断认定、数据收集使用管理、消费者权益保护等方面的法律规范；要加强规制，提升监管能力，坚决反对垄断和不正当竞争行为，金融创新必须在审慎监管的前提下进行。

监管是为了促进平台经济规范有序创新健康发展。从平台经济长远健康发展角度看，依法规范与支持发展并不矛盾。唯有在鼓励创新的同时进行有效监管，才能以良法善治推动平台经济规范健康持续发展。正如习近平总书记所强调，我国平台经济发展正处在关键时期，要着眼长远、兼顾当前，补齐短板、强化弱项，营造创新环境，解决突出矛盾和问题，推动平台经济规范健康持续发展。

决胜脱贫攻坚

2020 年 11 月 23 日，贵州省人民政府宣布：全省剩余 9 个未摘帽的紫云县、纳雍县、威宁县、赫章县、沿河县、榕江县、从江县、晴隆县、望谟县全部退出贫困县序列。这意味着，这个昔日全国贫困人口最多的省 66 个贫困县全部出列；这也意味着，在习近平总书记提出的精准扶贫方略指引下，经过 8 年持续奋斗，我们如期完成了新时代脱贫攻坚目标任务，现行标准下农村贫困人口全部脱贫，贫困县全部摘帽，消除了绝对贫困和区域性整体贫困，近 1 亿贫困人口实现脱贫，取得了令全世界刮目相看的重大胜利。

贫困是人类社会的顽疾。一部中国史，就是一部中华民族同贫困作斗争的历史。中国共产党从成立之日起，就坚持把为中国人民谋幸福、为中华民族谋复兴作为初心使命，团结带领中国人民为创造自己的美好生活进行了长期艰辛奋斗。“小康不小康，关键看老乡”。中共十八大以来，以习近平同志为核心的中共中央鲜明提出，全面建成小康社会最艰巨最繁重的任务在农村特别是在贫困地区，没有农村的小康特别是没有贫困地区的小康，就没有全面建成小康社会，并庄严承诺“决不能落下一个贫困地区、一个贫困群众”，拉开了新时代脱贫攻坚的序幕。

在脱贫攻坚实践中，中共中央始终坚持人民至上、以人为本，把贫困群众和全国各族人民一起迈向小康社会、一起过上好日子作为脱贫攻坚的出发点和落脚点。2013 年，中共中央提出精准扶

⊙ 河北保定：太行深山里产业扶贫，助阜平脱贫“摘帽”

⊙ 安徽亳州：特色农业助增收

⊙湖南湘西土家族苗族自治州：保靖县修成一条63千米长的"扶贫路"——迁清公路，帮助农民脱贫致富

⊙江西吉安：在新造水土保持果业基地，当地农民已完成水平阶整地和油茶苗栽种

⊙青海西宁：藏乡"私家订制"妙方脱贫

贫理念，创新扶贫工作机制。2015年，中共中央召开扶贫开发工作会议，提出实现脱贫攻坚目标的总体要求，实行扶持对象、项目安排、资金使用、措施到户、因村派人、脱贫成效"六个精准"，实行发展生产、易地搬迁、生态补偿、发展教育、社会保障兜底"五个一批"，发出打赢脱贫攻坚战的总攻令。2017年，中共十九大把精准脱贫作为三大攻坚战之一进行全面部署，锚定全面建成小康社会目标，聚力攻克深度贫困堡垒，决战决胜脱贫攻坚。2020年，为有力应对新冠肺炎疫情和特大洪涝灾情带来的影响，中共中央要求全党全国以更大的决心、更强的力度，做好"加试题"、打好收官战，信心百倍向着脱贫攻坚的最后胜利进军。

在脱贫攻坚工作中，数百万扶贫干部倾力奉献、苦干实干，同贫困群众想在一起、过在一起、干在一起，将最美的年华无私奉献给了脱贫事业，涌现出了35年坚守太行山的"新愚公"李保国，献身教育扶贫、点燃大山女孩希望的张桂梅，用实干兑现"水过不去、拿命来铺”誓言的黄大发，回乡奉献、谱写新时代青春之歌的黄文秀，扎根脱贫一线、鞠躬尽瘁的黄诗燕等可歌可泣的先进人物和先进事迹。更值得铭记的是，在脱贫攻坚斗争中，1800 多名同志将生命定格在了脱贫攻坚征程上，生动诠释了中国共产党人的初心使命。

沙场归来不卸甲，重整行装再出发。脱贫摘帽不是终点，而是新生活、新奋斗的起点。展望“十四五”时期乡村振兴的壮美画卷，中国必将书写共同富裕新的辉煌。

嫦娥五号

2020 年 11 月 24 日，我国在中国文昌航天发射场，用长征五号遥五运载火箭成功发射嫦娥五号探测器，并顺利将探测器送入预定轨道。中国月球探测工程的收官之战拉开了序幕。

2004 年，中国正式开展月球探测工程，并命名为“嫦娥工程”。嫦娥工程分为“无人月球探测”“载人登月”和“建立月球基地”三个阶段。嫦娥五号执行的是我国月球探测工程第六次任务，计划实现月面自动采样返回，助力深化月球成因和演化历史等科学研究。

根据日、地、月的运动关系，以及工程各种约束条件，嫦娥五号任务的设计总周期约 23 天。从发射入轨到返回器再入回收，一共需经历 11 个飞行阶段，即发射入轨阶段、地月转移阶段、近月制动阶段、环月飞行阶段、着陆下降阶段、月面工作阶段、月面上升阶段、交会对接与样品转移阶段、环月等待阶段、月地转移阶段和再入回收阶段。12 月 2 日 22 时，经过约 19 小时月面工作，嫦娥五号顺利完成月球表面自动采样，并按预定形式将样品封装保存在上升器携带的贮存装置中。12月4日，国家航天局公布了嫦娥五号在月球表面国旗展示的照片。这是继嫦娥三号、四号任务后，五星红旗又一次展现在月球表面，同时也是五星红旗第一次月表动态展示。

⊙北京：嫦娥五号月球探测器返回器以及降落伞在国家博物馆展出

12月17日1时59分，嫦娥五号返回器在内蒙古四子王旗预定区域成功着陆，标志着我国首次地外天体采样返回任务圆满完成。嫦娥五号在一次任务中，连续实现我国航天史上首次月面采样、月面起飞、月球轨道交会对接、带样返回等多个重大突破，为我国探月工程"绕、落、回"三步走发展规划画上了圆满句号。同时，嫦娥五号任务作为我国复杂度最高、技术跨度最大的航天系统工程，成功实现了多方面技术创新、突破了一系列关键技术，对于我国提升航天技术水平、完善探月工程体系、开展月球科学研究、组织后续月球及星际探测任务，具有承前启后、里程碑式的重要意义。

2021年2月22日上午，中共中央总书记、国家主席、中央军委主席习近平在北京人民大会堂会见探月工程嫦娥五号任务参研参试人员代表并参观月球样品和探月工程成果展览，充分肯定探月工程特别是嫦娥五号任务取得的成就，强调要弘扬探月精神，勇攀科技高峰，一步一个脚印开启星际探测新征程，不断推进中国航天事业创新发展，为人类和平利用太空作出新的更大贡献。

“双循环”

2020年4月10日，习近平总书记在中央财经委员会第七次会议上首次提出“构建以国内大循环为主体、国内国际双循环相互促进的新发展格局”。2020年10月，中共十九届五中全会对构建新发展格局作出了全面部署。

“双循环”就是指以国内大循环为主体、国内国际双循环相互促进的新发展格局，这是根据我国发展阶段、环境、条件变化作出的战略决策。改革开放初期，中国通过发展劳动密集型加工制造业，参与全球的分工与经济大循环，逐步成长为世界工厂。中共十一届三中全会以后，中国共产党准确判断世界大势，大力推动经济体制改革，不断扩大对外开放，逐步形成了市场和资源“两头在外”的外向型发展模式，开创、坚持、捍卫、发展中国特色社会主义，使中国大踏步赶上时代。2008年，面对国际金融危机严重冲击，我们实施扩大内需战略，内需对经济发展的拉动作用显著上升，我国发展格局开始由国际大循环为主导逐步向国内大循环为主体演变。

中共十八大以来，中国特色社会主义进入新时代，党和国家事业取得历史性成就、发生历史性变革。当前，世界百年未有之大变局加速演进，国内生产要素条件、需求结构、供给结构发生深刻变化，关键核心技术“卡脖子”、重要能源资源供应安全等问题凸显，特别是新冠肺炎疫情全球大流行使全球产业链供应链面临的风险隐患进一步暴露。面对严峻复杂的外部环境和深刻变化的内部发展条件，在这样的背景下，以习近平同志为核心的中共中央提出，要准确识变、科学应变、主动求变；完善战略布局，做到化危为机，实现高质量发展；构建以国内大循环为主体、国内国际双循环相互促进的新发展格局。

形成以国内大循环为主体，意味着要把满足国内需求作为发展的出发点和落脚点，生产、分配、流通、消费更多依托国内市场。这就要求我们不断深化供给侧结构性改革、坚定不移贯彻新发展理念，努力培育立足国内市场的有利条件。以国内大循环为主体，绝不是关起门来封闭运行。新发展格局强调“以国内大循环为主体，国内国际双循环相互促进”目的是通过发挥内需潜力，使国内市场和国际市场更好联通，更好利用国际国内两个市场、两种资源，实现更加强劲可持续的发展。

中共十九届五中全会通过的《中共中央关于制定国民经济和社会发展第十四个五年规划和二〇三五年远景目标的建议》提出，要加快构建以国内大循环为主体、国内国际双循环相互促进的新发展格局。实践证明，加快构建新发展格局，是适应我国经济发展阶段变化的主动选择，是应对错综复杂的国际环境变化的战略举措，是发挥我国超大规模经济体优势的内在要求。对于我国实现更高质量、更有效率、更加公平、更可持续、更为安全的发展，对于促进世界经济繁荣，都会产生重要而深远的影响。

“舌尖上的安全”

民以食为天，食以安为先。2020 年，新冠肺炎疫情影响着人们的生活、学习和社交，人们对食品安全的关注度也前所未有的提高。

能不能在食品安全上给老百姓一个满意的交代，是对中国共产党执政能力的重大考验。习近平总书记高度重视食品安全问题，把“菜篮子”“米袋子”“果盘子”这些“舌尖”上看似寻常的小事当成心中的大事，多次作出重要指示批示。

2014 年 1 月 7 日，习近平总书记在中央政法工作会议上指出：现在有一种现象，就是在环境保护、食品安全、劳动保障等领域，行政执法和刑事司法存在某些脱节，一些涉嫌犯罪的案件止步于行政执法环节，法律威慑力不够，健康的经济秩序难以真正建立起来。这里面反映的就是执法不严问题，需要通过加强执法监察、加强行政执法与刑事司法衔接来解决。

2015 年 5 月 29 日，习近平总书记在中共十八届中央政治局第二十三次集体学习时就食品药品安全提出“四个最严”的要求。指出：要切实加强食品药品安全监管，用最严谨的标准、最严格的监管、最严厉的处罚、最严肃的问责，加快建立科学完善的食品药品安全治理体系，坚持产管并重，严把从农田到餐桌、从实验室到医院的每一道防线。

2016 年 8 月 19 日，习近平总书记在全国卫生与健康大会上又强调：要贯彻食品安全法，完善食品安全体系，加强食品安全监管，建立食用农产品全程追溯协作机制，加强检验检测能力建设，

⊙山东济南：执法人员开展食品药品安全检查

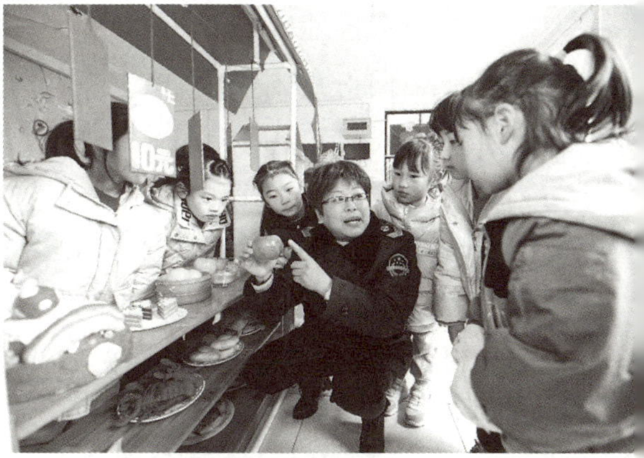

⊙安徽合肥：执法人员守护师生“舌尖上的安全”

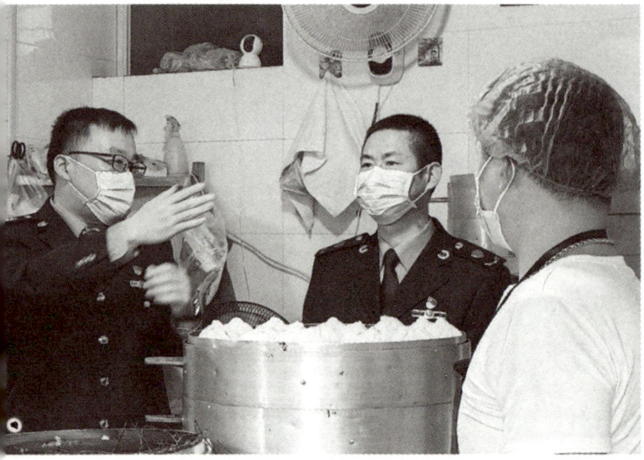

⊙江苏无锡：市场监督管理局开展早点专项检查，确保群众吃上放心早餐

⊙江西吉安：食品市场监管助力舌尖上的安全

严把从农田到餐桌的每一道防线，让人民群众安心、放心。

2019 年 5 月 9 日，中共中央、国务院印发《关于深化改革加强食品安全工作的意见》，用最严谨的标准、最严格的监管、最严厉的处罚、最严肃的问责，进一步加强食品安全工作，确保人民群众"舌尖上的安全"。

按照习近平总书记这一系列重要指示精神，中共十八大以来，在全国各地区各部门的共同努力下，我国食品安全形势总体保持稳中向好的态势。2020 年全国食品安全监督抽检总体不合格率 2.31%，与 2019 年基本持平。

食品安全是民生工程、民心工程，是各级党委、政府义不容辞的责任。当前，人民群众对食品安全的期待和需求，已不再停留在守住食品质量安全的"底线"，而是不断追求更营养、更健康、更美味、更快捷的"高线"。因此，一方面必须坚决落实习近平总书记"四个最严"要求，建立健全食品安全治理体系，织就严密的"防护网"，守住不发生系统性区域性食品安全风险的底线。另一方面，必须努力净化食品消费环境，推动食品产业优胜劣汰，引导食品产业向人民群众食品需求的“高线”发展。只有这样，才能切实保障人民群众“舌尖上的安全”，进而不断满足人民日益增长的美好生活需要。

粮食安全

国以民为本，民以食为天。粮食既是关系国计民生和国家经济安全的重要战略物资，也是人民群众最基本的生活资料。粮食安全与社会的和谐、政治的稳定、经济的持续发展息息相关。

作为一个全球性话题，粮食安全一直以来受到了国际社会的广泛关注。1976年联合国粮农组织（FAO）在第一次世界粮食首脑会议上向全球敲响警钟，首次提出了“食物安全”问题。粮食安全是世界和平与发展的重要保障，是构建人类命运共同体的重要基础。作为世界上最大的发展中国家和负责任大国，中国始终为维护自身及世界粮食安全作出积极贡献。

⊙ 山东青岛：国家粮食储备库

⊙江西丰城：纪委工作人员专项监督护粮食安全

⊙江西永丰：生态灌区早稻丰收

"民为国基，谷为民命。"解决好十几亿人口的吃饭问题，始终是关系国计民生的一个重大问题。新冠肺炎疫情的全球性扩散再一次敲响了粮食安全的警钟。一些国家对大米出口实施了临时性禁止措施，也让我国粮食供应是否充足成为热门话题。2020年全国两会期间，习近平总书记集中谈到了这个问题。他指出，这次新冠肺炎疫情如此严重，但我国社会始终保持稳定，粮食和重要农副产品稳定供给功不可没。总的来说，我国农业连年丰收，粮食储备充裕，完全有能力保障粮食和重要农产品供给。强调："对我们这样一个有着十四亿人口的大国来说，农业基础地位任何时候都不能忽视和削弱，手中有粮、心中不慌在任何时候都是真理。"

2020年，我国粮食再获丰收。国家统计局公布数据显示，全国粮食总产量13390亿斤，比上年增加113亿斤，增长0.9%。粮食产量再创历史新高，连续6年站稳1.3万亿斤台阶，收获"十七连丰"。粮食连年丰收，稳民心，提信心，为我国应对风险挑战、稳定经济社会大局发挥了"压舱石""稳定器"作用。

仓廪实，天下安。粮食安全是国家安全的重要基础。虽然我国粮食生产连年丰收，但必须清醒认识到，我国粮食安全的基础仍不稳固，结构性矛盾仍然存在。而且，随着人口增加、城镇化推进、食品消费升级，粮食需求相当长时间内仍将保持刚性增长。因此，粮食生产气可鼓不可泄，重农抓粮的劲头绝不能放松。牢牢稳住粮食安全这块压舱石，就一定能为扎实做好“六稳”工作、全面落实“六保”任务增强底气，为乘势而上开启全面建设社会主义现代化国家新征程奠定坚实基础。

数字经济

“数字经济”继2017年、2019年被写入政府工作报告之后，2020年再次被写入政府工作报告。近年来，互联网、大数据、云计算、人工智能、区块链等技术加速创新，日益融入经济社会发展各领域全过程，各国竞相制定数字经济发展战略、出台鼓励政策，数字经济发展速度之快、辐射范围之广、影响程度之深前所未有，正在成为重组全球要素资源、重塑全球经济结构、改变全球竞争格局的关键力量。

中共十八大以来，中共中央高度重视发展数字经济，实施网络强国战略和国家大数据战略，拓展网络经济空间，支持基于互联网的各类创新，推动互联网、大数据、人工智能和实体经济深度融合，建设数字中国、智慧社会，推进数字产业化和产业数字化，打造具有国际竞争力的数字产业集群，我国数字经济发展较快、成就显著。特别是新冠肺炎疫情发生以来，数字技术、数字经济在支持抗击新冠肺炎疫情、恢复生产生活方面发挥了重要作用。

当前，数字经济已成为经济发展最活跃且最重要的新动能。

无论是浙江、广东等经济强省，还是安徽、湖北、重庆等中西部地区，发展数字经济已成为众多省份的共同行动。在谋划2020年工作时，浙江提出，全力推进数字经济"一号工程"，深入实施数字经济五年倍增计划，做强集成电路、软件业，超前布局量子信息、类脑芯片、第三代半导体、下一代人工智能等未来产业，力争数字经济核心产业增加值增长15%。福建提出，促进人工智能、大数据、物联网和经济社会融合发展，力争数字经济规模超2万亿元。安徽提出，大力发展数字经济，实施5G产业规划和支持政策，促进5G商用和应用场景落地，推动物联网、下一代互联网、区块链等技术和产业创新发展；重庆提出，加快建设国家数字经济创新发展试验区，集中力量建设"智造重镇""智慧名城"。

我国数字经济发展势头强劲，数字经济规模已经连续多年位居世界第二。特别是新冠肺炎疫情发生以来，数字技术、数字经济在支持抗击新冠肺炎疫情、恢复生产生活方面发挥了重要作用，尤其是在培育经济新动能、推动供给侧结构性改革等方面的积极效应越来越明显。从我国未来发展看，数字经济对于推动构建新发展格局、推动建设现代化经济体系、推动构筑国家竞争新优势等方面具有重大意义。

正如习近平总书记所指出的，面向未来，我们要站在统筹中华民族伟大复兴战略全局和世界百年未有之大变局的高度，统筹国内国际两个大局、发展安全两件大事，充分发挥海量数据和丰富应用场景优势，促进数字技术和实体经济深度融合，赋能传统产业转型升级，催生新产业新业态新模式，不断做强做优做大我国数字经济。

热词
2018年
2019年
2020年
2021年
2022年

把握新发展阶段、贯彻新发展理念、构建新发展格局

2021年1月11日，省部级主要领导干部学习贯彻党的十九届五中全会精神专题研讨班在中央党校（国家行政学院）开班。在开班式上，习近平总书记着眼新时代党和国家事业发展全局，从理论和实际、历史和现实、国内和国际相结合的高度，科学分析了进入新发展阶段的理论依据、历史依据、现实依据，系统阐述了深入贯彻新发展理念的新要求，深刻阐明了加快构建新发展格局的主攻方向。

新发展阶段是我国社会主义发展进程中的一个重要阶段。中共十九届五中全会提出，全面建成小康社会、实现第一个百年奋斗目标之后，我们要乘势而上开启全面建设社会主义现代化国家新征程、向第二个百年奋斗目标进军，这标志着我国进入了一个新发展阶段。作出这样的战略判断，有着深刻的依据。新发展阶段是社会主义初级阶段中的一个阶段，同时是其中经过几十年积累、站到了新的起点上的一个阶段。新发展阶段是中国共产党带领人民迎来从站起来、富起来到强起来历史性跨越的新阶段。经过新中国成立以来特别是改革开放40多年的不懈奋斗，中国已经拥有开启新征程、实现新的更高目标的雄厚物质基础。

理念是行动的先导，一定的发展实践都是由一定的发展理念来引领的。新发展理念具有很强的战略性、纲领性、引领性，是指挥棒、红绿灯，是我国发展思路、发展方向、发展着力点的集中体现，是管全局、管根本、管长远的导向。那么，如何完整、准确、全面贯彻新发展理念，一是要从根本宗旨把握新发展理念，不断增强人民群众获得感、幸福感、安全感；二是要从问题导向把

握新发展理念，切实解决好发展不平衡不充分的问题，真正实现高质量发展；三是要从忧患意识把握新发展理念，既要敢于斗争，也要善于斗争，全面做强自己。

构建新发展格局，是与时俱进提升我国经济发展水平的战略抉择，也是塑造我国国际经济合作和竞争新优势的战略抉择。要看到，提出加快构建新发展格局，既是对我国发展新机遇新挑战的深刻认识，也是对我国客观发展规律和发展趋势的自觉把握，是对“十四五”和未来更长时期我国经济发展战略、路径作出的重大调整完善，是着眼于我国长远发展和长治久安作出的重大战略部署，对于我国实现更高质量、更有效率、更加公平、更可持续、更为安全的发展，对于促进世界经济繁荣，都会产生重要而深远的影响。

进入新发展阶段、贯彻新发展理念、构建新发展格局，是由我国经济社会发展的理论逻辑、历史逻辑、现实逻辑决定的。进入新发展阶段明确了我国发展的历史方位，贯彻新发展理念明确了我国现代化建设的指导原则，构建新发展格局明确了我国经济现代化的路径选择。

共同富裕

2021 年 1 月 11 日，习近平总书记在省部级主要领导干部学习贯彻党的十九届五中全会精神专题研讨班开班式上讲话提出，“实现共同富裕不仅是经济问题，而且是关系党的执政基础的重大政治问题”。强调，“要自觉主动解决地区差距、城乡差距、收入差距等问题，推动社会全面进步和人的全面发展，促进社会公平正义，让发展成果更多更公平惠及全体人民，不断增强人民群众获得感、幸福感、安全感，让人民群众真真切切感受到共同富裕不仅仅是一个口号，而是看得见、摸得着、真实可感的事实”。

⊙河北石家庄：搭建“巧手坊”手工车间为特定人群提供就业渠道

共同富裕是社会主义的本质要求，是人民群众的共同期盼。我们推动经济社会发展，归根结底是要实现全体人民共同富裕。新中国成立以来特别是改革开放以来，中国共产党团结带领人民向着实现共同富裕的目标不懈努力，人民生活水平不断提高。中共十八大以来，中国共产党对共同富裕道路作了新的探索，对共同富裕理论作了新的阐释，对共同富裕目标作了新的部署。中国共产党把脱贫攻坚作为重中之重，使现行标准下农村贫困人口全部脱贫，就是促进全体人民共同富裕的一项重大举措。中共十九届五中全会向着更远的目标谋划共同富裕，提出了“全体人民共同富裕取得更为明显的实质性进展”的目标。

⊙湖北宜昌：中蜂产业发展促进蜂农脱贫致富

当前，我国发展不平衡不充分问题仍然突出，城乡区域发展和收入分配差距较大，促进全体人民共同富裕是一项长期任务，但随着我国全面建成小康社会、开启全面建设社会主义现代化国家新征程，我们必须把促进全体人民共同富裕摆在更加重要的位置，必须更加注重共同富裕问题，脚踏实地，久久为功，始终把

⊙浙江杭州：空中俯瞰萧山区瓜沥镇梅林村，一派生机勃勃的景象

⊙浙江丽水：依托"绿水青山"做大共富"蛋糕"，云和梯田附近已开发出多家民宿

满足人民对美好生活的新期待作为发展的出发点和落脚点，在实现现代化过程中不断地、逐步地解决好这个问题。

维护和践行多边主义

2021 年 1 月 25 日，国家主席习近平以视频方式出席世界经济论坛"达沃斯议程"对话会，并发表题为《让多边主义的火炬照亮人类前行之路》的特别致辞。他强调，解决好这个时代面临的课题，出路是维护和践行多边主义，推动构建人类命运共同体。

多边主义的要义是国际上的事由大家共同商量着办，世界前途命运由各国共同掌握。多边主义倡导国家间开展国际合作，强调通过对话方式解决分歧、调整各方关系，以协商确定合作内容和方向，在共同利益基础上开展合作，力求在最大程度上照顾各方利益关切，通过协商解决国际问题、处理各种涉及和平与发展的矛盾冲突。多边主义体现平等、互利、开放原则，反对排他性、歧视性关系，对于维护全球发展和稳定具有重大意义。

世界上的问题错综复杂，解决问题的出路是维护和践行多边主义，推动构建人类命运共同体。这就要求，必须坚持开放包容，不搞封闭排他；坚持以国际法则为基础，不搞唯我独尊；坚持协商合作，不搞冲突对抗；坚持与时俱进，不搞故步自封。一个分裂的世界无法应对人类面临的共同挑战，对抗将把人类引入死胡同。

中国不仅积极倡导多边主义，而且以实际行动践行多边主义，为推动各国加强互利合作、践行多边主义提供中国方案、贡献中国智慧。中国将通过继续积极参与国际抗疫合作、继续实施互利共赢的开放战略、继续促进可持续发展、继续推进科技创新、继续推动构建新型国际关系，同各国一道，共建持久和平、普遍安全、共同繁荣、开放包容、清洁美丽的世界。

人类只有一个地球，人类也只有一个共同的未来。维护和践行多边主义，是应对日益严峻复杂的全球性威胁、维护人类共同家园的必然选择，已经成为国际社会广泛共识。

“华龙一号”

2021 年 1 月 30 日，全球第一台“华龙一号”核电机组福建福清核电 5 号机组已完成满功率连续运行考核，投入商业运行。这标志着我国在三代核电技术领域跻身世界前列，成为继美国、法国、俄罗斯等国之后真正掌握自主三代核电技术的国家，核电技术水平和综合实力已跻身世界第一方阵。

核心设备全部国产。在近 20 年的研发工作中，“华龙一号”研发团队共开展了 54 项科研攻关项目，其自主知识产权覆盖了设计、燃料、设备、建造、运行、维护等领域，在反应堆堆芯设计、

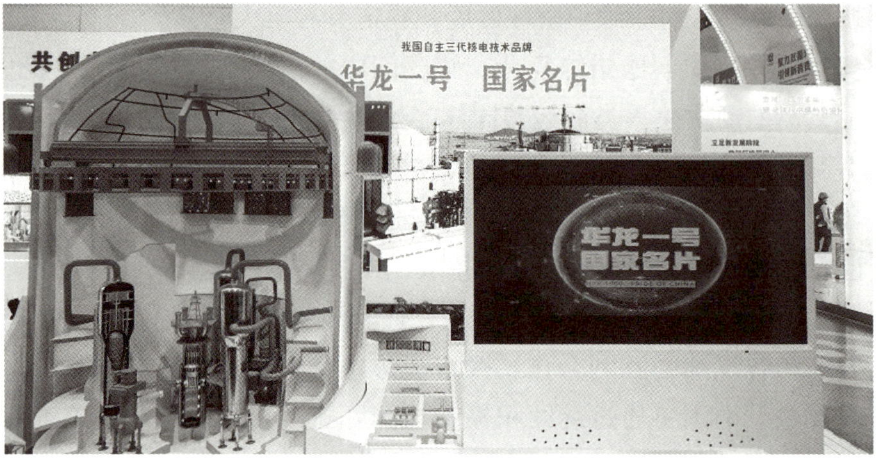

⊙上海："华龙一号"模型

能动和非能动安全技术、燃料技术、计算分析软件等方面，真正掌握了核心技术。"华龙一号"创新采用"能动和非能动"相结合安全系统及双层安全壳等技术，在安全性上满足国际最高安全标准要求，所有核心设备均已实现国产，所有设备国产化率达 88%。

自主创新带动高端装备制造业升级。"华龙一号"的自主创新，"华龙一号"全球首堆工程带动上下游 5300 多家企业实现了 411 台核心设备的国产化，促进了国家高端重大装备制造业、相关服务行业的发展，对材料、冶金、化工、机械、电子、仪器制造等几十个行业的加工技术和工艺水平具有显著拉动作用，形成了哈尔滨电气、东方电气、上海电气等国企为主导的三代核电装备供应链。而且，通过"华龙一号"示范性工程的建设，我国核电建造队伍已全面掌握了自主建造三代核电站的核心技术和建设经验，已形成每年 8 至 10 台套批量化三代核电主设备制造及电站建设能力。

"华龙一号"首堆机组商业运行，不仅能产生巨大的经济效益，对于改善我国能源结构、助力"碳达峰""碳中和"战略目标的实现意义深远。据测算，“华龙一号”单台机组装机容量 116.1 万千瓦，每年发电近 100 亿千瓦时；相当于每年减少标准煤消耗 312 万吨、减少二氧化碳排放 816 万吨，植树造林 7000 多万棵“华龙一号”的批量化建设，将对优化我国能源结构、推动绿色低碳发展产生深远影响。

党史学习教育

2021 年 2 月 20 日，党史学习教育动员大会召开。习近平总书记发表讲话指出，在全党开展党史学习教育，是党中央立足党的百年历史新起点、统筹中华民族伟大复兴战略全局和世界百年未有之大变局、为动员全党全国满怀信心投身全面建设社会主义现代化国家而作出的重大决策。讲话深刻阐述开展党史学习教育的重大意义，深刻阐明党史学习教育的重点和工作要求，对党史学习教育进行全面动员和部署，要求树立正确党史观。此前，中共中央印发《关于在全党开展党史学习教育的通知》。

在庆祝中国共产党百年华诞的重大时刻，在“两个一百年”奋斗目标历史交汇的关键节点，在全党集中开展党史学习教育，正当其时，十分必要。这是牢记初心使命、推进中华民族伟大复兴历史伟业的必然要求，是坚定信仰信念、在新时代坚持和发展中国特色社会主义的必然要求，是推进党的自我革命、永葆党的生机活力的必然要求。在全党开展党史学习教育，就是要进一步感悟思想伟力，增强用党的创新理论武装全党的政治自觉；进一步把握历史发展规律和大势，始终掌握党和国家事业发展的历史主动；进一步深化对党的性质宗旨的认识，始终保持马克思主义政党的鲜明本色；进一步总结党的历史经验，不断提高应对风险挑战

⊙四川华蓥：小学生在听取党史教育辅导员讲"党史"第一课——红岩英烈"小萝卜头的故事"

⊙甘肃兰州：武警甘肃总队官兵开展党史学习教育

的能力水平；进一步发扬革命精神，始终保持艰苦奋斗的昂扬精神；进一步增强党的团结和集中统一，确保全党步调一致向前进。

一年来，中国共产党各级党组织认真贯彻中共中央部署，按照学史明理、学史增信、学史崇德、学史力行的要求，精心组织实施、有力有序推进，整个党史学习教育求实、务实、扎实，广大党员、干部受到了一次全面深刻的政治教育、思想淬炼、精神洗礼，全党历史自觉、历史自信大大增强，党的创造力、凝聚力、战斗力大大提升，达到了学党史、悟思想、办实事、开新局的目的。12 月 24 日，党史学习教育总结会议召开。习近平总书记作出重要指示，强调，要认真总结这次党史学习教育的成功经验，建立常态化、长效化制度机制，不断巩固拓展党史学习教育成果。

中共十九届六中全会通过的决议对百年奋斗历程中中国共产党注重进行党史学习教育作了全

⊙江西南昌：举办“学党史、强信念、跟党走”主题宣讲

⊙江苏如皋：大学生在社区阅读党史书籍

面总结，强调全党要坚持唯物史观和正确党史观，从党的百年奋斗中看清楚过去我们为什么能够成功、弄明白未来我们怎样才能继续成功，从而更加坚定、更加自觉地践行初心使命，在新时代更好坚持和发展中国特色社会主义。

回望过往的奋斗路，眺望前方的奋进路，必须把中国共产党的历史学习好、总结好，把中国共产党的成功经验传承好、发扬好。

脱贫攻坚战取得全面胜利

2021 年 2 月 25 日，全国脱贫攻坚总结表彰大会召开。中共中央总书记、国家主席、中央军委主席习近平向全国脱贫攻坚楷模荣誉称号获得者等颁奖并发表重要讲话。习近平总书记宣告，经过全党全国各族人民共同努力，在迎来中国共产党成立一百周年的重要时刻，我国脱贫攻坚战取得了全面胜利，现行标准下 9899 万农村贫困人口全部脱贫，832 个贫困县全部摘帽，12.8 万个贫困村全部出列，区域性整体贫困得到解决，完成了消除绝对贫困的艰巨任务，创造了又一个彪炳史册的人间奇迹！这是中国人民的伟大光荣，是中国共产党的伟大光荣，是中华民族的伟大光荣。

伟大事业孕育伟大精神，伟大精神引领伟大事业。脱贫攻坚伟大斗争，锻造形成了“上下同心、尽锐出战、精准务实、开拓创新、攻坚克难、不负人民”的脱贫攻坚精神。脱贫攻坚精神，是中国共产党性质宗旨、中国人民意志品质、中华民族精神的生动写照，是爱国主义、集体主义、社会主义思想的集中体现，是中国精神、中国价值、中国力量的充分彰显，赓续传承了伟大民族精神和时代精神。

脱贫攻坚战的全面胜利，标志着中国共产党在团结带领人民创造美好生活、实现共同富裕的道路上迈出了坚实的一大步。农村贫困人口全部脱贫，为实现全面建成小康社会目标任务作出了关键性贡献；脱贫地区经济社会发展大踏步赶上来，整体面貌发生历史性巨变；脱贫群众精神风貌焕然一新，增添了自立自强的信心勇气；党群干群关系明显改善，中国共产党在农村的执政基础更加牢固；创造了减贫治理的中国样本，为全球减贫事业作出了重大贡献。

脱贫攻坚战的全面胜利，意味着我们在解决困扰中华民族几千年的绝对贫困问题上取得了伟大历史性成就，创造了人类减贫史上的奇迹。脱贫摘帽不是终点，而是新生活、新奋斗的起点。解决发展不平衡不充分问题、缩小城乡区域发展差距、实现人的全面发展和全体人民共同富裕仍然任重道远。要切实做好巩固拓展脱贫攻坚成果同乡村振兴有效衔接各项工作，让脱贫基础更加稳固、成效更可持续。

确保“一国两制”行稳致远

2021 年 3 月 11 日，十三届全国人大四次会议以高票表决通过《全国人民代表大会关于完善香港特别行政区选举制度的决定》。这是继制定实施《中华人民共和国香港特别行政区维护国家安全法》后，国家完善香港特别行政区法律和政治体制的又一重大举措，对于确保实现以爱国者为主体的“港人治港”，有力保障香港“一国两制”实践行稳致远，具有十分重大而深远的意义。

实现祖国完全统一，是中华民族根本利益所在，是全体中华儿女的共同愿望和神圣职责。邓小平从我国实际出发，创造性提出了“一个国家，两种制度”的科学构想，开辟了以和平方式实现祖国统一的新途径。香港、澳门回归祖国后，走上了同祖国内地优势互补、共同发展的宽广道路。

“一国两制”实践取得巨大成功，同时也遇到了一些新情况新问题。一些反中乱港分子和“港独”势力利用选举进入特别行政区治理架构，肆无忌惮进行反中乱港活动。这些行为和活动，严重挑战“一国两制”原则底线，严重损害法治权威，严重危害国家主权、安全、发展利益，必须采取有力措施依法予以防范、制止和惩治。

这次完善香港特别行政区选举制度，遵循“全面准确贯彻‘一国两制’、‘港人治港’、高度自治的方针”“坚定维护国家主权、安全、发展利益”“坚持依法治港”“符合香港实际情况”“提高香港特别行政区治理效能”的重要原则，充分考虑了完善香港特别行政区有关选举制度的现实需要和香港特别行政区的实际情况，就完善香港特别行政区选举制度，推动适合香港实际的民主政治制度发展，作出新的宪制性制度安排。

小智治事，大智治制。作为一项前无古人的开创性事业，“一国两制”需要在实践中不断探索、不断完善。无论是《中华人民共和国香港特别行政区维护国家安全法》，还是《全国人民代表大会关于完善香港特别行政区选举制度的决定》，都是为了完善“一国两制”制度体系，把“一国两制”执行好、实施好，确保“一国两制”行稳致远。

中国空间站

2021 年 4 月 29 日 11 时 23 分，中国空间站天和核心舱发射升空，准确进入预定轨道，任务取得成功。建造空间站、建成国家太空实验室，是实现我国载人航天工程“三步走”战略的重要目标，是建设科技强国、航天强国的重要引领性工程。天和核心舱发射成功，标志着我国空间站建造进入全面实施阶段，为后续任务展开奠定了坚实基础。

天和核心舱是中国空间站最关键的舱段，是空间站的管理和控制中心。形象地说，如果说空间站是大树，核心舱就是树干，其他舱段都会安装在它的接口上，向外延伸。核心舱身躯“庞大”，包括节点舱、生活控制舱和资源舱 3 个部分，有 3 个对接口和 2 个停泊口，重达 20 多吨，长度比 5 层楼房还要高，直径 4.4 米，比火车车厢还要宽不少，供航天员工作生活的空间大约有 50 立方米。

中国空间站是中国独立自主建造运营的载人空间站，由天和核心舱、问天实验舱、梦天实验舱三个舱段构成。天和核心舱是空间站组合体控制和管理主份舱段，是发射入轨的第一个空间站舱段。根据任务安排，空间站完成在轨建造后，具备长期开展

⊙海南文昌：中国空间站核心舱“天和”发射现场

近地空间有人参与科学实验、技术试验和综合开发利用太空资源能力。

自20世纪90年代初，我国载人航天工程正式启动，规划了“三步走”目标。第一步是载人飞船阶段，在此期间完成了载人飞船的研制，实现了航天员天地往返等目标。第二步是空间实验室阶段，这一阶段不仅掌握了出舱、交会对接技术，对航天员中期驻留太空进行了验证，还成功验证了推进剂在轨补加技术，完成了运送货物补给等任务。第三步就是空间站建设阶段，我国将建造长期有人照料的空间站。

天和核心舱发射成功，受到了世界范围的广泛关注。国际舆论认为，“中国太空探索计划迈出重大一步”。“在提出载人航天工程‘三步走’战略近30年后，中国正在实现拥有自己的太空‘前哨’的梦想。”

"七普"

2021 年 5 月 11 日，国家统计局、国务院第七次全国人口普查领导小组办公室对外发布：截至 2020 年 11 月 1 日零时，全国人口共 141178 万人，与 2010 年第六次人口普查的 133972 万人相比，增加 7206 万人，增长 5.38%，年平均增长率为 0.53%，比 2000 年至 2010 年的年平均增长率 0.57% 下降 0.04 个百分点。

人口问题事关国计民生、事关长远发展。从第七次全国人口普查的结果看：

我国人口总量保持了平稳增长，总人口约占全球总人口的 18%，仍然是世界第一人口大国。

人口质量稳步提升，人口受教育程度明显提高。与 2010 年相比，每 10 万人中具有大学文化程度的由 8930 人上升为 15467 人，15 岁及以上人口的平均受教育年限由 9.08 年提高至 9.91 年，文盲

⊙北京：国新办举行第七次全国人口普查主要数据结果发布会

率由 4.08% 下降为 2.67%。

人口结构调整变化，性别结构改善。男性人口为 72334 万人、占 51.24%，女性人口为 68844 万人、占 48.76%，总人口性别比（以女性为 100，男性对女性的比例）为 105.07，出生人口性别比为 111.3，较 2010 年下降 6.8。

人口流动活跃，集聚效应更加明显，城镇化水平持续提高。居住在城镇的人口为 90199 万人，占 63.89%；居住在乡村的人口为 50979 万人，占 36.11%。与 2010 年相比，城镇人口增加 23642 万人，乡村人口减少 16436 万人，城镇人口比重上升 14.21 个百分点。

与此同时，我国人口发展中也面临一些结构性矛盾，如劳动年龄人口和育龄妇女规模下降、老龄化程度加深、总和生育率较低、出生人口数量走低等。

要辩证看待人口变化对经济社会的影响。一方面，我国人口基数大、人口众多的基本国情没有改变，超大规模国内市场优势将长期存在，人口与资源环境仍将处于紧平衡状态。另一方面，劳动年龄人口逐年缓慢减少，经济结构和科技发展需要调整适应。少儿人口和老年人口比重双双上升，既反映了调整生育政策的积极成效，又凸显了“一老一小”问题的重要性，需要优化生育政策，完善养老育幼等人口服务体系。

“全覆盖”

2021 年 6 月 25 日，拉萨至林芝铁路开通运营，复兴号高原内电双源动车组同步投入运营。

拉林铁路起自西藏自治区拉萨市，经山南市贡嘎县、扎囊县、乃东区、桑日县、加查县和林芝市朗县、米林县，到达林芝市区，全长 435.48 千米，设计时速 160 千米，为国家Ⅰ级单线电气化铁路。拉林铁路通车后，拉萨至山南、林芝最快 1 小时 10 分、3 小时 29 分可达。拉林铁路位于青藏高原冈底斯山与喜马拉雅山之间的谷地，90% 以上的线路走行于海拔 3000 米以上，全线 16 次跨越雅鲁藏布江，桥隧比高达 75%，地形地质条件极其复杂。经过 6 年多的施工，建设者们在保护好生态环境的基础上，攻克一系列全国性、世界性罕见难题，创造了高原铁路建设奇迹。

作为川藏铁路的重要组成部分，拉林铁路的建成通车，不仅有效改善我国区域铁路网布局，构建起西藏连接川渝经济圈和长江经济带的大能力快捷通道，还结束了藏东南地区不通铁路的历史，弥补了既有交通方式易受高原气候影响的短板，进一步完善了区域综合交通运输体系，历史性地实现复兴号对 31 个省区市的

⊙西藏拉萨：川藏铁路拉林段（拉林铁路）正式建成通车，开通运营，首发车 D2021 次

全覆盖，翻开了西藏和高原铁路建设发展新篇章。

习近平总书记高度重视川藏铁路建设，主持召开中央政治局常委会会议研究部署全面推进川藏铁路建设，对推进工作多次作出重要指示。7 月 22 日上午，在西藏看望慰问各族干部群众期间，他来到川藏铁路的重要枢纽站林芝火车站，了解川藏铁路总体规划及拉萨至林芝段建设运营情况，听取推进雅安至林芝段建设情况汇报，并坐上专列实地察看拉林铁路沿线建设情况，深入研究有关问题。他强调，要统筹谋划好西部边疆铁路网建设，充分论证、科学规划，更好服务边疆地区高质量发展和广大人民群众高品质生活。

随着“复兴号”列车的“全覆盖”，拉林铁路——这条世界屋脊上的新“天路”，紧密了雪域高原与祖国各地的联系，助力西藏实现高质量发展。

白鹤滩

2021 年 6 月 28 日，金沙江白鹤滩水电站首批机组安全准点投产发电。

白鹤滩水电站是实施“西电东送”的国家重大工程，是目前世界在建规模最大、技术难度最高的水电工程。全球单机容量最大功率百万千瓦水轮发电机组，实现了我国高端装备制造的重大突破。白鹤滩水电站位于四川省宁南县和云南省巧家县交界的金沙江河道上，由中国三峡集团开发建设，总投资 2200 亿元，总装机 1600 万千瓦，共安装 16 台我国自主研制的全球单机容量最大功率百万千瓦水轮发电机组。电站主体工程 2017 年 7 月全面开工建设，首批 2 台机组已投产发电。电站全部建成投产后，将成为

⊙白鹤滩水电站

仅次于三峡工程的世界第二大水电站，可有效缓解华中、华东地区以及川、滇、粤等省份用电紧张局面，持续为经济社会发展提供绿色动力。白鹤滩水电站源源不断输送的清洁电能，将为实现碳达峰、碳中和目标，促进经济社会发展全面绿色转型作出更大贡献。

随着"华龙一号"核电机组投入商运、乌东德水电站全部机组投产发电、白鹤滩水电站首批机组投产发电……2021 年以来，我国清洁能源重大项目建设不断传来捷报：截至当年 7 月底，全国非化石能源发电装机容量 10.3 亿千瓦，同比增长 18.0%，相当于 40 多个三峡电站的装机容量，占全国发电总装机容量的 45.5%，同比提高 3.3 个百分点。我国清洁低碳化进程不断加快，水电、风电、光伏、在建核电装机规模等多项指标保持世界第一。我国建成了世界最大的清洁发电体系。

“四个伟大成就”

2021年7月1日，习近平总书记在庆祝中国共产党成立100周年大会上发表重要讲话。讲话用“四个伟大成就”，全面回顾了中国共产党百年奋斗的光辉历程，系统总结了中国共产党百年取得的伟大成就。即：为了实现中华民族伟大复兴，中国共产党团结带领中国人民，浴血奋战、百折不挠，创造了新民主主义革命的伟大成就；为了实现中华民族伟大复兴，中国共产党团结带领中国人民，自力更生、发愤图强，创造了社会主义革命和建设的伟大成就；为了实现中华民族伟大复兴，中国共产党团结带领中国人民，解放思想、锐意进取，创造了改革开放和社会主义现代化建设的伟大成就；为了实现中华民族伟大复兴，中国共产党团结带领中国人民，自信自强、守正创新，统揽伟大斗争、伟大工程、伟大事业、伟大梦想，创造了新时代中国特色社会主义的伟大成就。

一百年来，中国共产党团结带领中国人民进行的一切奋斗、一切牺牲、一切创造，归结起来就是一个主题：实现中华民族伟大复兴。中国共产党团结带领人民创造了新民主主义革命的伟大成就，为实现中华民族伟大复兴创造了根本社会条件；创造了社会主义革命和建设的伟大成就，为实现中华民族伟大复兴奠定了根本政治前提和制度基础；创造了改革开放和社会主义现代化建设的伟大成就，为实现中华民族伟大复兴提供了充满新的活力的体制保证和快速发展的物质条件；创造了新时代中国特色社会主义的伟大成就，为实现中华民族伟大复兴提供了更为完善的制度保证、更为坚实的物质基础、更为主动的精神力量。

中华民族近代以来180多年的历史、中国共产党成立以来100年的历史、中华人民共和国成立以来70多年的历史都充分证明，坚持党的领导，是实现中华民族伟大复兴的根本保证。没有中国共产党，就没有新中国，就没有中华民族伟大复兴。历史和人民选择中国共产党领导中华民族伟大复兴的事业是完全正确的，必须长期坚持、绝不动摇。

“双减”

据2021年7月24日新华社北京电：近日，中共中央办公厅、国务院办公厅印发了《关于进一步减轻义务教育阶段学生作业负担和校外培训负担的意见》（以下简称《意见》）。《意见》提出，要切实提升学校育人水平，持续规范校外培训（包括线上培训和线下培训），有效减轻义务教育阶段学生过重作业负担和校外培训负担（以下简称“双减”）。

近年来，按照中共中央、国务院决策部署，各地深入开展减轻义务教育阶段学生作业负担和校外培训负担工作，取得了积极

⊙江苏镇江：初中生开学第一课上进行厨艺展示

⊙浙江金华：小学生参加多元化社会活动

成效。但义务教育最突出的问题之一还是中小学生负担太重，短视化、功利性问题没有根本解决。例如，一些学校还存在作业数量过多、质量不高、功能异化等突出问题。针对这些突出问题，《意见》提出了“学生过重作业负担和校外培训负担、家庭教育支出和家长相应精力负担1年内有效减轻、3年内成效显著，人民群众教育满意度明显提升”的“双减”工作目标。“双减”，首先是减轻学生过重的作业负担，这就要求：一是减少作业总量，坚决防止学生书面作业总量过多；二是提高作业质量，通过系统设计符合年龄特点和学习规律、体现素质教育导向的基础性作业，布置分层作业、弹性作业和个性化作业，坚决克服机械、无效作业，杜绝重复性、惩罚性作业；三是强化教师职责，教师要指导小学生在校内基本完成书面作业、初中生在校内完成大部分书面作业；四是减轻家长负担，严禁给家长布置或变相布置作业，严禁要求家长检查、批改作业。

针对一段时间校外培训机构规模总量庞大，违法违规情况突出，被资本裹挟状况严重，破坏教育正常生态等突出问题，《意见》

⊙湖南永州：中小学进一步落实“双减”政策，促进孩子健康快乐成长

⊙重庆巫山：举办校园足球联赛

提出，坚持从严审批机构，要求各地不再审批新的面向义务教育阶段学生的学科类校外培训机构，现有学科类培训机构统一登记为非营利性机构，对线上学科类培训机构改为审批制。并要求学科类培训机构一律不得上市融资，严禁资本化运作，上市公司不得通过股票市场融资投资学科类培训机构，不得通过发行股份或支付现金等方式购买学科类培训机构资产。已违规的，要进行清理整治。

“双减”是一项系统工程，需要持续发力、久久为功。来自教育部的监测显示，“双减”政策发布以来，培训市场野蛮生长现象得到有效遏制。截至2021年11月，在12.8万个线下学科类培训机构中，压减率超过40%；263个线上学科类培训机构中，压减率近50%。

全球发展倡议

2021年是中国共产党成立100周年，也是中华人民共和国恢复在联合国合法席位50周年，中国政府隆重纪念这一历史性事件。9月21日，习近平主席在北京以视频方式出席第七十六届联合国大会一般性辩论并发表《坚定信心 共克时艰 共建更加美好的世界》的重要讲话。在这篇重要讲话中，习近平主席郑重提出全球发展倡议，为各国发展和国际发展合作擘画了蓝图，为推进全球发展事业和国际发展合作指明了方向。

当前，百年变局与世界疫情叠加震荡，全球治理体系和国际秩序加速变革，世界进入新的动荡调整期。2021年，全球新冠肺炎疫情延宕反复，给人类生命安全带来巨大挑战。全球累计确诊病例超过2.8亿，累计死亡病例超过540万。疫情冲击下，世界经济复苏艰难曲折。全球供应链遭遇危机，供应持续紧缺，能源价格快速上涨，多国面临通胀压力，世界经济复苏分化加剧。面对疫情严重冲击全球减贫成果，新兴市场国家经济增长放缓，气候变化、粮食安全等全球性危机不断加剧，南北“发展鸿沟”持续扩大，世界经济复苏步履维艰等一系列重大问题，习近平主席提出全球发展倡议，呼吁国际社会加快落实联合国2030年可持续发展议程，共同推动全球发展迈向平衡协调包容新阶段，强调坚持发展优先、坚持以人民为中心、坚持普惠包容、坚持创新驱动、坚持人与自然和谐共生、坚持行动导向，推动多边发展合作协同增效，重点推进减贫、粮食安全、抗疫和疫苗、发展筹资、气候变化和绿色发展、工业化、数字经济、互联互通等领域合作，构建全球发展命运共同体。

全球发展倡议，顺应了和平与发展的时代主题，蕴含了中国全面建成小康社会的宝贵经验，与中国创新、协调、绿色、开放、共享的新发展理念相契合，同时呼应了各国人民追求更美好生活的强烈愿望，有助于国际社会形成合力，把发展议程放在国际合作的更重要位置，为各国聚焦发展、团结发展、共同发展提供了行动指南，注入了思想动力。

面对疫情带来的严重冲击，中国提出全球发展倡议，为推进全球发展事业注入新的动力，已得到联合国机构等国际组织以及近百个国家的响应和支持。这一重要倡议，是中国着眼于各方特别是新兴市场国家和发展中国家面临的市场挑战，致力于落实联合国2030年可持续发展议程提供的又一全球公共产品。

孟晚舟归国

2021年9月25日晚，在党和人民的亲切关怀和坚定支持下，

⊙广东深圳：孟晚舟乘坐中国政府包机抵达深圳宝安国际机场，顺利回到祖国

孟晚舟在结束被加拿大方面近 3 年的非法拘押后，乘坐中国政府包机抵达深圳宝安国际机场，顺利回到祖国。

孟晚舟说："作为一名普通的中国公民，遭遇这样的困境，滞留异国他乡 3 年，我无时无刻不感受到党、祖国还有人民的关爱和温暖。""经过 1000 多天的煎熬，我终于回到了祖国的怀抱，异国他乡的漫长等待，充满了挣扎和煎熬，但当我走下舷梯，双脚落地的那一刻，家乡的温度让我心潮澎湃，难以言表。""祖国，我回来了！"

为迎接孟晚舟归国，当晚深圳市内多处地标建筑楼身打出"欢迎孟晚舟回家"的巨幅标语；在龙岗，300 架无人机组成的机队在空中飞出"月是故乡明""轻舟虽晚，终回家国"等字样；宝安国际机场，《我和我的祖国》悠扬的歌声响彻国际候机大厅……

2018 年 12 月 1 日，华为公司首席财务官孟晚舟在加拿大温哥华过境转机时遭加方无端拘押，前后长达 1028 天。这是一起由美国一手策划、加拿大帮助实施的针对中国公民的政治迫害事件，对孟晚舟所谓"欺诈"的指控纯属捏造，目的是打压中国高技术企业、阻挠中国科技发展，其所作所为是典型的任意拘押。

在中共中央坚强领导下，经过中国政府不懈努力和坚决斗争，美国司法部与孟晚舟签署延缓起诉协议，美方向加拿大撤回引渡申请。当地时间 9 月 24 日，孟晚舟在不认罪、不支付罚金的情况下离开加拿大，踏上返回祖国的征程。

孟晚舟事件的实质，是美国试图阻挠甚至打断中国发展进程。中国政府所作的努力，维护的不仅是一位公民的权利、一家企业的权益，更是在维护中国人民过上更美好生活、国家实现现代化的权利。透过孟晚舟事件，中国人民更加清晰地看到，面对世界百年未有之大变局，我们必须坚定不移走自己的路，百折不挠办好自己的事，实现高水平科技自立自强，把伟大祖国建设得更加强大。

昆明宣言

2021 年 10 月 13 日，2020 年联合国生物多样性大会（第一阶段）高级别会议在中国云南昆明闭幕，会议正式通过“昆明宣言”。“昆明宣言”承诺，确保制定、通过和实施一个有效的“2020 年后全球生物多样性框架”，以扭转当前生物多样性丧失趋势，并确保最迟在 2030 年使生物多样性走上恢复之路，进而全面实现人与自然和谐共生的 2050 年愿景。

“昆明宣言”是一个政治性宣言，是这次大会的主要成果。在“昆明宣言”起草过程中，中方秉持开放、透明、包容的原则，各缔约方积极贡献智慧，提出了很多建设性意见和建议，使宣言内容更加充实和完善，体现了各国共同采取行动、遏制和扭转生物多样性丧失趋势的强烈意愿。

“昆明宣言”对制定和实施“2020 年后全球生物多样性框架”

⊙云南昆明：联合国生物多样性第十五次缔约方大会通过“昆明宣言”

将发挥引领作用，为后续磋商和谈判规划了方向，提供了基础和政治指引。宣言的通过体现了各国为全球生物多样性保护作出切实贡献、采取有效行动的决心和意愿，将为全球环境治理注入新动力。

“昆明宣言”的通过，将有助于绘制未来10年全球生物多样性保护的蓝图，鼓励各国采取具体行动，共谋全球生物多样性治理之道。

中共十九届六中全会

2021年11月8日至11日，中共十九届六中全会召开。全会听取和讨论了中央委员会总书记习近平受中央政治局委托作的工作报告，审议通过了《中共中央关于党的百年奋斗重大成就和历史经验的决议》，审议通过了《关于召开党的第二十次全国代表大会的决议》。习近平总书记就《中共中央关于党的百年奋斗重大成就和历史经验的决议（讨论稿）》向全会作了说明。

这次全会是在中国共产党成立一百年之际，党领导人民实现第一个百年奋斗目标、向着实现第二个百年奋斗目标迈进的重大历史关头召开的。中共中央决定召开一次全会，全面总结党的百年奋斗重大成就和历史经验，是郑重的战略性决策，体现了中国共产党重视和善于运用历史规律的高度政治自觉，体现了中国共产党牢记初心使命、继往开来的自信担当。全会通过的《决议》，回顾中国共产党走过的百年奋斗历程，总结党的百年奋斗重大成就和历史经验，着重阐释党的十八大以来党和国家事业取得的历

⊙北京：中国共产党第十九届中央委员会第六次全体会议在京举行

史性成就、发生的历史性变革，对实现第二个百年奋斗目标提出明确要求，是一篇马克思主义的纲领性文献。特别是《决议》强调中国共产党确立习近平同志党中央的核心、全党的核心地位，确立习近平新时代中国特色社会主义思想的指导地位，反映了全党全军全国各族人民共同心愿，对新时代党和国家事业发展、对推进中华民族伟大复兴历史进程具有决定性意义。

这次全会通过的《决议》思想含量、知识含量十分丰富，政治性、理论性、战略性、指导性都很强。《决议》通篇融汇了百年来中国共产党践行为中国人民谋幸福、为中华民族谋复兴的初心使命所进行的奋斗、牺牲和创造，深刻揭示了"过去我们为什么能够成功、未来我们怎样才能继续成功"。除序言和结束语之外，《决议》共 7 个部分，在内容摆布上有两个特点：第一个特点是这次主要总结中国共产党的百年奋斗重大成就和历史经验，第二个特点是突出中国特色社会主义新时代这个重点，用较大篇幅总结中共十八大以来的原创性思想、变革性实践、突破性进展和标志性成果。

全会通过的《决议》同中国共产党作出的前两个历史决议一样，必将对推动全党统一思想、统一意志、统一行动，团结带领全国各族人民以史为鉴、开创未来，埋头苦干、勇毅前行，在新时代更好坚持和发展中国特色社会主义、实现中华民族伟大复兴产生重大而深远的影响。

经济发展和疫情防控全球领先

2021 年是中国共产党和新中国历史上十分重要的一年。这一年，面对百年变局和世纪疫情，以习近平同志为核心的党中央沉着应对，团结带领全党全国各族人民勠力同心、艰苦奋斗，奋力完成改革发展艰巨任务，我国经济发展和疫情防控保持全球领先地位。

这一重大成就集中表现在：经济发展韧性强、潜力大、动力足的特点持续显现；国家战略科技力量加快壮大，重大创新成果竞相涌现，科技创新能力持续提升，关键核心技术攻关实现新突破；产业链韧性得到提升，对外贸易量增质升，结构继续优化，以新产业新业态新模式为代表的新动能成长壮大；改革开放向纵深推进，着力打通制约供需适配和要素流动的堵点，以高水平对外开放打造合作竞争新优势；民生保障有力有效，就业规模持续扩大，居民收入增长与经济增长基本同步，全年粮食连续 7 年保持在 1.3 万亿斤以上，喜获“十八连丰”；生态文明建设持续推进，碳达峰碳中和工作统筹推进，绿色低碳转型步伐稳健，生态环境保护取得新成效；国内生产总值稳步迈上新台阶，占全球经济比重继续上升，持续成为支撑世界经济增长的重要引擎；坚持“外防输入、内防反弹”，保持全球疫情防控优势地位。

这一重大成就来之不易。总结经验，我们进一步积累了在应对风险挑战的如何做好经济工作的规律性认识。这就是：必须坚持党中央集中统一领导，沉着应对重大挑战，步调一致向前进；必须坚持高质量发展，坚持以经济建设为中心是党的基本路线的要求，全党都要聚精会神贯彻执行，推动经济实现质的稳步提升和量的合理增长；必须坚持稳中求进，调整政策和推动改革要把握好时度效，坚持先立后破、稳扎稳打；必须加强统筹协调，坚持系统观念。

城镇老旧小区改造

记者从住房和城乡建设部获悉：2021 年，我国全面推进城镇老旧小区改造，全国新开工改造城镇老旧小区 5.56 万个，惠及居民 965 万户。

城镇老旧小区改造是重大民生工程和发展工程。1980 年至 2000 年，我国建成的老旧小区住宅建筑面积达 80 亿平方米。这些老旧小区建设时，建筑规范标准跟不上，工程质量还不够高，普遍存在着公共基础设施陈旧老化现象。住在老旧小区的居民特别是老人上下楼困难，生活质量受到不小影响。

全面推进城镇老旧小区改造，按照新安全标准全面加固老旧小区楼房，意义十分重大。一是可以通过加装电梯和底层加坡道等宜居改造，采取楼房加固措施，消除安全隐患，提高房屋质量和居民生活质量。二是能够推动供水、供暖、供气和地下管道等多个行业的投资需求，带动相关产业增长。除了改造本身产生的更新改造投资以外，还会带动行业上下游多个行业的产业发展，并且会带动居民户内改造、装饰装修、家电更新。据测算，如果连续 3 年对 80 亿平方米老旧小区进行更新改造，每年可拉动国内生产总值（GDP）增长 2.5 个百分点。三是有助于化解钢铁、水泥、玻璃等产业的产能过剩，增加就业。作为保障性安居工程，城镇老旧小区改造能够在改善困难群众居住条件的同时，对于稳定投资增长、发挥投资关键作用起到重要的支撑作用。四是能够增加社会财富存量，彰显国家治理能力。老旧小区改造提高了居民住房的质量和价值，在此基础上加强社区管理，能从源头上避免拆迁引发的社会矛盾，显著提升国家治理能力。

2020 年 7 月，国务院办公厅发布《关于全面推进城镇老旧小区改造工作的指导意见》(以下简称《意见》)，从改造任务、组织实施机制、出资机制等方面明确了城镇老旧小区改造的“施工图”。该《意见》要求，按照党中央、国务院决策部署，全面推进城镇老旧小区改造工作，大力改造提升城镇老旧小区，让人民群众生活更方便、更舒心、更美好，满足人民群众美好生活需要，推动惠民生扩内需，推进城市更新和开发建设方式转型，促进经济高质量发展。《意见》提出，到2022年，基本形成城镇老旧小区改造制度框架、政策体系和工作机制；到“十四五”期末，结合各地实际，力争基本完成2000年底前建成的需改造城镇老旧小区改造任务。《意见》还强调，省级人民政府对本地区城镇老旧小区改造工作负总责，要加强统筹指导，落实市、县人民政府责任，确保工作有序推进。做好宣传引导，形成社会支持、群众积极参与的浓厚氛围。

⊙北京：建筑工人对老旧小区进行外立面翻新改造

⊙四川成都：小区楼顶变“共享空中花园”

为进一步摸排城镇老旧小区改造配套设施短板和安全隐患，2021年9月，国家发展改革委、住房城乡建设部又印发《关于加强城镇老旧小区改造配套设施建设的通知》（以下简称《通知》）。《通知》要求，认真摸排2000年底前建成的需改造城镇老旧小区存在的配套设施短板，组织相关专业经营单位，联合排查燃气、电力、排水、供热等配套基础设施以及公共空间等可能存在的安全隐患；重点针对养老、托育、停车、便民、充电桩等设施，摸排民生设施缺口情况。将安全隐患多、配套设施严重缺失、群众改造意愿强烈的城镇老旧小区，优先纳入年度改造计划，做到符合改造对象范围的老旧小区应入尽入。

据统计，2019至2021年，全国累计新开工改造城镇老旧小区11.4万个，惠及居民2000多万户。在各地改造过程中，住房和城乡建设部发布了多批城镇老旧小区改造可复制政策机制清单，有针对性地总结各地解决问题的可复制政策机制和典型经验做法，涉及动员居民参与、改造项目生成、金融支持、市场力量参与、存量资源整合利用、落实各方主体责任、加大政府支持力度等方面。

2019年
2020年
2021年
2022年
2023年

《区域全面经济伙伴关系协定》（RCEP）

2022年1月1日，《区域全面经济伙伴关系协定》（RCEP）正式生效，文莱、柬埔寨、老挝、新加坡、泰国、越南等6个东盟成员国和中国、日本、新西兰、澳大利亚等4个非东盟成员国正式开始实施协定。RCEP的生效实施，标志着全球人口最多、经贸规模最大、最具发展潜力的自由贸易区正式落地，充分体现了各方共同维护多边主义和自由贸易、促进区域经济一体化的信心和决心，将为区域乃至全球贸易投资增长、经济复苏和繁荣发展作出重要贡献。

RCEP由东盟于2012年发起，旨在削减关税及非关税壁垒，建立统一市场。作为全球最大的自由贸易协定，RCEP是一个全面、现代、高质量和互惠的自贸协定。中共中央、国务院高度重视《区域全面经济伙伴关系协定》（RCEP）谈判工作。习近平总书记多次作出重要指示，为推进谈判指明了方向，并与多国领导人沟通协调，亲自推动。经过各成员国的共同努力，历经8年31轮正式谈判，闯过一道道难关，2020年11月15日，RCEP第四次领导人会议期间，东盟十国、中国、日本、韩国、澳大利亚和新西兰正式签署协定。这是东亚经济一体化建设近20年来最重要的成果，着实来之不易。

RCEP各成员国经济结构互补性强，贸易投资往来密切，人文交流广泛深入，合作前景广阔。协定签署顺应时代发展潮流，符合各方发展利益，是各成员国共同期盼。RCEP对标国际高水平自贸规则，大量吸收了国际上其他自贸协定的经验，在海关程序和贸易便利化、知识产权保护、贸易救济、电子商务、竞争、政府采购、中小企业和经济技术合作等广泛领域，达到了较高标准。RCEP 将实现地区各国间货物贸易、服务贸易和投资高水平开放，极大提升区域贸易投资自由化便利化水平，提升地区吸引力和竞争力，不仅将有力推动地区经济整体复苏进程，必将为促进地区的发展繁荣增添新动能，也将成为拉动全球增长的重要引擎。

《区域全面经济伙伴关系协定》(RCEP) 正式生效，是中国对外开放的里程碑。自 2001 年加入世贸组织以来，我国大力推动对外商签自由贸易协定，持续提升自由贸易区建设水平。中共十八大对加快实施自由贸易区战略作出部署，中共十九届四中全会提出推动构建面向全球的高标准自由贸易区网络。RCEP 签署后，我国已与 26 个国家和地区签署 19 个自贸协定，与自贸伙伴的贸易额占比由此前的 27% 扩大到 35% 左右，与现有自贸伙伴的双向开放水平也得到提升，充分彰显了我国坚定不移扩大开放的决心。同时，RCEP 将增强国际国内两个市场、两种资源的联通性，使我国更加有效地融入全球产业链、供应链、价值链，推动产业转型升级和经济高质量发展，促进国内国际双循环，推动加快构建新发展格局。

中国商务部表示，中方将全面和充分履行 RCEP 义务，高质量实施协定，扩大对外贸易和双向投资，不断稳固和强化产业链供应链，持续改善营商环境。引导地方、产业和企业利用好协定市场开放承诺和规则，更好把握 RCEP 带来的市场开放机遇。

"天宫对话"

2022 年 1 月 1 日，"元旦京港澳天宫对话"活动成功举行。正在天宫空间站执行任务的神舟十三号乘组与来自北京、香港和澳门的约500名青年学生，在新年第一天进行了一场别开生面又富有意义的互动交流活动，共话“太空梦”，一起向未来。据悉，这次活动由香港特区政府、澳门特区政府、香港中联办、澳门中联办、中国载人航天工程办公室、中央广播电视总台主办，在京港澳分别设置三个会场，与天宫空间站进行实时连线互动。

这次活动以“青春”“梦想”“奋斗”为关键词，正在浩瀚太空“出差”的三位航天员翟志刚、王亚平、叶光富，通过天地连线、多地协同的形式，结合自身的“飞天”感受，与来自北京、香港和澳门的青年学子展开了一场精彩纷呈的“天宫对话”。

这是中国人首次在太空跨年，也是中国人首次在自己建造的空间站里欢度元旦。在对话环节，来自清华大学、香港大学和澳门大学等高校的青年学子踊跃举手提问。航天员声情并茂地回答，现场掌声不时响起，活动气氛十分热烈。

清华大学航天航空学院学生提问说，航天员是传承践行载人航天精神的突出代表，日常训练强度很大，执行飞行任务时也可能遇到一些棘手的困难，相信精神力量是支持你们完成任务的动

⊙“时代精神耀香江”之元旦京港澳天宫对话活动举行，大学生备受鼓舞

力源泉。航天员翟志刚回答说：精神所在，就是血脉所在、就是力量所在。“特别能吃苦、特别能战斗、特别能攻关、特别能奉献”的载人航天精神是航天战线接续传承的红色基因。在我们航天员大队的门楣上，有这样八个大字“祖国利益高于一切”。有国才有家，无论我们飞多高、飞多远，强大的祖国永远是我们最坚强的后盾，爱国主义将永远是激励我们飞天的动力源泉。

作为中国第一位太空授课的“女教师”，航天员王亚平谈到了自己的感受。她说，点滴的变化生动地折射出了我们伟大祖国的繁荣强大和航天事业的跨越发展。作为一名航天员，我也深深地为能赶上这么一个伟大的时代，身在这样一个伟大的祖国，而倍感骄傲和自豪。我希望天宫课堂这样一个点燃梦想的平台，能够引导更多的青少年抬起头仰望星空，心里种下一颗颗热爱科学、追寻梦想、探索未知的种子。

航天员叶光富就学生提出的如何面对和解决飞行过程中遇到的突发情况时作了回答。他说，首先，我想说明的是，我们虽然身处遥远的太空，离祖国很远，但是任何时候都绝不是一个人在战斗，我们乘组 3 人是一个非常团结、高度信任的战斗集体，不论出现什么情况，遇到什么困难，我们都会风雨同舟、共同担当。更让我们感到安心的是，在遥远的地面有成千上万的航天人时刻牵挂着和守卫着我们的安全，全天候地在为我们提供智力支持和技术保障，当我们遇到困难时，他们会第一时间跨越天宇为我们送来温暖和力量。我们始终坚信举国体制的巨大优势，始终坚信“团结就是力量”，也始终坚信经过艰苦任务磨练的革命友谊。

“天宫对话”备受期待，也意义非凡。这次活动，不仅展示了我国科技大国的自信和从容，彰显了国家的科技实力，还展现了我国航天事业“逐梦太空”的豪情，展现了“特别能吃苦、特别能战斗、特别能攻关、特别能奉献”的载人航天精神，深刻体现出中国国家实力的自信。探索太空永无止境，中国人探索的脚步必将迈得更稳更远。

“应对时代之问的中国答案”

2022 年 1 月 17 日，国家主席习近平出席 2022 年世界经济论坛视频会议，发表题为《坚定信心勇毅前行共创后疫情时代美好世界》的演讲。这是继 2017 年和 2021 年之后，中国最高领导人再次站上素有“世界经济风向标”之称的达沃斯世界经济论坛讲台上。如果说 2017 年演讲的核心是阐明中国如何看待和推进全球化的时代潮流，2021 年演讲的重点是中国主张维护和践行什么样的多边主义，那么 2022 年演讲的主题就是如何开辟后疫情时代美好世界的人间正道。

如何战胜这场疫情，如何建设疫后世界？面对这一时代之问，习近平主席从历史和哲学高度给出了中国答案。他深刻指出，我们要在历史前进的逻辑中前进、在时代发展的潮流中发展。要善于从历史长周期比较分析中进行思考，又要善于从细微处洞察事物的变化，在危机中育新机、于变局中开新局，凝聚起战胜困难和挑战的强大力量。他强调，要携手合作，聚力战胜疫情；化解各类风险，促进世界经济稳定复苏；跨越发展鸿沟，重振全球发展事业；摒弃冷战思维，实现和平共处、互利共赢。习近平主席在演讲中提出了国际社会团结战胜疫情的正确方向、推动世界经济稳定复苏的治本之策、弥合发展鸿沟的现实路径、国家之间正确的相处之道，表明了中方同各国风雨同舟、携手战疫的坚定意志，提振了各方战胜疫情、复苏经济的信心，回应了世界各国人民对和平发展、合作共赢的期盼。

面对全球抗疫的复杂形势，习近平主席指出，各国不是乘坐在190多条小船上，而是乘坐在一条命运与共的大船上。坚定信心、同舟共济，是战胜疫情的唯一正确道路。任何相互掣肘，任何无端“甩锅”，都会贻误战机、干扰大局。他强调，中国言必信、行必果，已向120多个国家和国际组织提供超过20亿剂疫苗，将再向非洲国家提供10亿剂疫苗，其中6亿剂为无偿援助，还将向东盟国家无偿提供1.5亿剂疫苗。

一个更加公平、公正、合理的全球治理体系，是世界经济稳定复苏的有力保障。习近平主席指出，尽管出现很多逆流、险滩，但经济全球化方向从未改变、也不会改变。大江奔腾向海，动力助其前行，阻力促其强大。各国要坚持真正的多边主义，坚持开放而不隔绝，融合而不脱钩，推动构建开放型世界经济。要以公平正义为理念引领全球治理体系改革，为科技创新营造开放、公正、非歧视的有利环境，推动经济全球化朝着更加开放、包容、普惠、平衡、共赢的方向发展，让世界经济活力充分迸发出来。

⊙ 瑞士：2022年世界经济论坛视频会议举行

发展是各国面临的共同课题。习近平主席指出，不论遇到什么困难，都要坚持以人民为中心的发展思想，把促进发展、保障民生置于全球宏观政策的突出位置，促进现有发展合作机制协同增效，促进全球均衡发展。呼吁发达国家为发展中国家应对气候变化、实现可持续发展创造必要条件。

针对当前冷战思维再次沉渣泛起，单边主义逆流横行。习近平主席深刻指出，搞保护主义、单边主义，谁也保护不了，最终只会损人害己。搞霸权霸凌，更是逆历史潮流而动。任何执意打造“小院高墙”“平行体系”的行径，任何热衷于搞排他性“小圈子”“小集团”分裂世界的行径，任何泛化国家安全概念、对其他国家经济科技发展进行遏制的行径，任何煽动意识形态对立、把经济科技问题政治化、武器化的行径，都严重削弱国际社会应对共同挑战的努力。

习近平主席的演讲站在国际道义制高点，旗帜鲜明、鞭辟入里，既充分展现中国作为世界第二大经济体的责任担当，又为全球治理体系改革指出了正确方向；既饱含深厚的人民情怀，彰显胸怀天下的大国担当，又向全世界表明中国始终站在历史正确一边，站在国际公平正义一边，是世界和平的建设者、全球发展的贡献者、国际秩序的维护者、公共产品的提供者。

钢铁业高质量发展“路线图”

2022年1月20日，工业和信息化部、国家发展改革委、生态环境部联合发布《关于促进钢铁工业高质量发展的指导意见》（以下简称《意见》）。《意见》的发布对于引导钢铁行业实现由大到强的转变意义重大。它廓清了钢铁工业实现高质量发展的目标和路径，明确提出力争到2025年，钢铁工业基本形成布局结构合理、资源供应稳定、技术装备先进、质量品牌突出、智能化水平高、全球竞争力强、绿色低碳可持续的高质量发展格局，为我国钢铁业高质量发展提供了“路线图”。

钢铁工业是国民经济的重要基础产业，是建设现代化强国的重要支撑，是实现绿色低碳发展的重要领域。得益于市场需求旺盛和近年来钢铁工业供给侧结构性改革的持续推进，“十三五”时期，我国钢铁工业深入推进供给侧结构性改革，化解过剩产能取得显著成效，产业结构更加合理，绿色发展、智能制造、国际合作取得积极进展，有力支撑了经济社会健康发展。2021年，全年重点大中型钢铁企业累计营收达6.93万亿元，同比增长32.7%，累计利润总额达3524亿元，同比增长59.7%，效益亮眼、态势向好。但同时也要看到，“十四五”时期，我国钢铁工业仍然存在产能过剩压力大、产业安全保障能力不足、绿色低碳发展水平有待提升、产业集中度偏低等问题。

稳定的原料保障体系是钢铁行业实现高质量发展的基石。《意见》明确要“提高资源保障能力”。提出：充分利用国内国际两个市场两种资源，建立稳定可靠的多元化原料供应体系；强化国内矿产资源的基础保障能力；促进难选矿综合选别和利用技术应用；鼓励企业开展港口混矿业务，增加港口库存，发挥港口库存对资源保障的缓冲作用；按照市场化原则，加强国际铁矿石资源开发合；完善铁矿石期货市场建设，加强期货市场监管，完善铁矿石合理定价机制。

当前，我国钢铁智能制造存在水平不一、标准待完善、软硬件供给质量不高等问题。《意见》有针对性提出要“大力发展智能制造”。强调：要开展钢铁行业智能制造行动计划，推进5G、工业互联网、人工智能、商用密码、数字孪生等技术在钢铁行业的应用，在铁矿开采、钢铁生产领域突破一批智能制造关键共性技术，遴选一批推广应用场景，培育一批高水平专业化系统解决方案供应商；开展智能制造示范推广，打造一批智能制造示范工厂；建设钢铁行业大数据中心，提升数据资源管理和服务能力；依托龙头企业推进多基地协同制造，在工业互联网框架下实现全产业链优化；鼓励企业大力推进智慧物流，探索新一代信息技术在生产和营销各环节的应用，不断提高效率、降低成本；构建钢铁行业智能制造标准体系，积极开展基础共性、关键技术和行业应用标准研究。

按照这一“路线图”，未来我国钢铁业必将在高质量发展道路上行稳致远，更好满足发展所需。

“两个奥运”

2022 年 2 月 4 日晚，举世瞩目的北京第二十四届冬季奥林匹克运动会开幕式在国家体育场隆重举行。2 月 20 日晚，绚烂的焰火照亮了北京夜空，第二十四届冬季奥林匹克运动会闭幕式隆重举行。在 16 天时间里，来自 91 个国家和地区的近 3000 名冰雪健儿，参加 7 个大项 109 个小项的体育竞技。这是新冠肺炎疫情发生以来首次如期举办的全球综合性体育盛会，是设项和产生金牌最多的一届冬奥会，给更多冰雪健儿创造了实现梦想的机会。赛场上，中国冰雪健儿取得了 9 枚金牌、4 枚银牌、2 枚铜牌的好成绩，创造了新的纪录，鼓舞和激励着中华儿女踔厉奋发、不懈奋斗。

北京 2022 年冬残奥会，是北京 2008 年残奥会后中国举办的又一全球残疾人体育盛会。3 月 4 日晚，北京 2022 年冬残奥会开幕式在国家体育场隆重举行。3 月 13 日晚，北京 2022 年冬残奥会闭幕式隆重举行。在9天时间里，来自46个国家和地区的近600名残疾人运动员享受激情、奋勇拼搏，展现了自强不息、乐观进取的精神。中国体育代表团获得18枚金牌、61枚奖牌，名列金牌榜和奖牌榜首位，创造了参加冬残奥会以来的最好成绩。

北京冬奥会、冬残奥会是在我国全面建成小康社会、实现第一个百年奋斗目标、向第二个百年奋斗目标迈进的关键时期举办的重大标志性活动，具有里程碑意义。北京冬奥会的圆满成功，全面兑现了中国对国际社会的庄严承诺，为各国冰雪健儿提供了超越自我的舞台，也为疫情困扰下的世界注入了信心和力量。

4月8日，北京冬奥会、冬残奥会总结表彰大会8日举行。中共中央总书记、国家主席、中央军委主席习近平出席大会并发表重要讲话，充分肯定了北京冬奥会、冬残奥会的巨大成绩，全面回顾了7年筹办备赛的不平凡历程，深入总结了筹备举办的宝贵经验，深刻阐述了北京冬奥精神，对运用好冬奥遗产推动高质量发展提出了明确要求。习近平总书记强调，伟大的事业孕育伟大的精神，伟大的精神推进伟大的事业。北京冬奥会、冬残奥会广大参与者珍惜伟大时代赋予的机遇，在冬奥申办、筹办、举办的过程中，共同创造了胸怀大局、自信开放、迎难而上、追求卓越、共创未来的北京冬奥精神。要发扬北京冬奥精神，以更加坚定的自信、更加坚决的勇气，向着实现第二个百年奋斗目标奋勇前进，向着实现中华民族伟大复兴的中国梦奋勇前进！

办好北京冬奥会、冬残奥会，是党和国家的一件大事，是一个欣欣向荣、开放自信的中国对国际社会的庄严承诺。7年来，习近平总书记高瞻远瞩、掌舵领航，亲自谋划、亲自部署、亲自推动，全国各族人民和海内外中华儿女全情奉献、热情参与。在以习近平同志为核心的中共中央坚强领导下，中国秉持绿色、共享、开放、廉洁的办奥理念，突出“简约、安全、精彩”的办赛

⊙北京 2022 冬奥会、冬残奥会吉祥物冰墩墩、雪容融

要求，全力做好各项赛事组织、赛会服务、指挥调度等工作，确保北京冬奥会、冬残奥会如期安全顺利举办，确保“两个奥运”同样精彩，赢得了全世界的高度赞誉。

成就源于奋斗，胜利来之不易。回顾 7 年来不平凡的筹办举办历程，我们不仅在奋斗中收获了成功的喜悦，也在奋斗中收获了丰厚的精神财富，收获了弥足珍贵的经验。北京冬奥会、冬残奥会成功举办的实践告诉我们：必须坚持党的集中统一领导，必须坚持集中力量办大事，必须坚持主动防范应对各种风险挑战，必须坚持办赛和服务人民、促进发展相结合。

在世界百年变局加速演进、人类社会遭遇各种挑战的形势下，北京冬奥会、冬残奥会的成功举办，为推动全球团结合作、共克时艰发挥了重要作用，也为动荡不安的世界带来了信心和希望，向世界发出了“一起向未来”的时代强音！

连续 12 年世界第一

记者从工信部获悉：2021 年，我国制造业增加值规模达 31.4 万亿元，占 GDP 比重达 27.4%。自 2010 年以来，我国制造业增加值已连续 12 年世界第一。

制造业是立国之本、强国之基。习近平总书记强调："制造业是国家经济命脉所系"，"要坚定不移把制造业和实体经济做强做优做大"，"加快建设制造强国"。中共十八大以来，以习近平同志为核心的党中央把发展实体经济特别是制造业摆在更加突出的位置，作出建设制造强国和网络强国的重大战略部署，我国关键领域产业链攻关取得可喜进展，工业和信息化发展取得历史性成就，我国制造业大国地位进一步巩固。2012 年到 2021 年，我国工业增加值由 20.9 万亿元增长到 37.3 万亿元，其中制造业增加值由 16.98 万亿元增长到 31.4 万亿元。

制造业国际竞争力显著增强。2012 年至 2021 年，我国制造业增加值由 16.98 万亿元增长到 31.4 万亿元；制造业增加值已经连续 12 年位列全球首位。我国工业拥有 41 个大类、207 个中类、666 个小类，是全世界唯一拥有联合国产业分类中所列全部工业门类的国家，有 220 多种工业产品产量居世界第一位。据统计，2021 年，我国有 143 家企业进入世界 500 强榜单，比 2012 年增加 64 家；其中，工业企业入围 73 家。世界首台百万千瓦级水轮发电机组正式投产，标志着我国重大装备制造实现新跨越，特高压输变电、大型掘进设备、金属纳米结构材料等跻身世界前列，产业创新加快从量的积累向质的飞跃、从点的突破向系统能力提升转变，中国制造正向中国创造大步迈进。

制造业创新能力明显提升。新材料产业蓬勃发展，产业规模不断壮大，近年来，产值年复合增长率超过20%。先进储能材料、光伏材料、超硬材料等百余种材料产量居世界首位，为支撑制造强国建设作出重要贡献。截至2021年底，我国共建成21家国家制造业创新中心、2家国家地方共建制造业创新中心、223家省级制造业创新中心。光伏、风电、船舶等产业链国际竞争优势进一步增强，集装箱产量同比增长110.6%，芯片产量同比增长33.3%。新型显示、工业母机、新材料等领域攻关取得阶段性成效。

制造业产业结构加快升级。我国高技术制造业、装备制造业增速大幅快于制造业平均增速，对规上工业增长的贡献率分别从2015年的11.8%、31.8%上升到2021年的28.6%、45%；高技术制造业占规模以上工业增加值比重从2012年的9.4%提高到2020年的15.1%；装备制造业占规模以上工业增加值比重从28%提高到33.7%。

制造业数字化转型全面提速。我国建成全球最大规模光纤和移动通信网络，累计建成开通5G基站超过142.5万个，5G手机终端连接数达5.2亿户。制造业数字化、绿色化转型步伐加快，重点领域关键工序数控化率达55.3%，数字化研发设计工具普及率达74.7%，为经济社会持续健康发展提供了强劲动力。5G、大数据、云计算、人工智能等新一代信息技术，正与钢铁、汽车、装备、电子、石化等制造业行业加速融合渗透。“5G+工业互联网”在建项目全国已经超过2000个。截至2021年底，规模以上工业企业关键工序数控化率已经达到55.3%，数字化研发工具普及率达到74.7%。开展网络化协同和服务型制造的企业比例分别达到38.8%和29.6%。

中共十八大以来，我国制造业强国建设迈出的新步伐，为满足人民对美好生活的向往提供了可靠保障，为我国经济赢得主动、赢得优势、赢得未来打下坚实基础。

“全线通水”

京杭大运河全线贯通补水于2022年4月14日启动，至4月28日实现全线通水，这是京杭大运河百年来首次全线通水。

京杭大运河是世界上开凿时间最早、规模最大、流程最长的人工运河，同时也是我国江河水系的重要组成部分，它北起首都北京，南至浙江杭州，横跨大江南北，蜿蜒流过1794千米，犹如一条镶嵌在神州大地上的大动脉千百年来奔流不息。20世纪70年代以后，京杭大运河黄河以北段受水源限制断航、多处断流。黄河以南段，随着调水与通航工程的逐步实施，已成为我国重要水上运输通道。南水北调东线一期工程通水以来，补充了黄河以南段京杭大运河航运水量，改善了通航条件。

近年来，相关部门和地方坚持以大运河不同河段的功能定位为导向，以完善防洪排涝保障功能、促进岸线保护和服务提升、加强水生态保护与修复、推进航运绿色发展、完善河道水系管护机制为主要任务，采取了一系列有效措施，着力恢复和提升大运河防洪排涝、输水供水、内河航运、生态景观、文化传承等功能，努力把千年运河打造成“流动的河、安全的河、美丽的河、智慧的河”，让大运河成为造福人民的“幸福运河”。水利部和沿线8省份有序推进大运河保护和治理工作；相关地区依托河长制湖长制等平台，深入推进河湖“清四乱”，扎实实施河道整治、堤防加固和沿运洼地治理等，同时加强水工程调度，着力保障大运河沿线防洪安全；加强地下水超采区综合治理，加大雨水、洪水、再生水利用，统筹外调水，积极推进大运河沿线地区水资源配置工作；开展水文化建设规划编制，挖掘大运河文化的当代价值和时代特色，讲好大运河故事。

2022 年 4 月 14 日，河北邯郸岳城水库开闸，山东德州潘庄引黄渠首加大流量，向京杭大运河黄河以北河段补水，这标志着京杭大运河 2022 年全线贯通补水行动正式启动。根据水利部联合北京、天津、河北、山东 4 省市人民政府制定的补水方案，此次统筹南水北调东线北延应急供水工程供水、4 省市本地水、引黄水、再生水及雨洪水等多水源，向黄河以北 707 千米河段进行补水。与 2021 年同期相比，预期有水河长增加约 112 千米，水面面积预计增加 9.5 平方千米，补水河道周边地下水水位将回升或保持稳定，水生态系统将得到恢复改善，将为实现“十四五”时期大运河主要河段基本有水、进一步推动实现京杭大运河全年有水积累经验。据悉，此次补水以京杭大运河黄河以北河段作为主要贯通线路，北起北京市东便门，经通惠河、北运河至天津市三岔河

⊙江苏扬州：大运河宝塔湾

口；南起山东省聊城市位山闸，经小运河、卫运河、南运河至天津市三岔河口，流经 8 个地级行政区。预计可提供补水量 5.15 亿立方米，其中入京杭大运河水量 4.66 亿立方米。

经过努力，4 月 28 日京杭大运河实现了百年来的首次全线通水。京杭大运河的全线通水，必定会让这条举世闻名的大运河，不仅成为有水的河，更成为美丽的河、幸福的河。

全球安全倡议

2022 年 4 月 21 日，国家主席习近平以视频方式出席博鳌亚洲论坛 2022 年年会开幕式并发表主旨演讲，深刻剖析当今世界面临的安全挑战，郑重宣示了我们要共同守护人类生命健康、共同促进经济复苏、共同维护世界和平安宁、共同应对全球治理挑战等 4 点主张，并从人类前途命运出发郑重提出了促进世界安危与共的全球安全倡议。

全球安全倡议是继共建"一带一路"和全球发展倡议之后，中国提供的又一重要国际公共产品，是人类命运共同体理念在安全领域的生动实践，为破解全球安全治理难题贡献了中国方案。这一倡议强调：我们要坚持共同、综合、合作、可持续的安全观，共同维护世界和平和安全；坚持尊重各国主权、领土完整，不干涉别国内政，尊重各国人民自主选择的发展道路和社会制度；坚持遵守联合国宪章宗旨和原则，摒弃冷战思维，反对单边主义，不搞集团政治和阵营对抗；坚持重视各国合理安全关切，秉持安全不可分割原则，构建均衡、有效、可持续的安全架构，反对把本国安全建立在他国不安全的基础之上；坚持通过对话协商以和平方式解决国家间的分歧和争端，支持一切有利于和平解决危机的努力，不能搞双重标准，反对滥用单边制裁和“长臂管辖”；坚持统筹维护传统领域和非传统领域安全，共同应对地区争端和恐怖主义、气候变化、网络安全、生物安全等全球性问题。

安全问题是事关人类前途命运的重大问题，如果解决不好，人类和平与发展的崇高事业就难以顺利推进。当下，世界之变、时代之变、历史之变正以前所未有的方式展开，给人类提出了必须严肃对待的挑战。人类还未走出世纪疫情阴霾，又面临新的传统安全风险，乌克兰危机的爆发，让本来就充满不确定性的国际局势变得更加复杂动荡，和平与发展的时代主题面临着严峻挑战。应当看到，建设一个普遍安全的世界是各国人民的共同追求。

当今世界，各国人民命运与共、唇齿相依，没有一个国家能实现脱离世界安全的自身安全，也没有建立在其他国家不安全基础上的安全。人类是不可分割的安全共同体，各国必须走出一条共建、共享、共赢的安全之路。习近平主席提出全球安全倡议，强调要坚持共同、综合、合作、可持续的安全观，共同维护世界

⊙海南博鳌：博鳌亚洲论坛 2022 年年会开幕式举行

和平和安全。这一安全观内涵丰富，强调尊重和保障每一个国家安全，统筹维护传统领域和非传统领域安全，通过对话合作促进各国和本地区安全，发展和安全并重以实现持久安全，是建设普遍安全的世界的核心理念和根本遵循。全球安全倡议强调通过对话合作促进安全，多管齐下、综合施策，既立足当下又着眼长远，为实现世界长治久安提供了可行思路。

中国是全球安全倡议的提出者，也是维护世界和平安宁的行动派。作为负责任大国，中国将同世界上一切进步力量携手并肩，推进倡议落地，为推动政治解决各种国际和地区热点问题、维护世界和平与安宁贡献智慧和力量。

庆祝中国共产主义青年团成立 100 周年

2022 年 5 月 10 日，庆祝中国共产主义青年团成立 100 周年大会在北京人民大会堂隆重举行，中共中央总书记、国家主席、中央军委主席习近平在会上发表重要讲话。讲话全面回顾了 100 年来共青团坚定不移听党话、跟党走的青春历程，充分肯定了共青团在党的领导下、团结带领一代代团员青年为实现中华民族伟大复兴中国梦所作出的重要贡献，深刻阐明了共青团和青年工作的历史经验，对做好新时代共青团工作提出明确要求。

少年强则国强，少年进步则国进步。青年的命运，从来都同时代紧密相连。一百年来，在中国共产党的坚强领导下，共青团不忘初心、牢记使命，走在青年前列，组织引导一代又一代青年坚定信念、紧跟党走，为争取民族独立、人民解放和实现国家富强、人民幸福而贡献力量，谱写了中华民族伟大复兴进程中激昂的青春乐章。从新民主主义革命时期不怕牺牲、浴血斗争，到社会主义革命和建设时期敢于拼搏、辛勤劳动，到改革开放和社会主义现代化建设新时期敢闯敢干、引领风尚，再到中国特色社会主义新时代自信自强、刚健有为，一百年来，中国共青团始终与党同心、跟党奋斗，团结带领广大团员青年把忠诚书写在党和人民事业中，把青春播撒在民族复兴的征程上，把光荣镌刻在历史行进的史册里。

一百年来，共青团坚定理想、矢志不渝，形成了宝贵经验。百年征程，塑造了共青团坚持中国共产党的领导的立身之本，塑造了共青团坚守理想信念的政治之魂，塑造了共青团投身民族复兴的奋进之力，塑造了共青团扎根广大青年的活力之源。这是共青团面向未来、再立新功的重要遵循。历史充分证明，只有坚持中国共产党的领导，只有始终高举共产主义、社会主义旗帜，只有牢牢扭住为中华民族伟大复兴而奋斗这一主题，只有不断从广大青年这片沃土中汲取养分、获取力量，共青团才能团结起一切可以团结的青春力量，唱响壮丽的青春之歌。

实现中国梦是一场历史接力赛，当代青年要在实现民族复兴的赛道上奋勇争先。在新的征程上，如何更好把青年团结起来、组织起来、动员起来，为实现第二个百年奋斗目标、实现中华民族伟大复兴的中国梦而奋斗，是新时代中国青年运动和青年工作必须回答的重大课题。共青团要牢牢把握培养社会主义建设者和接班人的根本任务，团结带领广大团员青年成长为有理想、敢担当、能吃苦、肯奋斗的新时代好青年，用青春的能动力和创造力激荡起民族复兴的澎湃春潮，用青春的智慧和汗水打拼出一个更加美好的中国！

和若铁路

经过3年多奋战，2022年6月16日，和田至若羌铁路（以下简称和若铁路）开通运营。和若铁路通车后，与南疆铁路、格库铁路相连，形成世界首个沙漠铁路环线——长达2712千米的环塔克拉玛干沙漠铁路环线。作为国家重点铁路建设项目，和若铁路的通车结束了和田地区洛浦、策勒、于田、民丰等县和巴音郭楞蒙古自治州且末县等地不通火车的历史，新疆铁路网进一步完善，极大便利了沿线各族人民群众出行和货物运输，将带动南疆经济发展，助力乡村振兴。

和若铁路西起新疆和田地区和田市，东至巴音郭楞蒙古自治州若羌县，全长825千米，设计时速120千米，全线共设车站22座。据悉，和若铁路开通运营后，铁路部门将安排开行旅客列车2列，沿线群众乘旅客列车可直达若羌、库尔勒、乌鲁木齐等地，和田至若羌、库尔勒、乌鲁木齐最快分别11小时26分、17小时50分、24小时23分可达；将安排开行货物列车8列，沿线棉花、核桃、红枣等可通过铁路直通运达内地。

和若铁路是一条典型的沙漠铁路，地处世界第二大流动性沙漠塔克拉玛干沙漠的南缘，有534千米分布在风沙区域，占线路总长的65%。每到风沙季节，风沙会掩埋路基轨道，严重时会影响列车运行安全。为克服这一难关，自2018年12月开工建设以来，和若铁路的两万多名建设者，在高温、风沙、严寒等极端天气的考验下，始终将风沙防护工程与铁路建设同步进行。针对不同地段，他们采取不同的治沙方案：在风沙特别严重的地段，修建过沙桥，让风沙从桥下穿过；在有水源条件的地段，栽植梭梭、沙枣、柽柳、胡杨等植物；在水源匮乏的地段，通过大面积的沙障、草方格来固沙；在植株长大之前，还先期在外侧设置了 1.5 米高的立式沙障阻沙，在靠近铁路侧设置芦苇方格固沙，形成挡沙、固沙立体式防沙体系，阻挡风沙上铁道。经过铁路建设者们 1000 多个日日夜夜的艰苦奋战，他们在和若铁路沿线，共修建草方格 5000 万平方米，种植梭梭、红柳、沙棘等灌木和乔木 1300 万株，林带覆盖面积超过 11 万亩，形成了防沙护路的绿色屏障。

作为世界上首个沙漠铁路环线，环塔克拉玛干沙漠铁路环线途经新疆巴音郭楞蒙古自治州、阿克苏地区、克孜勒苏柯尔克孜自治州、喀什地区、和田地区等 5 个地州，覆盖南疆地区上千万各族群众。环线形成后，将进一步完善新疆铁路网结构，对于维护民族团结，巩固边疆国防，助力乡村振兴，具有十分重要的意

⊙和田至若羌铁路于 2022 年 6 月 16 日开通运营，形成世界首个沙漠铁路环线

义。和若铁路的通车，将极大便利沿线各族人民群众出行和货物运输，和田地区群众从和田市区出疆不用再绕行乌鲁木齐，路程将缩短1000多千米，将大大缩短当地人员、物流的出疆路程，助力产业发展。有了这条铁路，在不远的将来，洛浦的地毯，策勒的石榴、且末的大枣……沿线一批批特色产品都将搭上铁路的快车，快速走向疆外。同时，和若铁路还将进一步释放沿线旅游业潜力，吸引全国各地的游客前来领略当地的美好风光。

和若铁路的建成通车，是新时代新疆快速发展的一个缩影。据统计，2021年新疆实现地区生产总值1.6万亿元、增长7%，实现一般公共预算收入1618.6亿元、增长9.6%，固定资产投资突破8200亿元、增长15%，城镇调查失业率控制在5.5%以内，实现了"十四五"良好开局。

福建舰

2022年6月17日上午，我国第三艘航空母舰下水命名仪式在中国船舶集团有限公司江南造船厂举行。经中央军委批准，我国第三艘航空母舰命名为"中国人民解放军海军福建舰"，舷号为"18"。福建舰是我国完全自主设计建造的首艘弹射型航空母舰，采用平直通长飞行甲板，配置电磁弹射和阻拦装置，满载排水量8万余吨。据悉，该舰下水后，将按计划开展系泊试验和航行试验。此时，距我国第一艘航母辽宁舰正式服役不到10年；距我国第一艘国产航母山东舰交付海军不到3年。短短十年之间，中国海军航母便进入了"三剑客"时代。福建舰也被无数网友昵称为中国航母的"三胎""三娃"。

以航空母舰为代表，从2012年到2022年十年间，我军武器

⊙ 福建舰

装备建设实现跨越式发展、取得历史性成就，为提升国家战略能力特别是军事实力提供了坚实物质技术支撑。目前，我军基本建成以三代为主体、四代为骨干的装备体系。2019 年国庆阅兵，受阅装备 40% 为首次亮相；99A 坦克、歼-20 飞机、山东舰等陆续列装。

强军兴军，核心是能打胜仗；强军之“强”，说到底是战斗力强。中共十八大以来，中国特色社会主义进入新时代，国防和军队建设也进入新时代。习近平主席站在统筹“两个大局”的战略高度，鲜明提出中国共产党在新时代的强军目标，明确人民军队新时代使命任务，就加快国防和军队现代化作出一系列战略谋划和部署，推动强军事业取得历史性成就、发生历史性变革，为实现中华民族伟大复兴提供战略支撑。

在中国共产党的坚强领导下，人民军队实现整体性革命性重塑、重整行装再出发，国防实力和经济实力同步提升，一体化国家战略体系和能力加快构建，退役军人管理保障体制建立健全，国防动员更加高效，军政军民团结更加巩固。人民军队坚决履行新时代使命任务，以顽强斗争精神和实际行动捍卫了国家主权、安全、发展利益。2021 年 11 月，中共十九届六中全会通过的《中共中央关于党的百年奋斗重大成就和历史经验的决议》，充分肯定了深化国防和军队改革取得的历史性成就，称之为"新中国成立以来最为广泛、最为深刻的国防和军队改革"。

领航强军向复兴。回首新时代十年，人民军队之所以能够在中国特色强军之路上取得辉煌成就，根本在于以习近平同志为核心的党中央坚强领导，在于习近平强军思想科学指引。展望未来，贯彻新时代党的强军思想，贯彻新时代军事战略方针，人民军队迈向世界一流军队的步伐必将更加坚定有力。

"引江补汉"

2022 年 7 月 7 日，南水北调后续工程中线引江补汉工程开工动员大会举行。

引江补汉工程是首个开工的南水北调后续工程重大项目。该工程实施后，将把南水北调工程和三峡工程连接起来，进一步打通长江向北方输水通道，增加中线一期工程北调水量，提高中线工程供水保证率，加快构建国家水网主骨架和大动脉。同时，还将向汉江中下游补水，对提高汉江流域水资源调配能力、改善汉江中下游水生态环境具有重要作用。此项工程建成后，三峡水库将和南水北调工程"牵手"，国家水网将进一步织密。南水北调中线水源将更加充沛，输水潜力进一步得到挖掘，多年平均北调水量可从原设计的 95 亿立方米提高到 115.1 亿立方米。届时，长江水将更好润泽北方大地。

经过 7 年多安全稳定运行，如今南水北调东中线一期工程累

⊙湖北十堰：引江补汉工程开工

计调水540多亿立方米，让超1.4亿人受惠。“受水区对‘南水’的需求量逐渐增加。”据介绍，北京已3个年度、天津已连续5个年度加大分配水量，河南、河北两省年度正常用水量均达到规划分配水量的七成，且年度用水量呈逐年增加趋势；中线工程已由规划之初的补充水源成为主力水源，受水区对“南水”依赖度不断提高；一旦汉江遇上特枯年份，供水保证率较低的丹江口水库不仅难以满足北方调水需求，还会影响汉江中下游的基本用水。而且，实施京津冀协同发展战略、建设雄安新区等对水资源保障提出更高要求。在这些综合因素推动下，科学推进南水北调后续工程中线引江补汉工程规划建设势在必行。

引江补汉工程将三峡水库和丹江口水库相连，实现了南水北调中线的起点由汉江前移到长江干流，打通长江、汉江流域与京津冀豫地区的输水大通道，完善国家骨干水网格局，将为汉江流域和京津冀豫地区提供更好的水源保障。三峡水库多年平均入库水量超4000亿立方米，引江补汉工程年调水量39亿立方米，不到入库水量的1%，三峡水库有充沛且稳定的水量支撑工程持久运行。

引江补汉工程的开工，标志着南水北调后续工程建设拉开序幕，国家水网"主骨架"将更加坚实。"大江大河连上大水网，引江补汉将实现长江、汉江与华北平原水资源协同，打通南北水资源配置的大动脉。"这项工程的推进，将促进国家水网互联互通，发挥综合效益，助力经济社会高质量发展。

中共十八大以来，我国水利事业发生了历史性变革，水资源配置格局实现全局性优化。据统计，全国水利工程供水能力从 2012 年的 7000 亿立方米提高到 2021 年的 8900 亿立方米。包括引江补汉工程等重大引调水工程在内，"系统完备、安全可靠，集约高效、绿色智能，循环通畅、调控有序"的国家水网正在加快构建。

"办好人民满意的教育"

截至 2022 年 9 月，我国共有各级各类学校近 53 万所、在校生超 2.9 亿人。学前教育毛入园率 88.1%，比十年前提高 23.6 个百分点；在实现全面普及的基础上，九年义务教育巩固率达到 95.4%，比十年前提高 3.6 个百分点；高中阶段教育毛入学率 91.4%，提高 6.4 个百分点；高等教育毛入学率 57.8%，提高 27.8 个百分点。2012 年十年来，我国教育普及水平实现历史性跨越，更好保障了人民受教育机会，有效缓解了群众急难愁盼问题。

一系列成绩的取得，意味着我国教育普及程度不断提升，教育总体发展水平进入中高收入国家行列；一系列成绩的取得，意味着教育投入持续增加，教育发展保障条件的不断改善；一系列成绩的取得，意味着我国基本公共教育服务水平显著提升，教育公平不断迈出重大步伐……

教育事关国家发展、民族振兴和社会进步，是国之大计、党之大计。新中国成立之初，教育水平低，人口文化素质差，小学净入学率和初中毛入学率仅分别为 20% 和 3%，高校在校生仅有 11.7 万人，全国 80% 的人口是文盲。经过持续努力，到 1978 年，学龄儿童入学率达到 95.5%；1982 年，粗文盲率降至 22.8%。改革开放以来，我国大力实施教育优先发展战略，加快推进教育现代化，切实保障公民平等接受教育的权利，教育普及水平大幅提高。

中共十八大以来，习近平总书记高度重视教育工作，围绕培养什么人、怎样培养人、为谁培养人这个根本问题，就教育改革发展提出一系列新理念新思想新观点，形成了习近平总书记关于教育的重要论述，为新时代教育指明了前进方向、提供了根本遵循。从 2016 年到 2020 年，中共中央、国务院印发 46 份关于教育的重要文件，是历史上中央给教育系统发文最密集的阶段，充分体现了以习近平同志为核心的党中央优先发展教育的坚定决心。十年来，我国教育系统全面贯彻党的教育方针，落实立德树人根本任务，培养德智体美劳全面发展的社会主义建设者和接班人，促进教育公平、提升教育质量，加快推进教育现代化、建设教育强国、办好人民满意的教育，教育的中国特色更加鲜明，取得历史性成就，教育面貌正在发生格局性变化。体现在：办学规模持续扩大。2021 年，全国普通高中总数达 1.46 万所，在校生 2605.03 万人，分别比 2012 年增长 7.97% 和 5.59%，为更多适龄学生提供了接受普通高中教育的机会；教师素质明显提高。十年来，普通高中专任教师总数大幅增加，由 159.5 万人增加到 202.83 万人，增长 27.17%，生师比由 2012 年的 15.47 ∶ 1 优化到目前的 12.84 ∶ 1；中西部教育普及提升幅度最大。中西部 10 个普及水平较低的省份毛入学率 10 年平均提高了 17.02 个百分点，有的省份提高近 30 个百分点，明显缩小了区域教育发展差距。

教育普及水平的历史性跨越，有力推动了我国从人力资源大国向人力资源强国迈进。根据联合国开发计划署发布的“人类发展报告”，中国的人类发展指数从1990年的0.499提高到2019年的0.761，是自1990年联合国开发计划署在全球首次测算人类发展指数以来，唯一从低人类发展水平组跨越到高人类发展水平组的国家。

新能源汽车

中国汽车工业协会统计显示，2022年前7月，我国新能源汽车产销分别完成327.9万辆和319.4万辆，同比均增长1.2倍，自2020年7月以来，已连续25个月实现正增长，即便在汽车月销量下滑的当年4月，新能源汽车产销依然保持了40%的增长。

随着全球新一轮科技革命和产业变革蓬勃发展，汽车与能源、交通、信息通信等领域有关技术加速融合，新能源汽车已经成为全球汽车产业转型发展的主要方向。我国作为全球最大的汽车生产国和消费国，深入实施发展新能源汽车国家战略，新能源汽车产业发展取得积极成效，关键零部件技术水平居于世界前列，形成了上下游有效贯通的新能源汽车产业链。为持续促进新能源汽车产业高质量发展，我国将新能源汽车作为汽车产业转型升级的主攻方向，鼓励企业充分依托我国产业基础，加强技术创新，加快突破新能源汽车关键系统部件和基础共性技术，持续提升全产业链核心竞争力；鼓励中外双方企业深化合作方式，拓展合作领域，实现更高水平的开放合作和互利共赢，努力营造有利于新能源汽车发展政策环境，形成了完善的科技、产业、财税等支持政策体系和比较完备的产业支撑体系。

随着一系列关键技术水平大幅提升，充电基础设施等配套服务体系的不断健全，我国新能源汽车产业已形成良好基础，发展十分迅速，产销量和保有量均位居世界前列，已进入全面市场化拓展期。据统计，2022年前两个月，我国充电基础设施增量为24.7万台；截至2月底，全国充电基础设施累计数量达286.4万台，同比增加62.9%。2022年1至8月，新能源汽车出口34万辆，同比增长97.4%；新能源汽车销量占全部汽车销量比重达到22.9%；新能源汽车保有量超过1000万辆。

伴随中国新能源汽车创新能力不断跻身世界前列，中国自主品牌车企开始纷纷走出国门，积极拓展海外市场，销售数据屡创新高。根据汽车行业咨询机构Inovev统计，2022年上半年中国制造商在欧洲的新车注册量约为7.5万辆，预计2023年前将达到15万辆。2022年年初，德国联邦机动车行驶管理局也首次将中国制造商列入其官方统计数据。中国新能源汽车取得这一成绩，并非仅仅依靠价格优势，更

⊙河南许昌：汽车总装生产线

⊙山西运城：智能化生产流水线赶制订单，供应新能源汽车市场需求

⊙浙江湖州：工人车间赶制汽车前机舱，供应市场需求

为重要的是，稳定的供应链、过硬的技术和优良的品质同样赢得了越来越多海外消费者的信赖。

中国是汽车生产和消费大国，发展新能源汽车不仅有利于先进制造业和绿色低碳发展，也有利于丰富消费者选择和提供高质量产品。

展望"十四五"，我国将重点推动电动化与智能网联技术融合发展，进一步提高动力电池安全、低温适应等性能，统筹提升功能安全、数据安全、网络安全等保障能力，全力推动产业发展再上新台阶。

中国女篮

2022 年 10 月 1 日，在澳大利亚悉尼举行的 2022 年国际篮联女篮世界杯落幕，中国女篮荣获亚军，追平历史最好成绩。美国女篮获得冠军。此前，在 1994 年女篮世锦赛（女篮世界杯前身）上，中国女篮曾夺得亚军，此番再次站上世界大赛领奖台，是中国女篮多年来辛勤付出的结果，也为中国篮球的发展注入了新动力。

体育强则中国强，国运兴则体育兴。中国女篮在世界杯赛场取得的好成绩，是我国建设体育强国的一个成功缩影。中共十八大以来，以习近平同志为核心的党中央高度重视体育强国建设，强调要弘扬中华体育精神，弘扬体育道德风尚，推动群众体育、竞技体育、体育产业协调发展，加快建设体育强国。十年来，我国体育事业得到迅速发展，全民健身、竞技体育、青少年体育、体育产业、体育文化和体育对外交往等各领域都取得了长足进步。

2012 年，"广泛开展全民健身运动"写入中共十八大报告；2014 年，全民健身正式上升为国家战略；2016 年，《全民健身计划

（2016—2020年）》印发；2017年，中共十九大明确提出“广泛开展全民健身活动，加快推进体育强国建设”的目标；2021年，《全民健身计划（2021—2025年）》印发；2022年，《关于构建更高水平的全民健身公共服务体系的意见》印发；《户外运动产业发展规划（2022—2025年）》印发……一系列政策举措的相继出台，充分体现加快建设体育强国的坚强决心。

以体育强国建设为引领，我国竞技体育成绩辉煌。北京时间2022年5月19日，国际奥委会正式宣布，中国男子4×100米接力队递补获得东京奥运会铜牌。作为中国队的主力选手，短跑名将苏炳添在自己的第三次奥运之旅中终于收获了一枚宝贵的奖牌。他通过视频发表“获奖感言”：这枚奥运奖牌属于全部中国短跑人！

建设体育强国、健康中国，最根本的是增强人民体质、保障人民健康。中共十八大以来，全民健身国家战略深入实施，全民健身场地设施明显改善，全民健身参与程度不断提高，全民健身公共服

⊙澳大利亚悉尼：2022女篮世界杯决赛，中国女篮获得亚军

务体系基本建立。数据显示，我国经常参与体育锻炼的人数已超过 4 亿人，城乡居民达到《国民体质测定标准》合格以上的逾九成。到 2021 年底，全国共有体育场地 397.1 万个，体育场地面积达到 34.1 亿平方米，人均体育场地面积 2.41 平方米，分别比 2013 年增长 134.3%、71.2% 和 65.1%。由政府主导、多部门协同、全社会参与、全民共建共享的群众体育格局已初步形成。

"十四五"时期是推进体育强国建设的开局时期，也是推动体育产业成为国民经济支柱性产业的关键阶段。近年来，我国体育产业不断发展壮大，体育产业亮点纷呈。据统计，2020 年全国体育产业总规模为 27372 亿元，增加值为 10735 亿元。如今，通过"体育 +"形式，结合旅游、文化、教育、康养……体育产业正逐渐成为推动经济社会发展的重要动力。

体育承载着国家强盛、民族振兴的梦想。建设体育强国，是全面建设社会主义现代化国家的一个重要目标。正如习近平总书记所强调："加快建设体育强国，就要把握体育强国梦与中国梦息息相关的定位，把体育事业融入实现'两个一百年'奋斗目标大格局中去谋划，深化体育改革，更新体育理念，推动群众体育、竞技体育、体育产业协调发展。"

中共二十大

中共二十大于 2022 年 10 月 16 日至 22 日在北京举行。这是在全党全国各族人民迈上全面建设社会主义现代化国家新征程、向第二个百年奋斗目标进军的关键时刻召开的一次十分重要的大会，是一次高举旗帜、凝聚力量、团结奋进的大会。大会高举中国特色社会主义伟大旗帜，坚持马克思列宁主义、毛泽东思想、邓小平理

⊙北京：中国共产党第二十次全国代表大会会场

论、“三个代表”重要思想、科学发展观，全面贯彻习近平新时代中国特色社会主义思想，分析了国际国内形势，提出了中共二十大的主题，回顾总结了过去 5 年的工作和新时代 10 年的伟大变革，阐述了开辟马克思主义中国化时代化新境界、中国式现代化的中国特色和本质要求等重大问题，对全面建设社会主义现代化国家、全面推进中华民族伟大复兴进行了战略谋划，对统筹推进“五位一体”总体布局、协调推进“四个全面”战略布局作出了全面部署。大会批准了习近平总书记代表十九届中共中央委员会所作的《高举中国特色社会主义伟大旗帜，为全面建设社会主义现代化国家而团结奋斗》的报告，批准了十九届中共中央纪律检查委员会的工作报告，审议通过了《中国共产党章程（修正案）》，选举产生了新一届中共中央委员会和中共中央纪律检查委员会。

习近平总书记的报告，深刻阐释了新时代坚持和发展中国特色社会主义的一系列重大理论和实践问题，描绘了全面建设社会主义现代化国家、全面推进中华民族伟大复兴的宏伟蓝图，为新时代新征程党和国家事业发展、实现第二个百年奋斗目标指明了前进方向、确立了行动指南，是党和人民智慧的结晶，是党团结带领全国各族人民夺取中国特色社会主义新胜利的政治宣言和行动纲领，是马克思主义的纲领性文献。《中国共产党章程（修正案）》体现了党的十九大以来党的理论创新、实践创新、制度创新成果，体现了中共二十大报告确定的重要思想、重要观点、重大战略、重大举措，对坚持和加强党的全面领导、坚定不移推进全面从严治党、坚持和完善党的建设、推进党的自我革命提出了明确要求。

中共二十届一中全会选举产生了以习近平同志为核心的新一届中央领导集体，一批经验丰富、德才兼备、奋发有为的同志进入中央领导机构，充分显示出中国特色社会主义事业蓬勃兴旺、充满活力。

中共二十大在政治上、理论上、实践上取得了一系列重大成果。

学习宣传贯彻中共二十大精神是当前和今后一个时期全党全国的首要政治任务。要在全面学习、全面把握、全面落实上下功夫，坚定不移把中共二十大提出的目标任务落到实处。要牢牢把握过去5年工作和新时代10年伟大变革的重大意义，牢牢把握新时代中国特色社会主义思想的世界观和方法论，牢牢把握以中国式现代化推进中华民族伟大复兴的使命任务，牢牢把握以伟大自我革命引领伟大社会革命的重要要求，牢牢把握团结奋斗的时代要求。

中共二十大和二十届一中全会的胜利召开，为党和国家事业进一步指明了前进方向，为中国共产党继续带领亿万人民团结奋斗奠定了重要的思想政治基础，为全面贯彻党的基本理论、基本路线、基本方略，奋力谱写全面建设社会主义现代化国家新篇章，提供了坚强的政治保证和组织保证。在新的伟大征程上，全党全国各族人民要更加紧密地团结在以习近平同志为核心的党中央周围，全面贯彻习近平新时代中国特色社会主义思想，深刻领悟“两个确立”的决定性意义，增强“四个意识”、坚定“四个自信”、做到“两个维护”，弘扬伟大建党精神，务必不忘初心、牢记使命，务必谦虚谨慎、艰苦奋斗，务必敢于斗争、善于斗争，自信自强、守正创新，谱写新时代中国特色社会主义更加绚丽的华章，在新的赶考之路上继续创造新的伟大奇迹！

参考文献

1. 中共中央党史研究室:《党的十八大以来大事记》，人民出版社、中共党史出版社 2017 年 11 月版。

2. 中共中央党史和文献研究院:《党的十九大以来大事记》，人民出版社 2022 年 10 月版。

3. 中共中央党史和文献研究院:《中国共产党一百年大事记(1921 年 7 月—2021 年 6 月)》，人民出版社 2021 年 7 月版。

4. 中共中央党史和文献研究院:《中华人民共和国大事记(1949 年 10 月—2019 年 9 月)》，人民出版社 2019 年 9 月版。

5. 中共中央党史和文献研究院:《全面建成小康社会大事记》，人民出版社 2021 年 7 月版。

6. 中共中央党史和文献研究院:《马克思主义中国化一百年大事记》，中央文献出版社 2022 年 5 月版。

7.《人民日报》2012 年 11 月至 2022 年 11 月。

8.《光明日报》2012 年 11 月至 2022 年 11 月。

9.《学习时报》2012 年 11 月至 2022 年 11 月。

10.《求是》杂志 2012 年 11 月至 2022 年 11 月。

11. 习近平:《习近平谈治国理政》(第一卷)，外文出版社 2018 年 1 月版。

12. 习近平:《习近平谈治国理政》(第二卷)，外文出版社 2017 年 11 月版。

13. 习近平:《习近平谈治国理政》(第三卷),外文出版社2020年6月版。

14. 习近平:《习近平谈治国理政》(第四卷),外文出版社2022年6月版。

15. 习近平:《论坚持推动构建人类命运共同体》,中央文献出版社2018年10月版。

16. 习近平:《习近平谈“一带一路”》,中央文献出版社2018年12月版。

17. 习近平:《论坚持全面深化改革》,中央文献出版社2018年12月版。

18. 习近平:《论坚持党对一切工作的领导》,中央文献出版社2019年10月版。

19. 习近平:《论党的宣传思想工作》,中央文献出版社2020年11月版。

20. 习近平:《论坚持全面依法治国》,中央文献出版社2020年12月版。

21. 习近平:《论中国共产党历史》,中央文献出版社2021年2月版。

22. 习近平:《论把握新发展阶段、贯彻新发展理念、构建新发展格局》,中央文献出版社2021年8月版。

23. 习近平:《论坚持人民当家作主》,中央文献出版社2021年11月版。

24. 习近平:《论坚持人与自然和谐共生》,中央文献出版社2022年1月版。

25. 习近平:《论“三农”工作》,中央文献出版社2022年6月版。

26. 习近平:《论党的青年工作》,中央文献出版社2022年6

月版。

27. 中共中央文献研究室:《十八大以来重要文献选编》(上),中央文献出版社 2014 年 9 月版。

28. 中共中央文献研究室:《十八大以来重要文献选编》(中),中央文献出版社 2016 年 6 月版。

29. 中共中央党史和文献研究院:《十八大以来重要文献选编》(下),中央文献出版社 2018 年 5 月版。

30. 中共中央党史和文献研究院:《十九大以来重要文献选编》(上),中央文献出版社 2019 年 9 月版。

31. 中共中央党史和文献研究院:《十九大以来重要文献选编》(中),中央文献出版社 2021 年 10 月版。

32. 中共中央党史和文献研究院:《全面建成小康社会重要文献选编》(上、下),人民出版社、新华出版社 2022 年 10 月版。

33. 本书编写组:《中国共产党简史》,人民出版社、中共党史出版社 2021 年 2 月版。

34. 本书编写组:《中华人民共和国简史》,人民出版社、当代中国出版社 2021 年 8 月版。

35. 本书编写组:《改革开放简史》,人民出版社、中国社会科学出版社 2021 年 8 月版。

36. 本书编写组:《社会主义发展简史》,人民出版社、学习出版社 2021 年 8 月版。

后记

党的二十大报告指出："新时代十年的伟大变革，在党史、新中国史、改革开放史、社会主义发展史、中华民族发展史上具有里程碑意义。"事非经过不知难，成如容易却艰辛。这十年，有涉滩之险，有爬坡之艰，有闯关之难。

为了充分反映新时代十年的伟大变革，特别是充分反映十年来以习近平同志为核心的党中央采取的一系列战略性举措，推进的一系列变革性实践，实现的一系列突破性进展，取得的一系列标志性成果，推动党和国家事业取得的历史性成就、发生的历史性变革，我们编写了这部《十年"热词"话辉煌》。编写这部书的初衷，旨在通过为人民大众所喜闻乐见的"热词"形式，来全方位展现新时代十年的伟大变革。

本着"言必有据"的编写原则，本书所选"热词"，其梗概、大纲均依循与取材于《中国共产党一百年大事记》《党的十八大以来大事记》《党的十九大以来大事记》《改革开放四十年大事记》《中华人民共和国大事记（1949 年 10 月—2019 年 10 月）》等权威读本。依据这些权威读本所记载的历年大事条目，本书从 2012—2022 年十年间在社会上广泛流行的"热词"中，每年选取若干个最能反映当年政治、经济、社会、文化、生态文明、国防和军队现代化、外交、"一国两制"和祖国统一、党的建设等领域重大成就、重大突破和标志性事件的"热词"，力求通过图文并茂、通俗易懂的形式，用"小切口"来向读者全面、系统展现新时代十年的伟大变革。一个个承载年轮记忆的鲜活"热词"、一张张带有历史余温的珍贵图片，勾连的是"大时代"中个人与国家、民族前途命运的休戚与共，折射的是十年来中国人民所焕发出的更为强烈的历史自觉和主动精神，映照的则是实现中华民族伟大复兴进入了不可逆转的历史进程。

在书稿编写中，该书副主编程文丽、严明杰、杨健等承担了大量繁重琐碎的工作，在历时数年的框架拟定、材料准备、修改完善和出版送审中，他们始终心无旁骛地为扎实做好书稿的编写、提高书稿质量付出着艰辛努力。从书稿的最初立意到编写过程中的鼎力支持，从对出版送审工作的不懈推进再到对书稿内容的推敲打磨，河北人民出版社总编荆彦周、河北人民出版社编辑李莉都给予许多指导帮助；本书责编项一莎老师，同样以其精湛专业的编辑素养和精益求精的"工匠精神"，给予了这本书稿始终如一的、高质量的编审核校。没有他们的指导帮助，这部图书难以达到今天的质量。在此，对于所有为这部书稿顺利编写出版给予指导帮助的各界领导、老师、同仁，致以深深感谢。

不言而喻，受限于编写者的能力和水平，这部图书一定还有不少有待修改、商榷、提高之处。诚恳欢迎并感谢广大读者的批评指正。自然，这些不足之处，也必将成为编写者下一步的努力方向。

是为记。

董振瑞

2023 年 5 月 22 日